MW01678951

Questions générales de littérature

Emmanuel Fraisse
et Bernard Mouralis

Questions générales de littérature

Éditions du Seuil

CET OUVRAGE EST PUBLIÉ DANS LA COLLECTION
POINTS ESSAIS SÉRIE « LETTRES »,
DIRIGÉE PAR JACQUES DUBOIS

ISBN 2-02-033254-X

© Éditions du Seuil, février 2001

Le Code de la propriété intellectuelle interdit les copies ou reproductions destinées à une utilisation collective. Toute représentation ou reproduction intégrale ou partielle faite par quelque procédé que ce soit, sans le consentement de l'auteur ou de ses ayants cause, est illicite et constitue une contrefaçon sanctionnée par les articles L.335-2 et suivants du Code de la propriété intellectuelle.

www.seuil.com

Sommaire

Introduction

Les débats dont la presse française s'est fait l'écho au printemps 2000 ont bruyamment rappelé que les études littéraires sont bien entrées dans l'ère de l'incertitude[1]. Elles ne sont sans doute pas menacées d'« assassinat » et encore moins de disparition, mais elles traversent une indiscutable crise. Le fait n'est à vrai dire ni vraiment nouveau, ni exclusivement français, et chaque étape de la démocratisation de l'enseignement ou de l'évolution sociale entraîne des réactions de cet ordre. Depuis plus de trente ans, le spectre de la « baisse du niveau », la menace de la montée de l'illettrisme, l'angoisse devant la puissance des nouveaux médias, la difficulté bien réelle à définir les valeurs et à les transmettre aux jeunes générations hantent l'opinion, et notamment l'opinion cultivée. Bref, pour reprendre les titres de deux articles célèbres publiés par Hannah Arendt vers la fin des années 1950, le monde moderne serait bien marqué par deux crises conjointes, particulièrement visibles selon elle dans les États-Unis d'alors : « la crise de l'éducation », « la crise de la culture[2] ».

1. « C'est la littérature qu'on assassine rue de Grenelle » annonçaient en titre les quelque 120 prestigieux signataires d'une tribune publiée dans *Le Monde* en date du 4 mars 2000.

2. Hannah Arendt, « The Crisis in Education », in *Partisan Revue*, 25 04 1958 ; « Society and Culture », *Daedalus*, 82/2, printemps 1960. Repris dans *Betwenn Past and Future. Six Exercices in Political Thought*, New York, Viking Press, 1961 ; « The Crisis in Education », in *Partisan Revue*, 25 04 1958. « Society and Culture », *Daedalus*, 82/2, printemps 1960. « La crise de l'éducation », « La crise de la culture » in *La Crise de la culture*, trad. par Patrick Lévy (dir.), Paris, Gallimard, 1972; nouv. éd. coll. « Folio Essais », 1989, p. 221-252 et 253-288.

En France, le sentiment de cette crise[3] est devenu particulièrement net dans la mesure où ce vieux pays fasciné par le prestige de l'écrivain (mais qui n'a pas encore comblé son retard en matière de bibliothèques et de lecture publique par rapport à ses voisins du Nord) avait fait de la littérature son mode d'accès à l'universel. Nos prix Nobel de littérature compensaient nos retards industriels, scientifiques ou sociaux, et Paris était bien jusque dans l'après-guerre, voire jusqu'en soixante-huit, la capitale mondiale de l'art et de littérature[4]. Ce temps n'est plus, et les études littéraires se doivent désormais de faire la preuve de leur légitimité dans un monde dominé par l'idéologie techniciste, une juridicisation croissante et les mirages de la communication.

Comme souvent lorsqu'il est question d'institution scolaire et de culture, deux camps – qui ne recouvrent pas pour autant deux pôles politiques – se sont constitués. Les uns prônent une attitude de défense ou, si l'on veut, de réaffirmation. Réaffirmation des exigences académiques en fait de savoirs et de méthodes, mais aussi volonté de voir reconnus les apports spécifiques des disciplines littéraires dans la formation des individus et des citoyens. Les

3. Ici, la subjectivité joue un rôle décisif. Et la réalité de la notion de crise mérite à tout le moins d'être discutée, dans la mesure où elle renvoie à l'idée de la dégradation d'un état initial considéré comme satisfaisant. Au plan sociologique, on ne voit pas en outre comment des pays comme les États-Unis ou la France auraient pu connaître les progrès qu'ils ont accomplis et continuent d'accomplir au cours des trente dernières années si une telle « crise » les avait atteints dans leurs fonctions sociales essentielles. C'est pourquoi, on lira avec profit le livre de Benjamin R. Barber, *L'Excellence et l'égalité. De l'éducation en Amérique* (traduit par Vincent Michelot et François Weil, Paris, Belin, 1993, 318 p. [1re édition : New York, Random House, 1992]). Pour Barber, en effet, ce qui compte, ce n'est pas de déplorer une quelconque crise, mais, bien plutôt, d'essayer de réaliser les véritables conditions d'une démocratisation de l'enseignement en permettant au plus grand nombre d'accéder aux connaissances les plus importantes et les plus théoriques. D'où une critique qui renvoie dos à dos deux formes de conservatisme : la revendication pour la reconnaissance des cultures « minoritaires » et la célébration des « canons » de la culture occidentale.

4. Voir Pascale Casanova, *La République mondiale des lettres*, Paris, Seuil, 1999.

autres, plus « réformateurs », pensent la reconquête en termes différents, et estiment qu'il faut faire évoluer les corpus et les exercices demandés aux élèves comme aux étudiants. Mais s'accordent évidemment avec les premiers pour constater l'importance des études littéraires comme vecteur de l'esprit civique et critique et de la maîtrise du raisonnement.

Or, en dépit des travaux de Roman Jakobson, de Paul Ricœur, de Pierre Bourdieu ou de Jean Bessière[5], on ne manquera pas de constater dans ces débats une certaine absence de réflexion sur le littéraire en tant que tel et notamment sur les modalités permettant de distinguer littéraire et non littéraire et qui peuvent être envisagées selon deux perspectives. Sociologique : qu'est-ce que la société – ou telle ou telle catégorie sociale – considère, à un moment donné de son histoire, comme du littéraire ? Poétique : quelles sont les propriétés formelles qui font d'un message un texte littéraire ? Tout se passant en somme comme si on demeurait à l'intérieur d'une conception implicite du littéraire et dans le cadre de présupposés préalables acquis une fois pour toutes de science certaine.

Nous touchons là à une particularité de la littérature en tant qu'objet d'enseignement. En effet, à la différence des autres disciplines (histoire, géographie, économie, instruction civique, linguistique, mathématique, physique, chimie, biologie, etc.), la littérature est la seule qui ne soit pas définie dans sa spécificité au moment où l'élève ou l'étudiant l'aborde. Il suffit pour s'en convaincre de comparer les différents manuels utilisés par ceux-ci et notamment les pages liminaires destinées à définir l'objet proposé à l'étude.

C'est parce que nous considérons que la littérature ne « va pas de soi » que le présent ouvrage propose une démarche qui met en lumière quatre aspects du littéraire qui nous ont paru essentiels. Le premier chapitre traite de la communication littéraire et analyse les différentes étapes qui vont de la conception d'un texte par un auteur

5. Jean Bessière, *La Littérature et sa rhétorique. La Banalité dans le littéraire au XXe siècle*, Paris, PUF, coll. « L'Interrogation philosophique », 1999, 240 p.

jusqu'à l'appropriation, sous la forme de cet objet qu'est le livre, de ce même texte par un lecteur.

Le deuxième chapitre propose une réflexion sur la notion d'œuvre, et cherche à attirer l'attention sur sa dimension et ses limites. C'est pourquoi il pose quelques questions fondamentales concernant l'unité à prendre en compte : un extrait, un poème ou un chapitre, un livre, l'ensemble de l'œuvre – quelle qu'en soit la nature : mais que signifie ce terme ? – publiée ou écrite par un auteur ?

Le troisième chapitre traitera de la question du savoir que l'œuvre littéraire est susceptible de véhiculer. La question est complexe. La critique moderne tend à postuler une opposition nette entre littérature et savoir, au nom d'un primat de l'écriture sur le contenu. La lecture des textes nous paraît conduire à une vision plus nuancée. Sans doute le texte scientifique est-il radicalement différent du texte littéraire, dans la mesure où l'un et l'autre ne répondent pas aux mêmes objectifs : en particulier celui-là, à la différence de celui-ci doit éviter au maximum la polysémie et le recours aux connotations. Il semble toutefois difficile de dénier au texte littéraire une capacité d'exprimer un contenu conceptuel, qui, dans son principe, n'a rien de didactique. Il nous a paru particulièrement intéressant de poser ce problème essentiel et trop souvent écarté. L'examen de cette question permet en particulier de comprendre le sens profond que peut revêtir, dans telle ou telle civilisation, la référence à une œuvre considérée comme fondatrice. Mais cette caractéristique joue pleinement tout autant à l'époque moderne.

Enfin, dans un quatrième moment sera examinée la question de la lecture. En effet, l'un des problèmes essentiels qui se pose dans toute réflexion sur le littéraire est de savoir si l'œuvre littéraire existe uniquement comme conséquence logique et directe de cette instance que l'on appelle « auteur » ou si, au contraire, elle n'est pas, dans une très large mesure, une construction du lecteur qui, de façon tout à fait subjective et créative, repère l'auteur et délimite les contours de l'œuvre. En d'autres termes, la question est de savoir si l'œuvre est un produit de l'auteur ou du lecteur et la réponse à cette question n'a absolument rien d'évident. Là encore, il y a toute une problématique, essentielle, concernant le mode d'existence de l'œuvre littéraire et qui méritait d'être envisagée[6].

Les chapitres I et III ont été écrits par Bernard Mouralis ; les chapitres II et IV par Emmanuel Fraisse.

Comme tout livre, cet ouvrage a une histoire. Il est né de notre confrontation, dans le cadre de nos enseignements, avec l'interrogation formulée par les étudiants et les lycéens désireux de cerner des problèmes qui nous ont paru essentiels mais qui n'étaient pas toujours considérés comme prioritaires par la critique ou la recherche. Et, par là même aussi, des multiples conversations qui ont été les nôtres dans notre réflexion sur l'enseignement de la littérature depuis que nous travaillons ensemble, que ce soit en DEUG, en licence et maîtrise ou en DEA.

Cela ne veut pas dire pour autant que notre propos soit identique. En effet, il aurait été, nous semble-t-il, artificiel de vouloir uniformiser notre exposé. Le lecteur le constatera, l'approche des problèmes et les références retenues témoignent d'angles d'attaque qui peuvent diverger. Ceci est voulu. À la perspective du traité, nous avons préféré, parce qu'elle nous est apparue plus proche de la situation dans laquelle se trouvaient nos lecteurs, une démarche en échos.

C'est pourquoi nous avons choisi ici de rassembler des « références » multiples et non de proposer une bibliographie ordonnée et restreinte à quelques textes fondamentaux. Dans notre esprit en effet, il n'est pas utile – ni même possible – de distinguer les sources primaires et les sources secondaires, d'opposer les œuvres de création et les commentaires qu'elles entraînent, de dresser une ligne de partage entre l'art et la critique. *Illusions perdues* est autant une fiction écrite par Balzac au milieu de la Monarchie de juillet qu'un véritable exposé des « règles de l'art » dont Pierre Bourdieu a fait la théorie quelque cent

6. Cette question du mode de l'existence de l'œuvre pourrait, au fond, être illustrée par un triangle dont les sommets seraient occupés respectivement par l'auteur, le lecteur et l'éditeur. La distance entre ces trois points varie au cours de l'histoire et la prise en compte de cette variation permet en particulier de constater que l'acte d'édition est souvent un acte de lecture et d'interprétation.

cinquante ans plus tard[7]. Et tel traité de Bergson, tel livre de Bachelard, tel essai de Barthes peuvent bien être lus comme œuvres d'art, tout comme l'ont été aux yeux de la tradition les *Essais* de Montaigne ou les *Pensées* de Pascal. De même, l'opposition *a priori* entre grandes œuvres et œuvres mineures n'a guère de pertinence.

Qu'on ne cherche donc pas ici les traces d'un quelconque palmarès ou l'esquisse des normes d'on ne sait quelle bibliothèque idéale. Reste qu'on y verra à bon droit, au-delà de la variété des choix de chacun des deux auteurs, des lignes de force, et les bases de l'unité d'un questionnement. En rappelant quelles ont été nos lectures pour penser et organiser ce livre, en exposant nos « références », les éditions que nous avons consultées – et bien souvent diverses éditions d'un même texte –, nous invitons les lecteurs à juger ces références à la lumière de leur propre échelle de valeur.

Fréquemment, nous mentionnons des rééditions récentes d'ouvrages en format de poche. C'est l'occasion de constater que le « niveau » de l'édition a considérablement « monté » au cours des vingt dernières années et que la qualité des éditions bon marché est devenue tout à fait remarquable. On peut certes y voir le reflet d'une fuite en avant : la crise de l'édition en sciences humaines conduit sans doute les éditeurs à multiplier les titres, les traductions et les rééditions pour pallier la baisse des tirages traditionnels. Reste que l'accroissement du nombre d'ouvrages de qualité aisément disponibles est d'abord une chance pour les lecteurs.

Tout au long de cet ouvrage, nous nous sommes efforcés de montrer que la littérature est avant tout une pratique et une institution[8] et non pas une idée, et encore moins une essence. L'histoire éditoriale des œuvres rend manifestes certains signes de cet enracinement de la littérature dans le

7. Pierre Bourdieu, *Les Règles de l'art. Genèse et structure du champ littéraire*, Paris, Seuil, 1992 ; nouv. éd. revue et corrigée, 1998, coll. « Points Essais », 567 p.

8. Voir Jacques Dubois, *L'Institution de la littérature. Introduction à une sociologie*, Bruxelles, Nathan-Labor, coll. « Dossiers Media », 1978.

temps, l'espace et les sociétés. C'est pourquoi nous croyons nécessaire d'utiliser l'information bibliographique. Les maisons, les lieux et dates d'édition, les noms des éditeurs, des traducteurs ou des préfaciers, l'importance quantitative des ouvrages constituent à nos yeux autant d'indications dans l'approche du fait littéraire[9]. Mieux, la littérature étant selon nous une pratique de la communication et de la transmission, tous les éléments périphériques constituant le « paratexte » sont partie intégrante de l'œuvre. Dans la mesure du possible, nous avons donc cherché à partager cette démarche matérielle que, dans d'autres temps, on aurait qualifiée de « philologique ».

Bien entendu, tel qu'il est, ce livre est loin d'épuiser son objet. Nous sommes conscients que certaines « questions » auraient pu ici être abordées. C'est le cas des débats portant sur la notion de « genre », qui sont plus évoqués que véritablement traités. C'est aussi le cas des nouvelles technologies dont le développement a une incidence immédiate sur le plan de la communication littéraire, notamment en ce qui concerne les notions de propriété littéraire, d'auteur, de mode d'existence de l'œuvre et d'édition. Nous en avons débattu et avons pensé que l'impact de la numérisation sur l'accès à la culture, les apprentissages, les représentations et les comportements intellectuels pourraient faire l'objet d'un travail ultérieur, fondé notamment sur un certain nombre de travaux menés actuellement sur ces questions à l'université de Cergy-Pontoise, dans le prolongement du livre pionnier de Jean Pruvost[10] et de la recherche commencée récemment par Patrick Pognant[11].

En dépit de ces réserves, nous espérons que ce livre pourra constituer un outil intéressant pour les « littéraires ». Mais, en l'écrivant, nous nous sommes demandés souvent si une réflexion sur le littéraire ne méritait pas

9. Voir Gérard Genette, *Seuils*, Seuil, 1987. Voir également Philippe Lane, *La Périphérie du texte*, Paris, Nathan, 1992, coll. « Nathan Université ».

10. Cf. Jean Pruvost, *Dictionnaires et nouvelles technologies*, Paris, PUF, 2000, coll. « Écritures électroniques ».

11. Cf. Patrick Pognant, *L'Expression littéraire sur les sites personnels du web français*, université de Cergy-Pontoise, mémoire de DEA, 2000. Ce travail fera prochainement l'objet d'une publication.

de concerner d'autres publics : nous pensons en particulier aux scientifiques, aux historiens, aux géographes, aux psychologues, aux juristes, aux politistes, qui sont des lecteurs assidus et parfois passionnés de textes littéraires et dont nous avons pu constater souvent que leurs interrogations rencontraient tout à fait les nôtres. Si bien que, au-delà de la lecture individuelle, se pose un problème, d'ordre institutionnel, qui renvoie tout simplement à la conception qu'on se fait de la politique de formation des élites et qui consiste à savoir si l'analyse du littéraire ne pourrait pas y avoir sa juste place, compte tenu des préoccupations qu'elle implique sur le plan des méthodes et de la réflexion épistémologique.

Cet ouvrage ne comporte pas de conclusion. Il est vrai qu'il s'est agi pour nous de poser des questions, et non de prétendre les résoudre. Mais plus encore, conscients des dangers de tout dogmatisme, nous sommes convaincus, avec Voltaire, du fait que :

> Les livres les plus utiles sont ceux dont les lecteurs font eux-mêmes la moitié; ils étendent les pensées dont on leur présente le germe ; ils corrigent ce qui leur semble défectueux, et fortifient par leur réflexion ce qui leur paraît faible[12].

12. Voltaire, Préface à l'édition Varberg [1765] du *Dictionnaire philosophique* [1764], éd. d'Étiemble, Paris, Garnier, 1965, coll. « Classiques Garnier », p. XL.

CHAPITRE PREMIER

La communication littéraire

Lorsque nous lisons l'ouvrage d'un écrivain, que nous avons acheté dans une librairie ou emprunté dans une bibliothèque, nous nous approprions un texte et, à un degré évidemment variable, selon qu'il s'agit d'une lecture de simple divertissement ou d'une lecture savante, prescrite par exemple dans le cadre d'un programme d'études, nous incorporons à notre personnalité les contenus, les formes, la vision du monde caractéristiques de cette œuvre. L'influence que peut exercer sur nous une lecture apparaît ainsi comme une relation directe avec un écrivain et, depuis l'Antiquité, l'acte de lecture a été souvent comparé à une *conversation* que nous pourrions tenir à loisir avec tel ou tel des auteurs qui nous ont précédés dans le temps. Ainsi Descartes, évoquant, dans la première partie du *Discours de la méthode*, son éducation au collège de La Flèche note à propos des études littéraires :

> La lecture de tous les bons livres est comme une conversation avec les honnêtes gens des siècles passés, qui en ont été les auteurs, et même une conversation étudiée en laquelle ils ne nous découvrent que les meilleures de leurs pensées[1].

De même, lorsque nous imaginons l'œuvre que nous pourrions écrire – qui n'a fait ce rêve, au moins une fois dans sa vie ? –, nous avons tendance spontanément à penser qu'il suffit d'écrire le texte que nous portons en nous et que son originalité ne peut que s'imposer d'emblée à un

1. Descartes, *Discours de la méthode* [1637], in *Œuvres et lettres*, textes présentés par André Bridoux, Paris, Gallimard, coll. « La Pléiade », 1953, p. 128.

éditeur qui s'empressera de le publier et de le faire ainsi connaître au monde.

Dans les deux cas s'affirme une illusion profonde, celle de l'immédiateté : immédiateté du lecteur dans sa relation avec un auteur et immédiateté de l'auteur avec son public.

La réalité est sensiblement différente et, il faut le dire, plus prosaïque, en raison tout simplement des multiples médiations – ou obstacles – par lesquelles il faut passer pour lire un texte et pour être lu.

La double illusion

Balzac, dans *Illusions perdues*, a donné de ce double processus une illustration saisissante, à travers l'itinéraire que parcourt son héros. Dans la première partie du roman, la lecture des poètes romantiques du début de la Restauration et la pratique de l'écriture poétique sont pour Lucien de Rubempré un moyen d'échapper à sa condition sociale médiocre en accédant à un autre monde, plus vrai et plus idéal que celui dans lequel il vit, à Angoulême. Dans cette voie, il est encouragé par Mme de Bargeton, une aristocrate qui souffre du prosaïsme d'une vie provinciale, étriquée et insensible aux valeurs supérieures de l'art et de la poésie, et qui voit dans le jeune et séduisant poète un allié dont elle partage l'idéal et qu'elle entend opposer au monde. L'amitié, puis l'amour, qui les réunit se nourrissent d'une commune passion pour la littérature, dont Balzac montre bien le caractère illusoire, sur le plan de la lecture comme sur celui de la création.

Tous deux, avant de se connaître, ont passé une partie de leur vie à lire des poètes et cette expérience les a entretenus dans la double croyance que l'on pouvait s'évader, dès lors qu'on le désirait, dans le monde enchanté de la poésie et qu'il suffisait au poète de parler pour que son génie soit immédiatement reconnu. Le premier aspect de cette croyance apparaît en particulier dans la façon dont Balzac évoque les lectures de Lucien et de David :

> Ils lisaient les grandes œuvres qui apparurent depuis la paix sur l'horizon littéraire et scientifique, les ouvrages de Schiller, de Goethe, de lord Byron, de Walter Scott, de Jean-Paul, de Berzelius, de Davy, de Cuvier, de Lamartine, etc. Ils s'échauffaient à ces grands foyers, ils s'essayaient en des œuvres avortées, ou prises, quittées et reprises avec ardeur. Ils travaillaient continuellement sans lasser les inépuisables forces de la jeunesse. Également pauvres, mais dévorés par l'amour de l'art et de la science, ils oubliaient la misère présente en s'occupant à jeter les fondements de la renommée[2].

La découverte de l'œuvre de Chénier par les deux jeunes gens est à cet égard encore plus significative :

> Lucien, sais-tu ce que je viens de recevoir de Paris ? dit l'imprimeur en tirant de sa poche un petit volume in-18. Écoute !
> David lut, comme savent lire les poètes, l'idylle d'André de Chénier intitulée *Néère*, puis celle du *Jeune Malade*, puis l'élégie sur le suicide, celle dans le goût ancien, et les deux derniers ïambes. [...]
> Lucien lut à son tour l'épique morceau de *L'Aveugle* et plusieurs élégies. Quand il tomba sur le fragment :
> *S'ils n'ont point de bonheur, en est-il sur la terre ?*
> il baisa le livre, et les deux amis pleurèrent, car tous deux aimaient avec idolâtrie[3].

2. Balzac, *Illusions perdues* [1843], édition établie par Philippe Berthier, Paris, Garnier-Flammarion, 1990, p. 82. Précisons que la première partie du roman, *Les Deux Poètes*, a paru d'abord séparément en 1837.

3. *Ibid.*, p. 82-83. Compte tenu du moment où se situe la première partie d'*Illusions perdues*, le volume que vient de recevoir David est la réimpression parue en 1820, en format in-18, de l'ouvrage publié en 1819 par les soins de H. de Latouche : *Œuvres complètes d'André de Chénier*, Paris, Beaudoin frères, Foulon et Cie. Cf. André Chénier, *Poésies*, édition de Louis Becq de Fouquières, Paris, Gallimard, coll. « Poésie », 1994, p. LXXX-LXXXI. Cette édition reproduit en fac-similé celle parue chez Charpentier en 1872. Le vers qui émeut si fort Lucien se trouve dans le poème XXIV (v. 13) des *Élégies*, avec une différence : « S'ils n'ont point le bonheur... » La version retenue par Balzac figure dans une nouvelle édition de H. de Latouche parue en 1839. Cf. Chénier, *Poésies*, *op. cit.*, p. 212.

Cette appropriation quasi fusionnelle de la personne de Chénier est d'autant plus intéressante que celui-ci représente dans l'histoire de la littérature un cas limite : auteur d'une œuvre très importante mais n'ayant pratiquement rien publié de son vivant, Chénier – et Balzac ne l'a sans doute pas choisi au hasard – est l'exemple même de l'écrivain qui ne put exister qu'à partir du moment où ses éditeurs transformèrent ses manuscrits en œuvre.

Quant au deuxième versant de cette croyance, nous en trouvons une illustration non moins significative lors de la soirée que donne madame de Bargeton et au cours de laquelle Lucien, après avoir lu quelques textes de Chénier, présente l'un de ses poèmes, *À Elle*, inspiré par son amour pour Naïs. À cette occasion, Balzac souligne l'incompréhension que rencontre Lucien face à un public mesquin, incapable de vibrer à ce lyrisme qui exprime l'amour dans une langue et des images marquées par le souvenir de la Bible et qui correspond aux nouvelles tendances de la poésie au tout début des années 1820[4].

Mais cette incompréhension, loin de réduire Lucien et sa maîtresse au découragement, ne fait que les renforcer dans l'idée qu'il existe, ailleurs, un autre public qui saura reconnaître nécessairement le génie du poète d'Angoulême. D'ailleurs, l'échec rencontré par ce dernier au cours de la soirée doit être interprété comme une confirmation de la « gloire » qui l'attend demain :

> Il n'y a pas de gloire à bon marché, lui dit madame de Bargeton en lui prenant la main et la lui serrant. Souffrez, souffrez mon ami, vous serez grand, vos douleurs sont le prix de votre immortalité. Je voudrais bien avoir à supporter les travaux d'une lutte. Dieu vous garde d'une vie atone et sans combats, où les ailes de l'aigle ne trouvent pas assez d'espace. J'envie vos souffrances, car vous vivez au moins, vous ! Vous déploierez vos forces, vous espérerez une victoire ! Votre lutte sera glorieuse[5].

4. Balzac reproduit le poème *À Elle*. Cf. Balzac, *Illusions perdues*, *op. cit.*, p. 134-135.

5. Balzac, *Illusions perdues*, *op. cit.*, p. 140-141.

Dès lors, Lucien ne doute pas un instant que cette prédiction ne se réalise :

> Il apercevait déjà le jour où le roman historique auquel il travaillait depuis deux ans, *L'Archer de Charles IX*, et un volume de poésies intitulées *Les Marguerites*, répandraient son nom dans le monde littéraire[6].

Il sait que Paris, « capitale du monde intellectuel, [sera] le théâtre de [ses] succès » et qu'il doit franchir « promptement l'espace qui [l']en sépare », comme le lui dit encore madame de Bargeton, ajoutant :

> Ne laissez pas vos idées se rancir en province, communiquez promptement avec les grands hommes qui représentent le dix-neuvième siècle. [...] Paris et ses splendeurs, Paris, qui se produit dans toutes les imaginations de province comme un Eldorado, lui apparut avec sa robe d'or, la tête ceinte de pierreries royales, les bras ouverts aux talents. Les gens illustres allaient lui donner l'accolade fraternelle. Là tout souriait au génie. Là ni gentillâtres jaloux qui lançassent des mots piquants pour humilier l'écrivain, ni sotte indifférence pour la poésie. De là jaillissaient les œuvres des poètes, là elles étaient payées et mises en lumière. Après avoir lu les premières pages de *L'Archer de Charles IX*, les libraires ouvriraient leurs caisses et lui diraient : combien voulez-vous[7] ?

Mais l'expérience parisienne de Lucien dément cruellement les illusions du jeune provincial.

En effet, à Paris, Lucien découvre rapidement, dès ses premières tractations pour faire éditer ses deux livres, ce que Balzac appelle, dans la préface à la deuxième partie du roman, « la littérature dans sa transformation commerciale[8] » :

> Lucien traversa le Pont-Neuf en proie à mille réflexions. Ce qu'il avait compris de cet argot commercial lui fit

6. *Ibid.*, p. 162.
7. *Ibid.*, p. 177-178.
8. Préface de 1839 à la deuxième partie d'*Illusions perdues*, *op. cit.*, p. 51.

> deviner que, pour ces libraires, les livres étaient comme des bonnets de coton pour des bonnetiers, une marchandise à vendre cher, à acheter bon marché[9].

Il découvre également, mais plus lentement, la réalité complexe du « champ littéraire[10] ». Balzac décrit avec précision la structure de l'espace littéraire et les stratégies concurrentes des écrivains, à travers toute une série d'antagonismes. Parmi ceux-ci, on retiendra notamment les oppositions entre : le monde du journalisme et celui de la littérature, l'esthétique classique des libéraux et l'esthétique romantique – donc novatrice – des légitimistes, la recherche d'un profit matériel immédiat chez les journalistes et la recherche d'un profit symbolique, différé, chez les écrivains qui composent le groupe du Cénacle, ce qui n'exclut pas l'obtention – également différée dans le temps – d'un profit de pouvoir, puisque ces derniers entendent bien mettre en œuvre un jour, en accédant à des responsabilités politiques, leur idéal de progrès.

Cette double illusion, au plan de la lecture des textes comme de leur production, qui caractérise l'attitude de Lucien, repose ainsi sur la méconnaissance de tous les facteurs techniques, économiques, culturels, politiques, institutionnels, qui entrent en jeu dans le processus à travers lequel l'idée devient un *livre*. Contrairement à ce qu'il imagine, ce n'est pas avec la personne d'André Chénier que Lucien peut véritablement nouer une relation, mais seulement avec le livre que H. de Latouche a réalisé à partir des manuscrits du poète et dont la publication a rendu possible l'apparition, au XIXe siècle, d'un auteur qui s'appelle André Chénier. Et, de même, l'œuvre de Lucien ne saurait avoir d'existence littéraire tant qu'elle conserve la forme d'un texte manuscrit, comme *Les Marguerites* ou *L'Archer de Charles IX*, ou d'un texte oral, récité devant un public, comme le poème *À Elle*[11].

9. Balzac, *Illusions perdues*, *op. cit.*, p. 227-228.

10. Notion empruntée à Pierre Bourdieu. Cf. notamment *Les Règles de l'art. Genèse et structure du champ littéraire*, Paris, Seuil, 1992.

11. Rappelons que Lucien réussit finalement à faire éditer *L'Archer de Charles IX* et que *Les Marguerites* sont sur le point de paraître. Nous

Ainsi, à l'encontre des tenants d'une conception enchantée de la littérature, pour lesquels la relation entre le lecteur et l'auteur et entre l'auteur et son lecteur serait toujours immédiate, interpersonnelle, Balzac met l'accent d'emblée sur l'ensemble des médiations et obstacles qui caractérisent et fondent la communication littéraire. C'est dans cette perspective que nous nous proposerons maintenant de décrire les différents éléments qui entrent en jeu dans la communication littéraire, en retraçant le parcours qui va de la conception d'un texte par un écrivain jusqu'à l'appropriation de ce même texte – mais s'agit-il véritablement du « même » texte ? – par un lecteur.

Le schéma de la communication

La communication littéraire écrite[12] s'inscrit dans le cadre général de la communication telle que l'a définie Jakobson lorsqu'il la représente par le schéma suivant[13] :

---

l'apprenons, au début de la troisième partie, à partir d'un écho paru dans les journaux de Paris, « à la rubrique d'Angoulême », lorsque le jeune écrivain revient dans sa ville. Mais l'article que « cite » Balzac laisse entendre au lecteur, en dépit du ton élogieux employé, que Lucien a fini sa carrière littéraire. Cf. Balzac, *Illusions perdues*, *op. cit.*, p. 562. Plusieurs passages du roman évoquent la genèse de *L'Archer* et l'histoire de son édition. Nous voyons ainsi que d'Arthez s'est intéressé à ce roman, a donné des conseils à Lucien, apporté des corrections et en a écrit « la magnifique préface qui peut-être domine le livre, et qui jeta tant de clartés dans la jeune littérature » (p. 257). Cette préface contribue par la suite à une reconnaissance du livre par l'avant-garde. cf. p. 446 et 556.

12. Précisons que ce chapitre ne traitera que de la communication littéraire écrite. La question de la communication littéraire orale sera étudiée ultérieurement.

13. Roman Jakobson, « Linguistique et poétique », in *Essais de linguistique générale*, traduit de l'anglais et préfacé par Nicolas Ruwet [1963], Paris, Seuil-Minuit, coll. « Points », 1970, p. 214. Voir également dans le même ouvrage : « Linguistique et théorie de la communication », p. 87-99.

CONTEXTE
DESTINATEUR .... MESSAGE. ...... DESTINATAIRE
CONTACT
CODE

Ces six facteurs constituent les éléments qui se retrouvent nécessairement dans « tout procès linguistique », « tout acte de communication verbale[14] » :

> Le destinateur envoie un message au destinataire. Pour être opérant, le message requiert d'abord un contexte auquel il renvoie (c'est ce qu'on appelle aussi, dans une terminologie quelque peu ambiguë, le « référent »), contexte saisissable par le destinataire, et qui est, soit verbal, soit susceptible d'être verbalisé ; ensuite, le message requiert un code, commun, en tout ou au moins en partie, au destinateur et au destinataire (ou, en d'autres termes, à l'encodeur et au décodeur du message) ; enfin, le message requiert un contact, un canal physique et une connexion psychologique entre le destinateur et le destinataire, contact qui leur permet d'établir et de maintenir la communication[15].

Précisons en outre que le sens de la communication peut s'inverser : le destinataire (ou récepteur) peut devenir à son tour destinateur (ou émetteur). Cette inversion est généralement désignée par le terme de *feed-back* et la possibilité de *feed-back* varie en fonction des situations de communication : la conversation comporte un feed-back permanent mais ce n'est pas le cas d'un cours magistral ou d'une émission de télévision. On notera, d'autre part, que tout processus de communication est susceptible d'être perturbé par des facteurs extérieurs : cette perturbation prend le nom de *bruits*. Ce terme peut désigner un bruit au sens propre : par exemple, le marteau-piqueur qui couvre la voix du professeur ; mais il peut désigner aussi toute espèce de perturbation qui empêche la production ou la réception du message : mauvaise qualité technique de

14. *Ibid.*, p. 213.
15. *Ibid.*, p. 213-214.

l'impression d'un ouvrage, grève affectant la distribution d'un journal, censure, etc.

Partant de cette description tracée par Jakobson et qui concerne d'abord dans son esprit la communication verbale, nous examinerons chacun de ces six facteurs en notant les modalités particulières sous lesquelles ils se présentent dans le cas la communication littéraire écrite.

L'auteur

Dans le cadre de la communication littéraire écrite, l'émetteur (ou destinataire) est généralement désigné par le terme *auteur*. L'auteur peut être un individu : Marguerite de Navarre, Ronsard, Goethe, Jules Verne ; ou un groupe d'individus : Erckmann et Chatrian, les frères Goncourt, Boileau et Narcejac, Alain et Souvestre, Simone et André Schwarz-Bart. Dans ce cas, l'individu ou le groupe d'individus ont une existence historique attestée : on connaît la date de naissance et celle de la mort de Victor Hugo ou de George Sand et l'on possède des témoignages nombreux et certains les concernant. Dans d'autres cas, l'auteur est inconnu : *Chanson de Roland*, contes populaires ; ou réduit à un nom mythique : Homère, considéré pendant longtemps comme l'« auteur » de l'*Iliade* et de l'*Odyssée*.

Les écrivains et les chercheurs européens de l'époque romantique, découvrant les textes populaires et les chansons de geste du Moyen Âge, ont été tentés d'attribuer ces productions à un auteur collectif : le « peuple » qui manifesterait ainsi son génie propre, différent par définition de celui des auteurs classiques. Mais cette façon de voir négligeait la réalité textuelle des œuvres en question, c'est-à-dire les opérations, les choix, les manipulations, les mises en forme qui avaient abouti à la version dans laquelle le texte avait été recueilli, sous une forme orale ou une forme écrite, et qui, au dernier stade, ne pouvaient être réalisés que par un individu.

Au-delà de cette question, deux problèmes essentiels doivent être retenus. Le premier concerne la question du *nom* de l'auteur. Un écrivain, en effet, peut se désigner au public comme signataire d'une œuvre, selon deux modalités. Il peut d'abord utiliser le nom que lui a donné l'état civil : Henry James, Marcel Proust, Hélène Cixous[16]. Il peut d'autre part utiliser un pseudonyme, procédé à travers lequel un écrivain se désigne comme auteur tout en cherchant à dissimuler son véritable nom.

L'usage du pseudonyme répond pour l'essentiel à trois grandes motivations. L'écrivain peut chercher à établir une séparation entre son existence littéraire et son existence privée et sociale. Ainsi, Jean-Baptiste Poquelin prend rapidement le nom de Molière à partir du moment où il devient acteur, auteur dramatique et metteur en scène. Issu d'une famille de la bourgeoisie aisée, Molière semble avoir voulu tenir compte du discrédit dont était l'objet au XVIIe siècle le monde du théâtre et en protéger les siens. De nombreux exemples peuvent être ajoutés : Arouet adoptant le pseudonyme de Voltaire, Françoise Quoirez celui de Françoise Sagan, Alexandre Biyidi celui de Mongo Beti, tenant dans ce dernier cas à distinguer le professeur de l'écrivain.

Dans de nombreux autres cas, l'adoption d'un pseudonyme répond à une volonté d'échapper à la censure religieuse, morale, politique ou administrative. Ainsi, François Rabelais a usé pour une partie de son œuvre du pseudonyme d'Alcofribas Nasier, fondé sur une anagramme. Jean Bruller a publié *Le Silence de la mer* (1942) sous le nom de Vercors. Boris Vian a utilisé le nom de Vernon Sullivan pour publier le célèbre *J'irai cracher sur vos tombes* (1946), présenté au public comme un roman traduit de l'américain. Quant à Pauline Réage, auteur d'*Histoire d'O* (1954), ce roman d'un érotisme tout janséniste, son identité n'a jamais été véritablement mise à jour, bien que l'on ait beaucoup de raisons de penser qu'il s'agit de Dominique Aury. Bien entendu, cette deuxième fonction du pseudonyme n'est pas exclusive de la première comme on le voit avec le cas de Voltaire. Notons d'autre

16. Bien évidemment, la remarque ne vaut qu'à partir du moment ou l'état civil est fixé selon des normes précises. Dans le cas de la France, il faut attendre le début du XIXe siècle.

part que l'anonymat peut être considéré comme le degré zéro du pseudonyme : ainsi Pascal publie les *Provinciales* (1656-1657) sans aucun nom d'auteur, même fictif.

Enfin, l'utilisation d'un pseudonyme peut répondre – cas probablement le plus fréquent – à des motivations psychologiques qui renvoient notamment à la façon dont l'écrivain entend se situer par rapport à l'instance parentale. Comme l'écrit Jean-Luc Steinmetz à propos de Pétrus Borel :

> Écrire son nom, ça n'est pas le décrire, mais être sensible au trésor de signifiants qu'il contient [...], y détecter la place, l'estampille du père (et de cette mère qui ne s'y dit pas), à la fois lutter contre ce gène, cette gêne et géhenne et reconnaître qu'elle est là, comme l'homosexualité qui supplémente le mythe d'Œdipe[17].

Le choix du pseudonyme traduit ainsi fréquemment un refus du patronyme dans la mesure où l'écrivain désireux d'affirmer son droit à l'exercice de la fonction auctoriale entre en rivalité avec le Père et tient à montrer que son activité ne doit rien à celui qui lui a légué son nom d'état civil. Henry Beyle adopte dès ses débuts divers pseudonymes pour privilégier assez rapidement celui de Stendhal et l'on se souviendra que le choix de ce nom est inspiré par celui d'une localité d'Allemagne du Nord-Est traversée par l'écrivain lors de sa participation aux campagnes napoléoniennes : comme dans *Le Rouge et le noir*, Napoléon remplace le Père. Aurore Dupin refusera, elle, et son patronyme et le nom marital qui devint le sien après son mariage avec le baron Casimir Dudevant : elle imagina, avec George Sand, un pseudonyme particulièrement significatif puisqu'il rappelait de façon provocante le nom de son amant, Jules Sandeau, et soulignait en même temps, avec l'orthographe inhabituelle de Georges, une volonté évidente de transgresser les désignations que la société donne des sexes.

Gérard Labrunie renonça à son patronyme pour se désigner sous le nom de Gérard de Nerval. Processus d'ano-

17. Jean-Luc Steinmetz, « L'ouïe du nom », in Philippe Bonnefis et Alain Buisine (dir.), *La Chose capitale*, Lille, PUL, 1981, p. 145-146.

blissement qui est assez dans le goût de l'époque, mais qui manifeste de la part de l'écrivain une volonté de se rattacher à la lignée maternelle puisque Nerval est le nom d'une petite terre appartenant à sa grand-mère et de rejeter définitivement le Père que l'enfant rend responsable de la mort de la Mère en 1810 et enterrée depuis « en cette froide Silésie où reposent les cendres de ma mère[18] ».

Le choix opéré par Isidore Ducasse (1846-1870) représente peut-être enfin un des cas les plus complexes de pseudonymie. Isidore Ducasse publie anonymement en août 1868 le *Chant premier* des *Chants de Maldoror*[19]. Il publie de nouveau ce texte l'année suivante dans un recueil collectif paru à Bordeaux, toujours anonymement[20]. Et, à la fin de la même année 1869, il publie à Paris, sous le pseudonyme de Comte de Lautréamont, l'ensemble des *Chants* I à VI des *Chants de Maldoror*[21]. On n'a pas manqué de s'interroger sur le choix de ce pseudonyme. Assez vite, un rapprochement a été fait avec le roman d'Eugène Sue, *Latréaumont*, dont le tome premier avait paru en 1838 à Paris chez Gosselin. Il n'existe pas de preuve positive que Ducasse ait lu ce roman. Néanmoins, le rapprochement entre les deux noms paraît aller au-delà de la simple coïncidence, car il existe entre les *Chants* et le roman de Sue plusieurs convergences.

Fondé sur des faits réels, *Latréaumont* retrace l'histoire d'un complot dirigé contre Louis XIV et dont les protagonistes avaient été le chevalier de Rohan et un noble nor-

18. Gérard de Nerval, *Lorely. Souvenirs d'Allemagne* [1852], in *Œuvres*, tome II, édition de Albert Béguin et Jean Richer, Paris, Gallimard, coll. « La Pléiade », 1956, p. 740.

19. Voir les données réunies par J.-P. Goldenstein dans son excellente édition : Lautréamont, *Les Chants de Maldoror*. Isidore Ducasse, *Poésies*, Paris, Presses Pocket, 1992, p. 303. Cette première édition du *Chant premier* a paru à Paris chez Balitout, Questroy et Cie.

20. *Les Chants de Maldoror*, *Chant premier* par ***, dans *Parfums de l'âme*, recueil collectif de poésies publié par Evariste Carrance (« Littérature contemporaine », deuxième série, Bordeaux, 1869).

21. Cette édition ne mentionne aucun éditeur : *Les Chants de Maldoror* par le Comte de Lautréamont, Paris, en vente chez tous les libraires, 1869. Cette édition ne fut en fait jamais commercialisée et ne sera distribuée à Bruxelles qu'en 1874, sous une autre couverture, par Rozez. Cf. J.-P. Goldenstein, *op. cit.*, p. 17-18 et 302-303.

mand, Jean Duhamel de Latréaumont. Ce dernier mourut au cours de son arrestation ; Rohan et ses complices furent exécutés en 1674. Le personnage flamboyant et plein de fougue, au physique à la fois effrayant et d'une séduction toute diabolique, imaginé par Eugène Sue est une étonnante préfiguration de Maldoror, comme l'ont noté, entre autres, Marcel Jean et Arpad Mezei[22] et François Caradec[23]. Pour Marcel Jean et Arpad Mezei, Latréaumont luttant contre Louis XIV « apparaît, à l'intérieur même du récit, comme *l'ennemi du mythe solaire*[24]. » Et, aussi, de Dieu et du Père. D'où, probablement, la genèse du nom du héros de Ducasse : Maldoror est celui qui, nouveau Lucifer, apporte une aurore maudite[25]. De son côté, François Caradec rappelle que la transformation de Latréaumont en Lautréamont permet aussi à Ducasse d'affirmer toute la distance qui le sépare de ce Père, de cet Autre, resté à Montevideo, et dont il défie la Loi dans les *Chants* : « L'Autre est à Mont »[26].

Cette hypothèse semble d'autre part bien trouver sa confirmation si on prend en compte le mouvement général de constitution de l'œuvre d'Isidore Ducasse. Ce dernier dépose au ministère de l'Intérieur le 9 avril 1870 *Poésies I* et le 14 juin *Poésies II*[27]. Ces deux ouvrages sont les premiers que Ducasse publie sous son patronyme. Cette option peut être interprétée comme une volonté de souligner la rupture entre les *Poésies* et les *Chants de Maldoror*. Les *Poésies*, en effet, lues littéralement, se présentent comme un reniement du romantisme satanique des

22. Cf. Marcel Jean et Arpad Mezei, *Maldoror. Essai sur Lautréamont et son œuvre* suivi de notes et de pièces justificatives, Paris, Éditions du Pavois, 1947, 223 p.

23. François Caradec, *Isidore Ducasse, comte de Lautréamont*, édition revue et augmentée, Paris, Gallimard, coll. « Idées », 1975, 381 p.

24. Marcel Jean et Arpad Mezei, *op. cit.*, p. 171.

25. *Ibid.*, p. 104. Les deux auteurs suggèrent aussi que *Lautréamont* peut se lire comme désignant l'autre Amon, par référence à Amon-Rê, dieu du Soleil chez les Égyptiens.

26. François Caradec, *op. cit.*, p. 276-277.

27. Cf. J.-P. Goldenstein, *op. cit.*, p. 302. Chacun des deux fascicules porte comme mention du nom de l'éditeur : « Journaux politiques et littéraires. Librairie Gabrie, Passage Verdeau, 25, 1870. »

Chants : désormais, le poète prétend, comme il le dit en exergue, remplacer

> La mélancolie par le courage, le doute par la certitude, le désespoir par l'espoir, la méchanceté par le bien, les plaintes par le devoir, le scepticisme par la foi, les sophismes par la froideur du calme et l'orgueil par la modestie[28].

Il y avait donc, de la part de Ducasse, une logique certaine à vouloir utiliser – au demeurant pour la première fois – son patronyme pour signer un texte qui se voulait une sorte d'apologie de la morale sociale la plus conventionnelle et qui entendait ainsi condamner sans appels les prestiges de la transgression romantique. Mais cette rupture et ce retour à la Loi sont trompeurs. La rhétorique de l'ironie qui sature les *Poésies* et qui se traduit en particulier par un usage systématique du pastiche et de l'inversion d'énoncés littéraires ou philosophiques célèbres laisse deviner que ce texte ne fait que prolonger, selon d'autres modalités, la révolte des *Chants de Maldoror*. Dès lors, il est permis de penser que le recours au patronyme est le stade suprême que peut prendre la dérision du Père, condamné à ne proférer que des platitudes monstrueuses. Au-delà, on peut également penser, comme le suggère Marcelin Pleynet, que, puisque « les deux livres sont chronologiquement inséparables[29] », les *Poésies* « autorisent celui qui, pour avoir refusé de porter le nom du père, pouvait porter tous les noms [...] et aucun nom [...], à signer du nom du père (le même nom en quelque sorte, mais jamais plus le même)[30] » : Lautréamont, Mervyn, Pascal, Vauvenargues et, pourquoi pas, Isidore Ducasse.

28. Lautréamont, *Les Chants de Maldoror*. Isidore Ducasse, *Poésies*, *op. cit.*, p. 247.

29. Marcelin Pleynet, *Lautréamont par lui-même*, Paris, Seuil, coll. « Écrivains de toujours », 1967, p. 157.

30. *Ibid.*, p. 157.

Le destinataire

À la différence de ce qui se passe dans la communication littéraire orale où la production du message par un conteur ou un chanteur est inséparable de la présence d'un public qui réagit à ce message et auquel l'artiste peut éventuellement s'adapter, l'écrivain qui conçoit un texte n'est pas encore, à ce stade, confronté à un public. Tant que l'ouvrage ainsi conçu n'est pas mis en vente et distribué, tant qu'il n'a pas rencontré des lecteurs concrets, le destinataire de l'œuvre demeure en quelque sorte virtuel puisque rien ne permet de savoir à coup sûr quel le sera le public réel de celle-ci plus tard.

Néanmoins, ce caractère virtuel du public n'est pas absolu dans la mesure où l'écrivain conçoit généralement son œuvre en fonction d'un public particulier en cherchant à répondre aux attentes de celui-ci. Cette visée – plus ou moins efficace, plus ou moins réussie – de l'écrivain vers tel ou tel public apparaît à travers un certain nombre d'indicateurs significatifs. Parmi ceux-ci, on retiendra tout d'abord le niveau de langue employé par l'écrivain ainsi que le lexique – standard ou spécialisé – qu'il utilise. Sartre écrivant *L'Être et le néant* ou *Critique de la raison dialectique* ne vise évidemment pas le même public que lorsqu'il écrit *Le Mur*. On sera sensible également aux références culturelles présentes dans un texte : les unes sont évidentes pour un très large public parce qu'elles font partie d'une sorte de savoir général d'une époque ; d'autres, au contraire, ne sont accessibles qu'à un public restreint et spécialisé, comme on le voit par exemple lorsqu'un écrivain donne, sans éprouver le besoin de les traduire, des citations en allemand ou en latin.

À ces indicateurs présents dans le texte lui-même, s'en ajoutent d'autres que l'on peut qualifier d'externes et qui apportent également un éclairage sur le public visé. Ainsi, on tiendra compte du genre littéraire dans lequel l'écrivain entend situer son œuvre : un roman policier, un roman de science-fiction, un roman relevant de la « littérature générale » et susceptible d'obtenir un prix

(Goncourt, Femina, Renaudot, etc.), un ouvrage philosophique, une étude psychanalytique, un recueil de poèmes, un « ouvrage pratique », etc. n'atteignent pas le même public dans la mesure où celui-ci se trouve dès le départ repéré selon ces catégories génériques. De même, le type de production et de distribution qui renvoie à des facteurs socio-économiques, ainsi que la forme matérielle prise par le livre, traduisent cette visée vers tel ou tel public. De ce point de vue, le chiffre du tirage initial, l'existence éventuelle d'une édition en poche venant doubler l'édition courante, l'intégration ou non de tel ou tel titre dans des programmes de clubs vendant des livres par correspondance, la mise en vente exclusivement en librairie ou, au contraire, dans des points de vente comme les maisons de la presse ou les grandes surfaces, la place accordée à tel ou tel titre dans les programmes scolaires constituent, là encore, autant d'indicateurs concernant le public visé. Ainsi, le refus toujours manifesté par Julien Gracq de voir ses œuvres éditées dans des collections de poche peut être interprété comme une volonté de conserver l'image d'un écrivain d'avant-garde qui entend continuer de bénéficier du prestige d'un éditeur comme Corti. À l'inverse, la création, dans des séries de poche, de collections d'essais critiques, comme Foliothèque chez Gallimard, et, de façon générale, d'éditions savantes de textes anciens ou contemporains (Folioplus, Pocket, etc.) traduit de la part des éditeurs et des auteurs, quand ils sont vivants et prêtent volontiers leur concours à ces entreprises, un calcul tout à fait inverse : mieux vaut un classique lu au collège et au lycée qu'un auteur d'avant-garde étudié par un petit groupe dans un programme optionnel de licence ou de maîtrise.

Mais ce caractère virtuel du public ne réside pas seulement dans l'écart qui peut exister entre la visée déployée par l'écrivain et son lectorat effectif ; il tient aussi au fait que le temps, fréquemment, vient modifier ce public – ou cette absence de public. Ainsi, sans pour autant être un inconnu en son temps, Stendhal (1783-1842) n'atteint véritablement un public et ne devient un auteur essentiel que dans les dernières années du XIXe siècle. De même, ce n'est que bien après la Seconde Guerre mondiale que Scott Fitzgerald (1896-1940) sera véritablement perçu comme aussi important que Hemingway, Steinbeck, Dos Passos et Faulkner. Mais le public peut se modifier sensiblement du vivant même de l'écrivain : c'est ce qu'on observe par exemple avec Marguerite Duras dont le roman *L'Amant*, prix Goncourt (1984) et tiré à près d'un million d'exemplaires, la fait sortir complètement du cercle restreint de la littérature de recherche dans lequel lecteurs et critiques la situaient jusqu'alors. Le cas de Jules Verne (1828-1905) est également significatif : cet écrivain qui avait conçu son œuvre essentiellement en direction de la jeunesse, à travers une thématique du voyage et un imaginaire de la science, est devenu aussi peu à peu, à partir de 1950, un auteur universitaire, comme on le voit par les thèses qui lui ont été consacrées et les éditions savantes dont certaines de ses œuvres ont fait l'objet[31].

Mais, quels que soient son caractère virtuel et l'évolution qu'il peut subir avec le temps, le destinataire évoqué jusqu'alors est un destinataire réel, constitué par le public susceptible de lire effectivement l'œuvre conçue par l'écrivain. Or, parallèlement à ce destinataire réel, repérable à travers une analyse des pratiques de lecture, il existe un destinataire d'un autre type, que l'on pourrait qualifier de fictif, parce qu'il n'est situé que dans l'espace du texte. De ce point de vue, deux notions importantes permettront de le cerner. La première est celle d'« écriture » telle que Barthes la définit dans *Le Degré zéro de l'écriture*. Dans cet ouvrage, Barthes met en perspective les notions de langue, de style et d'écriture. Bien que différents, langue et style ont en commun d'être des données imposées à l'écrivain et que celui-ci n'a pas véritablement le pouvoir de modifier. La langue « est un objet social par définition,

31. Voir, par exemple, les titres de Jules Verne dans des collections comme Folio classique, Pocket ou Garnier-Flammarion. Parmi les études qui ont contribué à conférer à Verne le statut d'auteur universitaire, cf. la thèse de Simone Vierne, *Jules Verne et le roman initiatique. Contribution à l'étude de l'imaginaire*, Paris, Sirac, 1973, 781 p., ainsi que : Michel Serres, *Jouvences sur Jules* Verne, Paris, Minuit, 1974, 291 p., et Marc Soriano, *Jules Verne (le cas Verne)*, Paris, Julliard, 1978, 412 p. Cet ouvrage contient (p. 399-406) une bibliographie commentée qui fait bien apparaître l'évolution du statut de Jules Verne, d'abord « redécouvert » par les écrivains puis par les universitaires.

non par élection[32] » ; elle est un matériau dont il dispose pour s'exprimer à un moment donné de l'histoire et dans un contexte donné. Le style, au contraire, a une dimension essentiellement individuelle qui renvoie à l'histoire personnelle de l'écrivain. Aux yeux de Barthes, c'est

> un langage autarcique qui ne plonge que dans la mythologie personnelle et secrète de l'auteur, dans cette hypophysique de la parole, où se forme le premier couple des mots et des choses, où s'installent une fois pour toutes les grands thèmes verbaux de son existence. Quel que soit son raffinement, le style a toujours quelque chose de brut : il est une forme sans destination, il est le produit d'une poussée, non d'une intention.[33]

L'écriture, au contraire, traduit l'espace de liberté, non dépourvu bien évidemment de contraintes, dans lequel peut se mouvoir l'écrivain. Elle est le domaine dans lequel l'écrivain, confronté à ces deux natures que sont la langue et le style, peut tenter de faire des choix sur le plan de l'expression, et ces choix concernent la façon dont il entend se situer sur le plan des options sociales, politiques et idéologiques. Repérer les modalités de l'écriture d'un texte, c'est donc porter son attention sur les indices qui renvoient à ces options et que l'écrivain a intégrés volontairement à son texte :

> Langue et style sont des forces aveugles ; l'écriture est un acte de solidarité historique. Langue et style sont des objets ; l'écriture est une fonction : elle est le rapport entre la création et la société, elle est le langage littéraire transformé par sa destination sociale, elle est la forme saisie dans son intention humaine et liée ainsi aux grandes crises de l'Histoire. [...] Placée au cœur de la problématique littéraire, qui ne commence qu'avec elle, l'écriture est donc essentiellement la morale de la forme, c'est le choix de l'aire sociale au sein de laquelle l'écrivain décide de situer la Nature de son lan-

32. Roland Barthes, *Le Degré zéro de l'écriture* [1953], suivi de *Eléments de sémiologie*, Paris, Gonthier, 1969, p. 13.
33. *Ibid.*, p. 14.

> gage. Mais cette aire sociale n'est nullement celle d'une consommation effective. Il ne s'agit pas pour l'écrivain de choisir le groupe social pour lequel il écrit : il sait bien que, sauf à escompter une Révolution, ce ne peut être jamais que pour la même société. Son choix est un choix de conscience, non d'efficacité[34].

Ainsi voit-on se dessiner la figure d'un destinataire que peut-être le texte n'atteindra jamais, mais qui traduit de la part de l'écrivain, en fonction de l'écriture qu'il adopte – aristocratique, artiste, socialiste, tiers-mondiste, etc. –, une volonté d'appartenance sociale et politique et un rêve de solidarité avec tel ou tel groupe vers lequel il veut aller et dont il peut espérer même être considéré comme le représentant.

La deuxième notion, plus technique, est celle de narrataire. De nombreux textes romanesques, depuis les origines du genre, mettent en scène la figure d'un lecteur que le narrateur interpelle et qui est censé selon les cas réagir à tel ou tel aspect de la narration et par là éclairer la façon dont il convient de lire ou de ne pas lire le récit. Ainsi, de même qu'il existe une relation réelle entre l'auteur et le lecteur, il peut exister parallèlement une relation fictive – parce qu'elle n'existe que dans l'espace du texte – entre le narrateur et ce destinataire imaginaire que l'on a pris l'habitude d'appeler, notamment à la suite des travaux de Genette, « narrataire ». Cette ligne de partage entre réalité et fiction est bien mise en évidence par Christine Montalbetti lorsqu'elle écrit :

> La notion de narrataire, qui permet en particulier de rendre compte des différences que je peux rencontrer au cours de ma lecture, entre le *lecteur* inscrit dans le texte et moi-même, a surtout l'avantage d'être rigoureuse et d'attribuer au narrateur son exact partenaire. De même qu'auteur et lecteur sont l'un et l'autre du côté du réel, le narrataire fait couple à l'intérieur du texte avec le narrateur[35].

34. *Ibid.*, p. 17-18.
35. Christine Montalbetti, *Images du lecteur dans les textes romanesques*, Paris, Bertrand Lacoste, 1992, p. 13.

L'examen des modalités de la relation entre narrateur et narrataire fait apparaître en particulier deux formes principales : la complicité et l'exclusion, plus ou moins affirmée, de telle ou telle catégorie. Analysant le processus de l'exclusion, C. Montalbetti montre ainsi comment le narrateur, dans le chapitre liminaire du *Père Goriot*,

> Après avoir envisagé l'ensemble le plus large possible de narrataires [...] effectue une réduction de champ : le seul narrataire envisageable lui paraît alors être le narrataire parisien (« les particularités de cette scène ne peuvent être comprises qu'entre les buttes de Montmartre et les hauteurs de Montrouge »)[36].

Bien évidemment, la notion de narrataire renvoie dans son principe au destinataire d'un récit. Mais la notion que le terme implique vaut aussi pour d'autres genres littéraires. Ainsi Baudelaire, dénonçant l'idée que la poésie puisse transmettre un contenu moral, philosophique ou religieux et parlant à ce sujet de « l'hérésie moderne capitale, – l'enseignement[37] », ou Mallarmé, écrivant au début de sa carrière un article intitulé « Hérésies artistiques. L'art pour tous[38] », définissent de la sorte respectivement les destinataires qui peuvent recevoir leur message et ceux qui ne peuvent le comprendre. Ainsi, l'écrivain, à travers cet être fictif qu'est le narrateur ou le Je qui s'exprime dans le poème, formule des choix concernant le destinataire de son texte et dévoilant une part importante de son imaginaire que l'on pourra éventuellement, après l'avoir repérée, confronter avec son lectorat réel.

36. *Ibid.*, p. 25.

37. Baudelaire, *Notes nouvelles sur Edgar Poe* [1857], in *Œuvres complètes*, texte établi, présenté et annoté par Claude Pichois, tome II, Paris, Gallimard, coll. « La Pléiade », 1976, p. 337.

38. Mallarmé, « Hérésies artistiques : l'art pour tous » [1862], in *Poésies, Anecdotes ou Poèmes. Pages diverses*, édition établie, préfacée et annotée par Daniel Leuwers, Paris, LGF (Le Livre de Poche), 1977, p. 139-144.

Le message

Le message est constitué par ce qui est transmis, selon un processus qui va de l'auteur vers le lecteur, sous la forme d'un texte écrit, porteur d'un certain contenu sémantique. Sa définition ne peut donc être que générale et n'appelle pas de remarques particulières, car ce qui compte comme on le verra, ce sont plutôt les modalités de cette transmission ainsi que certaines particularités dans la production du sens de ce message. Ceci dit, le terme renvoie à l'idée du contenu sémantique, notionnel, dont l'œuvre littéraire est susceptible d'être porteuse. Sur ce plan, on rappellera que le terme de « message » a souvent été utilisé par la critique, dans les années 1945-1960 pour désigner le sens moral, philosophique, politique d'une œuvre. Mais il nous semble que le problème, justement, est de savoir si l'œuvre littéraire se définit par ce contenu qu'elle transmettrait ou par les modalités formelles et institutionnelles à travers lesquelles celui-ci est transmis. En d'autres termes, la question est de savoir ce qu'il importe de prendre en compte : le contenu ou le processus qui rend possible son expression et sa communication.

Le canal de communication

Le canal de communication se définit essentiellement sous un angle technique et il est constitué par l'ensemble des processus matériels entrant en jeu depuis la réalisation d'un texte par un écrivain jusqu'à l'opération de lecture et d'appropriation de ce même texte, sous la forme de livre, par un lecteur.

Dans cette chaîne, le premier élément à considérer est **le manuscrit**. Le manuscrit est le texte qu'écrit un auteur avant que ce texte ne soit reproduit par un procédé mécanique en de multiples exemplaires identiques et diffusé. Il convient donc de distinguer la version manuscrite d'une œuvre et la version imprimée et éditée de cette même œuvre. On notera d'autre part que les œuvres littéraires antérieures à l'invention de l'imprimerie (milieu du XVe siècle) ont été reproduites et diffusées sous forme manuscrite à partir des ateliers de copistes qui permettaient la reproduction en un certain nombre d'exemplaires identiques d'un texte originel et jouaient ainsi le rôle dévolu plus tard aux imprimeurs et aux éditeurs. C'est sous cette forme que nous connaissons les littératures de l'Antiquité et celles du Moyen Âge. Ainsi, on parlera d'un manuscrit de la *Guerre du Péloponnèse* de Thucydide, de l'*Enéide* de Virgile ou du *Chevalier au lion* de Chrétien de Troyes. Mais, dans ce cas, il s'agit toujours d'une version de l'œuvre réalisée par des copistes et qui nous est parvenue sous cette forme et non d'un texte écrit réellement par ces auteurs.

On voit donc que le terme de manuscrit a deux acceptions fort différentes, selon qu'on parle d'un « manuscrit de Platon » ou d'un « manuscrit de Balzac », et ce n'est d'ailleurs qu'à partir de l'invention de l'imprimerie que l'on commence à voir véritablement apparaître le manuscrit comme « avant-texte » de l'œuvre.

Du point de vue de sa matérialité, le manuscrit peut se présenter sous plusieurs formes. Conformément à son étymologie, le manuscrit peut être autographe, c'est-à-dire écrit par l'auteur lui-même. Il peut également être dicté à un(e) secrétaire : c'est le cas, par exemple, de la *Chartreuse de Parme* de Stendhal et d'une partie importante des *Mémoires d'outre-tombe* de Chateaubriand. Le développement de la pratique de la machine à écrire, à partir de la fin du XIXe, aboutit à donner au manuscrit une forme dactylographiée, imposée au demeurant depuis longtemps par les éditeurs et les responsables de revues. Cette version dactylographiée, désignée parfois par le néologisme « tapuscrit », peut être écrite directement par l'auteur, éventuellement à partir d'un texte autographe, ou dictée, comme on l'observe pour la dernière partie de la production de Henry James[39]. Enfin, le manuscrit peut

39. Voir, sur cette question, les considérations de Edel s'appuyant sur le témoignage de la secrétaire de Henry James, Miss Bosanquet, et

avoir une forme orale lorsque le texte ou les matériaux qui serviront à le constituer sont enregistrés au magnétophone avant de faire l'objet d'une transcription.

Mais, quelle que soit sa forme[40], le manuscrit est moins une version artisanale du livre futur qu'un en-deçà de celui-ci. Les hésitations dont il est porteur, les ajouts, les suppressions, les remords, les corrections témoignent d'abord du travail de l'écrivain et d'un travail qui, par définition, n'est jamais achevé, à la différence de l'œuvre imprimée et éditée que s'appropriera le lecteur. Ainsi, la formule indépassable imaginée par Pascal pour intituler dans les *Pensées* le célèbre fragment « Disproportion de l'homme[41] » prend une dimension plus relative quand la consultation du manuscrit montre que l'écrivain a d'abord écrit puis barré : « Incapacité de l'homme. » De même, le « soleil cou coupé » que nous trouvons à la fin de *Zone*, le poème liminaire d'*Alcools*, résulte de la transformation au stade ultime des épreuves d'une formulation qui n'était qu'une métaphore et pas encore une figure phonique : « soleil cou tranché[42] ». De même encore, Mallarmé ouvre pour son lecteur une voie radicalement nouvelle lorsque le vers de la dernière strophe des *Fenêtres*, poème écrit en 1863,

> Est-il moyen, mon Dieu qui connais l'amertume

---

s'interrogeant sur l'incidence de la dactylographie sur l'écriture du romancier. Cf. Léon Edel, *Henry James, une vie* [1985], trad. de l'américain par André Müller, Paris, Seuil, 1990, p. 783-786

40. Bien entendu, on inclura aussi dans la catégorie du manuscrit les épreuves d'imprimerie, avec les modifications et ajouts portés par l'auteur, ainsi que toutes les mentions manuscrites figurant sur un ouvrage déjà imprimé et édité en vue d'une nouvelle édition, le prototype en étant en quelque sorte le fameux « Exemplaire de Bordeaux » qui est un exemplaire de l'édition des *Essais* parue en 1588 (dernière édition – la quatrième – parue du vivant de Montaigne) et qui sera publié par les soins de la nièce de l'écrivain, Mlle de Gournay, après la mort de celui-ci en 1595. Dans la réalité cependant, Mlle de Gournay avait opéré un choix parmi les corrections et adjonctions proposées par Montaigne et il a fallu attendre la publication d'une version photographique en 1906-1920 pour avoir une vision complète du travail de Montaigne.

41. Brunschvicg, 72. Lafuma, 199.

42. Cf. Michel Décaudin, *Le Dossier d'*Alcools, édition annotée des préoriginales avec une introduction et des documents, Genève, Droz-Paris, Minard, 1971, p. 81.

devient dans l'édition photolithographiée des *Poésies* en 1887

Est-il moyen, ô Moi qui connais l'amertume[43].

La prise en compte des manuscrits éclaire ainsi la genèse des œuvres littéraires en permettant notamment de mieux voir que la formulation définitive du texte, telle qu'on l'appréhende à travers la lecture du livre imprimé et édité, est l'aboutissement d'un travail et d'un choix opéré entre des possibles. Par là même, elle contribue à une désacralisation de la croyance en la valeur sacrée de l'œuvre.

Le deuxième élément du canal de communication est représenté par **l'éditeur**[44]. L'éditeur est un entrepreneur qui prend la responsabilité, à partir d'un manuscrit qu'il a préalablement choisi, de faire fabriquer et de distribuer ce produit spécifique qu'est le livre. La relation entre l'auteur et l'éditeur se situe dans une double dimension. Elle concerne d'abord la valeur – symbolique et commerciale – du texte manuscrit commandé à l'auteur ou envoyé spontanément par celui-ci et les raisons qui conduisent l'éditeur à le rejeter ou à l'accepter en vue de la publication, avec éventuellement un certain nombre de modifications. En règle générale, l'examen des manuscrits s'opère à travers un *comité de lecture*, plus ou moins diversifié selon les maisons d'édition, qui établit pour chaque texte un certain nombre de *notes de lectures*. Celles-ci serviront de base à la décision prise par l'éditeur. Envisagée sous cet aspect, la relation entre l'auteur et l'éditeur est essentiellement un processus d'évaluation.

En cas d'acceptation par l'éditeur du manuscrit en vue de la publication, cette relation s'inscrit d'autre part dans un cadre juridique précis défini par la loi du 11 mars 1957[45] et concrétisé par la signature d'un *contrat* entre l'auteur et

43. Mallarmé, Stéphane, *Œuvres complètes*, éd. Henri Mondor et G. Jean-Aubry, Paris, Gallimard, coll. « La Pléiade », 1945, p. 1421.

44. Précisons que jusqu'au début du XIXe siècle les fonctions d'éditeur, d'imprimeur et de libraire sont souvent confondues. Nous envisageons donc la fonction d'éditeur au sens actuel du terme.

45. Pour le texte de la loi, cf. Claude Collombet, *Propriété littéraire et artistique et droits voisins*, Paris, Dalloz, coll. « Précis Dalloz », 1990, p. 527-540. Le contrat d'édition fait l'objet du chapitre II de la loi, art. 48-63.

l'éditeur. Le contrat d'édition prévoit quatre dispositions essentielles. L'auteur cède à l'éditeur les droits de reproduction (et éventuellement d'adaptation et de traduction) de l'ouvrage sur lequel porte le contrat. Il s'engage en contrepartie à ne pas rééditer (et éventuellement adapter et traduire) son texte en dehors de l'éditeur. De son côté, l'éditeur s'engage à reproduire le texte tel que le lui a remis l'auteur et à reconnaître à celui-ci sa qualité d'auteur. Le contrat précise par ailleurs « le nombre minimum d'exemplaires constituant le premier tirage[46] ». Il définit enfin la rémunération de l'auteur : *les droits d'auteurs*. Celle-ci peut être forfaitaire ou « proportionnelle aux produits d'exploitation[47] ». Dans ce dernier cas, elle est variable mais souvent de l'ordre de 10 % du prix de l'ouvrage vendu au détail. La définition de la rémunération implique l'obligation pour l'éditeur d'informer régulièrement l'auteur de l'état des ventes de l'ouvrage. D'autres dispositions, plus techniques, précisent le délai de parution ainsi que les conditions dans lesquelles le contrat peut être résilié par l'une des deux parties.

Le contrat d'édition, tel que le définit la loi du 11 mars 1957, offre ainsi une garantie à l'auteur comme à l'éditeur. Le premier sait que son texte sera reproduit dans des conditions conformes à sa volonté et diffusé selon des modalités clairement précisées ; de plus, dans ce cadre, aucune charge ne peut incomber à l'auteur et la loi précise nettement que « ne constitue pas un contrat d'édition, au sens de l'article 48, le contrat dit : à compte d'auteur[48] ».

46. *Ibid*., art. 51.

47. *Ibid*., art. 52.

48. Ibid., art. 49. Le contrat dit à compte d'auteur est un contrat par lequel « l'auteur ou ses ayants-droit versent à l'éditeur une rémunération convenue, à charge par ce dernier de fabriquer en nombre, dans la forme et suivant les modes d'expression déterminés au contrat, des exemplaires de l'œuvre et d'en assurer la publication et la diffusion. Ce contrat constitue un louage d'ouvrage ». Le contrat à compte d'auteur n'est souvent pas loin de l'escroquerie dans la mesure où la rémunération demandée à l'auteur dépasse de beaucoup le coût de fabrication, ce qui ne motive guère l'« éditeur », qui recherche des auteurs à l'aide de publicités dans la presse, à assurer la diffusion de l'ouvrage.

On distinguera du contrat à compte d'auteur la pratique de l'autoédition qui consiste pour un auteur à assurer lui-même la reproduction et la diffusion de son texte.

Le second a l'assurance de pouvoir disposer d'un texte qu'il peut exploiter dans la durée et sur lequel il a acquis un droit exclusif : « l'auteur doit garantir à l'éditeur l'exercice paisible et, sauf convention contraire, exclusif du droit cédé[49] ». Cette assurance constitue notamment un des éléments importants de la politique éditoriale puisqu'elle permet à l'éditeur de constituer un fonds et de rééditer en fonction de l'actualité ou de l'évolution des préoccupations du public des titres de ce fonds. On le voit par exemple chez Gallimard avec les collections « Poésie » ou « L'Imaginaire ».

Ceci dit, l'activité du métier d'éditeur demeure toujours dans son principe une activité risquée. En décidant de publier un ouvrage, l'éditeur fait un pari sur des profits ultérieurs, qu'il réalisera ou pas. Quel que soit le sérieux de telle ou telle étude de marché, il est toujours très difficile de prévoir ce que sera demain la réception d'un ouvrage, même si celui-ci entre dans la catégorie des ouvrages à vocation commerciale, comme les « ouvrages pratiques », par exemple. D'où l'intérêt de chercher à publier des ouvrages susceptibles d'obtenir un prix littéraire ou dont les auteurs sont connus d'un vaste public en raison de leur place dans le champ politique ou médiatique. Mais, là encore, le succès est un processus complexe : l'achat massif d'un roman ayant obtenu le prix Goncourt n'entraînera pas nécessairement une forte vente pour le roman que le même écrivain publie l'année suivante : dans ce cas, c'est peut-être le prix, plus que le livre, qui a provoqué le succès. De même, s'il est relativement facile d'analyser les raisons qui font qu'un livre devient un best-seller – prototype *Autant en emporte le vent* –, rien ne permet de fabriquer à coup sûr un autre best-seller. Quant aux vedettes du monde politique, sportif, artistique ou médiatique, leur notoriété peut évidemment inciter un large public à lire les livres qu'ils ont écrits – généralement sous forme d'interviews – ou qui leur sont consacrés ; mais elle peut tout aussi bien conduire à une désaffection, dans la mesure où le public n'a aucune raison particulière d'aller vers ce qu'il connaît déjà.

49. *Ibid.*, art. 54.

L'imprimeur constitue le troisième élément à prendre en compte dans le canal de communication. Son rôle est de fabriquer un ouvrage en un certain nombre d'exemplaires identiques, à la suite d'une commande que lui a adressée l'éditeur et conformément aux instructions fournies par ce dernier : format de l'ouvrage, normes propres à telle ou telle collection, couverture, nombre du tirage, etc. Comme l'éditeur, l'imprimeur est donc un entrepreneur, soumis comme tel aux aléas de toute activité économique. Mais, il n'est pas exposé aux mêmes risques que l'éditeur puisqu'il exécute des commandes pour lesquelles il est en principe assuré d'être payé, alors que l'éditeur prend des décisions et travaille toujours en fonction d'un profit à venir.

Jusqu'à une époque récente – 1950 environ – l'impression des ouvrages se faisait presque exclusivement en *typographie*, c'est-à-dire selon le procédé qui consiste à utiliser des caractères mobiles, formés d'un alliage de plomb, d'antimoine (14 à 18 %) et d'étain (4 à 8 %), et dont le principe n'avait pas varié depuis l'invention de l'imprimerie[50]. Après une lecture minutieuse du manuscrit qu'on appelle *copie* et sur lequel un correcteur a porté toutes les indications techniques nécessaires à l'ouvrier typographe, la transformation du manuscrit en livre commence par une première phase, essentielle et la plus coûteuse : la *composition*. Cette opération consiste à disposer sur un *composteur* – support qui correspond à la dimension d'une page imprimée – les caractères correspondant à chacun des signes figurant sur le manuscrit. Au terme de cette opération, il y aura donc autant de composteurs que l'ouvrage aura de pages.

Jusqu'à la fin du XIXe siècle la composition était exclusivement manuelle : l'ouvrier typographe prélevait dans une *casse* – boîte d'environ 65 × 44 cm, divisée en compar-

50. Le développement de l'informatique, à partir des années 80, a entraîné un certain nombre de conséquences : l'informatique a d'abord permis la production d'ouvrages de petite dimension et d'un tirage limité ; elle a d'autre part facilité et rendu plus performant le pilotage des machines classiques, notamment les photocomposeuses. Mais, contrairement à une idée reçue, elle n'a pas détrôné la typographie classique, notamment pour l'impression de textes poétiques exigeant une grande qualité artistique.

timents de taille inégale en fonction de la fréquence d'utilisation des signes – les caractères dont il avait besoin et les disposait un à un sur le composteur, après avoir au préalable défini les marges par un système de calage. Le travail se faisait signe par signe, et ligne par ligne. Mais avant de passer à la ligne suivante, séparée de la précédente par une *interligne* – lame d'alliage permettant de faire apparaître un blanc à l'impression –, la ligne était relue et les erreurs corrigées ; de plus, quand le composteur était rempli, il faisait l'objet d'un examen destiné notamment à supprimer les *rivières* – excès de blancs qui prennent sur la page imprimée l'allure de lézardes – en diminuant là où c'était nécessaire l'espacement entre les mots.

La composition manuelle, parfaite dès les débuts de l'imprimerie sur le plan technique et artistique, présentait cependant des inconvénients : coût élevé, usure des caractères, immobilisation d'un matériel volumineux en cas de nouveaux tirages. À la fin du XIXe siècle, deux types de machines sont inventés qui vont permettre une composition beaucoup plus rapide et moins onéreuse : la linotype et la monotype. Ces machines actionnées par un clavier, du type de celui d'une machine à écrire mais plus complexe, délivrent et moulent à partir de l'alliage en fusion les caractères nécessaires et les disposent sur le composteur. La première fournit des lignes d'un seul bloc ; la deuxième fabrique les caractères séparément[51]. Au début du XXe siècle, le procédé proprement typographique se trouve concurrencé par l'héliogravure dans lequel la forme imprimante est constituée par un cylindre de cuivre gravé selon un processus photographique. L'héliogravure qui permet de réaliser des travaux à une vitesse très élevée est utilisée pour la production des ouvrages de fort tirage (catalogues, magazines), mais, en raison de sa qualité technique, elle sert aussi à l'impression d'ouvrages très soignés, d'un tirage limité. Peu après, au lendemain de la Première Guerre mondiale, un nouveau procédé fait son apparition : l'offset, qui demeure aujourd'hui le système le

51. Pour un historique et une description technique de ces machines, cf. Victor Letouzey, *La Typographie*, Paris, PUF, coll. « Que sais-je ? », 1964, p. 39-46.

plus couramment utilisé. Dans ce système, reposant sur le principe de la lithographie du XIXe siècle[52], la forme imprimante, qui ne comporte ni creux ni relief, est constituée par une plaque de zinc fixée sur un cylindre et sur laquelle l'encre s'est répartie de façon inégale à la suite d'un procédé photographique ; ce cylindre est mis en contact avec un autre cylindre portant une plaque de caoutchouc – le « blanchet » – qui recueille ainsi cet encrage irrégulier et peut le reporter sur la feuille de papier introduite entre le cylindre porte-blanchet et un troisième cylindre dont la fonction est d'exercer une contre-pression. Après la Seconde Guerre mondiale, apparaissent les photocomposeuses qui vont permettre d'établir le film offset selon des procédés électromécaniques puis purement informatiques et établissent la surface imprimante à partir d'un processus photographique et qui permettent de traiter plus d'un million de signes à l'heure[53].

Une fois la composition réalisée, on procède à un premier tirage d'essai. Traditionnellement, celui-ci se fait sur des *placards*, grandes feuilles de papier d'environ 50 × 30 cm qui portent chacune l'équivalent de huit pages imprimées. Ces placards sont envoyés à l'auteur qui vérifie soigneusement le texte et note les erreurs qui ont pu être commises par l'imprimeur par rapport à la copie qu'il a fournie. Les corrections se font selon un code conventionnel[54]. L'auteur retourne ensuite ces placards à l'imprimeur avec la mention : « bon à mettre en pages », accompagnée de sa signature.

L'imprimeur rectifie les erreurs signalées en recomposant les éléments fautifs et procède à un deuxième tirage

52. Inventée en 1796 par A. Senefelder qui avait constaté qu'une pierre de calcaire sur laquelle on a effectué un dessin au crayon gras n'accepte l'encre que sur les parties dessinées, si l'on a auparavant lavé la surface de la pierre avec une solution aqueuse de gomme arabique et d'acide nitrique. La pierre devient alors une surface imprimante.

53. Rappelons qu'à l'époque de la composition manuelle un ouvrier ne pouvait manipuler plus de 1200 signes à l'heure alors qu'une page d'un livre contient en moyenne de 1800 à 2400 signes. Les linotypes et les monotypes permettront de manipuler entre 6 000 et 9 000 signes à l'heure. Cf. Gérard Martin, « Imprimerie », in *Encyclopædia Universalis*, vol. 8, 1968, p. 770-771.

54. Pour la nomenclature de ce code, cf. Letouzey, *op. cit.*, p. 48.

d'essai qui, cette fois, prévoit la mise en pages définitive de l'ouvrage. Ce tirage se fait, non plus sur des placards, mais sur des *épreuves*, feuilles imprimées seulement au recto et dont chacune va correspondre exactement à une des pages de l'ouvrage futur. Ces épreuves sont envoyées à l'auteur qui les corrige, toujours en utilisant le code conventionnel, et qui les retourne avec la mention : « bon à tirer », accompagnée de sa signature. L'imprimeur effectue alors les dernières modifications et procède au tirage de l'ouvrage dans sa forme définitive : impression recto-verso, brochage ou reliure, couverture, etc.[55].

À la différence de ce qui se passe avec l'éditeur, la relation entre l'auteur et l'imprimeur est une relation essentiellement technique. L'auteur a pour obligation de fournir à l'imprimeur une copie définitive du point de vue du contenu, ce qui lui interdit de modifier, par des ajouts ou des suppressions, son texte au niveau des placards ou des épreuves, bien qu'une certaine tolérance soit admise[56]. On connaît à cet égard le cas de Balzac dont les modifications sur épreuves sont souvent proches d'une véritable réécriture de la copie initiale. En contrepartie, l'imprimeur a pour obligation de n'apporter aucune modification à la copie qu'il compose : son rôle est de transcrire fidèlement un texte qu'il considère comme exprimant la volonté de l'auteur. On imagine facilement ce qui se passerait si l'imprimeur se mettait à « corriger » la langue des paysans de Molière dans *Dom Juan* ou l'orthographe suivie par Raymond Queneau dans *Zazie dans le métro*.

Le quatrième élément à prendre en considération dans le canal de communication est le processus de **commercia-**

55. La distinction des deux phases, celle des placards et celle des épreuves, se justifie par une raison technique : le texte composé sur le composteur dépasse parfois la dimension d'une page ou lui est inférieur. On notera cependant que, pour des raisons d'économie, éditeurs et imprimeurs tendent aujourd'hui à ne fournir que les épreuves. Précisons également que ces tirages d'essai se font avec de petites presses alors que le tirage définitif se fait sur des machines qui permettent un travail rapide.

56. Au-delà d'un certain volume de modifications, de l'ordre de 5 à 10 %, le travail supplémentaire de composition est habituellement facturé à l'auteur.

lisation et de **distribution**. Ces deux opérations, au demeurant fortement liées, se font sous la responsabilité de l'éditeur. Jusque vers 1930 environ, la commercialisation et la distribution étaient assurées directement par l'éditeur qui se chargeait lui-même d'acheminer les ouvrages de sa production dans les différents points de vente. Mais elles présentaient l'inconvénient de n'être pas directement en rapport avec l'activité éditoriale. C'est pourquoi cette double fonction est assurée aujourd'hui par des sociétés de distribution avec lesquelles l'éditeur a passé un contrat. Ce contrat prend des formes variables selon les éditeurs et porte notamment sur le nombre de titres par an que la société s'engage à distribuer, les points de vente qui seront couverts par cette distribution, le prix consenti à celle-ci pour chaque exemplaire, la rémunération de l'éditeur (achat ferme ou, au contraire, paiement après la vente des exemplaires, etc.). En France, ce système se met en place au début des années 1930 lorsque Hachette – éditeur par ailleurs – décide « de réussir avec les livres ce qu'il fait déjà avec les journaux : s'assurer leur distribution exclusive[57] » et Gaston Gallimard est un des premiers à l'accepter. Mais le système, adopté par une maison qui était encore dans une phase de recherche d'auteurs d'avant-garde et n'avait pas encore publié Sartre, Camus, Hemingway, Faulkner, Céline, Malraux, etc., ni, non plus, la « Série noire » dirigée par Marcel Duhamel, se révèle fort coûteux[58] et Gallimard rompt avec Hachette en 1971 en créant sa propre société de distribution, la Sodis, avec laquelle d'ailleurs d'autres éditeurs passeront contrat[59]. Ceci dit, quel que soit son coût, la société de distribution demeure aujourd'hui un partenaire obligé de l'éditeur bien que ses intérêts soient souvent en contradiction avec ceux de ce dernier. En effet, le distributeur a tendance par définition à

57. Pierre Assouline, *Gaston Gallimard. Un demi-siècle d'édition française*, Paris, Seuil, coll. « Points », 1985, p. 254.

58. Pierre Assouline, *op. cit.*, p. 500, indique que Hachette portait en définitive le prix de la distribution à 52 % du prix de fabrication.

59. La rupture avec Hachette correspond aussi pour Gallimard à la décision de se retirer du Livre de Poche (516 titres sur 1500) pour créer sa propre collection de poche, coll. « Folio ». Cf. Pierre Assouline, *op. cit.*, p. 501.

imposer sur les points de ventes les titres les plus susceptibles de se vendre : cette logique commerciale s'opère au détriment des ouvrages novateurs, que ce soit dans le domaine de la fiction ou de l'essai, et privilégie souvent de la sorte un consumérisme considéré à tort ou à raison comme exempt de risques.

De son côté, parce qu'il connaît les limites de l'apport que représente le distributeur, sauf quand il le contrôle, l'éditeur doit déployer une stratégie de promotion des ouvrages qu'il publie. Cette promotion s'opère sous la responsabilité de l'attaché(e) de presse dont le rôle est en particulier de faire connaître aux différents journaux et revues les ouvrages qui sont publiés, en envoyant gratuitement un exemplaire de ceux-ci aux journalistes et critiques de la presse écrite et audiovisuelle susceptibles d'en faire une recension. C'est ce que l'on appelle *le service de presse*. Dans cette stratégie de promotion, la *quatrième de couverture* joue un rôle important. On désigne par ce terme le texte figurant au dos de la couverture de l'ouvrage et qui constitue souvent le premier contact que l'acheteur ou le lecteur en bibliothèque a avec celui-ci. Très souvent rédigée par l'auteur, la quatrième de couverture se décompose habituellement en deux parties : une partie présentant l'ouvrage et une partie, généralement plus courte, présentant l'auteur (aspects biographique et bibliographique[60]). Cette pratique, qui a succédé au *prière d'insérer*[61], s'est généralisée à partie des années 1950 ; néanmoins, les auteurs d'avant-garde et leurs éditeurs la refusent parfois, comme on le voit par exemple pour un certain nombre d'ouvrages publiés par les Éditions de Minuit (Beckett, Duras) ou Corti (Julien Gracq).

Bien évidemment, la quatrième de couverture s'appa-

60. Il va sans dire que, lorsqu'elle est rédigée par l'auteur, la quatrième de couverture doit obéir à toutes les règles de la rhétorique de la fausse modestie.

61. À l'origine, le prière d'insérer est un texte d'environ une page qui présentait l'ouvrage et que l'éditeur adressait à la presse. Au XIXe siècle – mais la pratique n'a pas totalement disparu aujourd'hui –, il était fréquemment reproduit, plus ou moins étoffé, par un critique qui le signait de son nom.

rente au message publicitaire, dans la mesure où elle cherche à exposer toutes les raisons qu'on a d'acheter l'ouvrage et à montrer que celui-ci peut intéresser plusieurs catégories de lecteurs. Ainsi, dans la quatrième de couverture du roman de l'écrivain angolais Luandino Vieira, *Nous autres, de Makulusu*[62], deux types d'arguments sont habilement utilisés. D'un côté, le texte souligne l'altérité d'un roman dont l'action est insérée dans la guerre coloniale de l'Angola ; de l'autre, il souligne l'appartenance de ce roman à une modernité littéraire qui place la question du langage au premier plan de ses préoccupations et met en cause une esthétique fondée sur le réalisme :

> Pris entre l'hostilité de la population blanche et l'indifférence du peuple africain, le narrateur subit les déchirements de la guerre coloniale. Pourra-t-il actualiser le serment de jadis, lui, le bilingue ? C'est ce bilinguisme, constitutif du narrateur, qui constitue aussi le récit.
> L'histoire d'un pays et celle d'un homme se confondent. Raison et passion, blanc et noir, richesse et dénuement composent un chant funèbre qui est un chant de vie, écrit dans une langue du mélange et de la déchirure, de la réalité et du fantasme[63].

Mais, comme tout message publicitaire, la quatrième de couverture peut, dans certains cas, quelque peu manipuler le lecteur. En particulier, les « grands » éditeurs, français notamment, ont une fâcheuse tendance à masquer au lecteur le fait que l'auteur qu'ils publient a déjà été publié par un « petit » éditeur. Ainsi, lorsque nous lisons à la fin de la quatrième de couverture de *Nous autres, de Makulusu* : « Les éditions Gallimard ont publié en 1981 : *Autrefois, dans la vie* », le lecteur est conduit à penser que Gallimard est le « découvreur » en France de Luandino Vieira, alors qu'en réalité, c'est Présence africaine qui, le

62. José Luandino Vieira, *Nous autres, de Makulusu* [1974], trad. du portugais et préfacé par Michel Laban, Paris, Gallimard, 1989, 150 p.
63. *Ibid.*, quatrième de couverture.

premier, a introduit en France cet auteur en publiant en 1971 *La Vraie Vie de Domingos Xavier*[64].

L'éditeur peut cependant recourir à la publicité proprement dite. Mais celle-ci s'exerce dans des limites plus étroites que pour les autres produits et services. Ainsi, dès sa création en 1968, la RFP (Régie Française de Publicité), organisme chargé de fixer les règles de l'exercice de la publicité à la télévision, a interdit aux éditeurs la diffusion d'annonces en faveur de livres. Cette disposition a été confirmée par la loi du 30 septembre 1986 et du 17 janvier 1989 ainsi que par les décrets du 26 janvier 1987 et du 6 mai 1988[65]. De plus, la publicité en faveur d'un titre au moyen d'enseignes ou de panneaux sur la voie publique est interdite. De la sorte, les formes de publicité autorisées sont les placards dans la presse écrite et les affiches sur les lieux de vente des ouvrages. En édictant ces règles que les tenants de l'économie libérale contestent, le législateur a ainsi tenu à affirmer le caractère spécifique du livre par rapport aux autres produits de l'industrie. Comme n'importe lequel de ces derniers – qu'il s'agisse d'un lave-linge ou d'une automobile –, il a une valeur marchande qui résulte du coût de sa fabrication et des marges qui permettent de produire des bénéfices légitimes. Mais, en même temps, il est, comme le reconnaît la loi du 11 mars 1957, une « œuvre de l'esprit » sur laquelle l'auteur jouit, « du seul fait de sa création d'un droit de propriété incorporelle exclusif et opposable à tous[66]. » La cession par l'auteur à un éditeur du droit exclusif de reproduction (et, éventuellement de traduction et d'adaptation) ne modifie nullement la nature de cette « propriété incorporelle » et

64. Luandino Vieira, *La Vraie Vie de Domingos Xavier*, suivi de *Le Complet de Mateus*, traduction de Mário de Andrade et Chantal Tiberghien, préface de Mário de Andrade, Paris, Présence africaine, 1971, 159 p. Cette édition comporte une note bibliographique très précise concernant les lieux et dates de publication des deux nouvelles. Par ailleurs, il n'est pas indifférent de préciser que l'édition de la traduction de *Nous autres, de Makulusu* a bénéficié d'un appui du Centre National des Lettres.

65. Pierre Greffe et François Greffe, *La Publicité et la loi. En droit français, dans les pays du marché commun et en Suisse*, préface de Jean Autin, 7e édition, Paris, ITEC, 1990, p. 459-460.

66. Loi du 11 mars 1957, *op. cit.*, art. 1er.

l'éditeur n'exerce son droit que sur la réalisation matérielle de cette reproduction[67]. Cependant, le caractère exclusif de la cession fait que l'éditeur est en quelque sorte, « dans des conditions déterminées[68] », dépositaire de cette « propriété incorporelle ». Or, celle-ci ne peut être évaluée en termes marchands. On peut évaluer à un centime près ce que vaut une édition de *La Recherche du temps perdu*, en tant que produit industriel. Mais, si l'ensemble des manuscrits et des différentes éditions de la *Recherche* existant dans le monde était détruit, cette perte ne pourrait être évaluée qu'en termes symboliques et l'on ne pourrait bien évidemment avancer un chiffre correspondant au préjudice qu'aurait subi l'humanité.

En limitant les formes que peut prendre la publicité pour les livres, le législateur affirme, au plan de la doctrine, la double dimension du livre : matérielle et symbolique[69] et souligne, en matière commerciale, qu'on ne peut établir de distinction entre les « grands » éditeurs et les « petits » en se fondant, comme on le ferait pour d'autres activités industrielles, exclusivement sur leur chiffre d'affaires. Un éditeur s'apprécie en fonction de sa politique éditoriale et du fonds qu'il a su constituer et les restrictions apportées à l'exercice de la publicité permettent ainsi de mettre à égalité des éditeurs qui auraient les moyens de recourir à des dispositifs très onéreux et ceux qui en seraient bien incapables, par exemple, Maurice Nadeau ou André Silvaire, l'éditeur de O. W. Milosz, l'un des plus grands poètes du XXe siècle.

Parallèlement à la publicité au sens juridique du terme, la promotion d'un livre est assurée par les recensions qui lui sont consacrées dans la presse écrite et audiovisuelle et rédigées notamment par les critiques qui ont reçu un exemplaire de l'ouvrage en service de presse. Les usages

67. *Ibid.*, cf. art. 29 : « La propriété incorporelle définie par l'article 1er est indépendante de la propriété matérielle. »

68. *Ibid.*, art. 48.

69. Sur cette question de la double dimension de la valeur du livre, voir la remarquable analyse philosophique et juridique de Jocelyn Benoist, in Emmanuel Kant, *Qu'est-ce qu'un livre ?* Textes de Kant et de Fichte, traduits et présentés par Jocelyn Benoist, préface de Dominique Lecourt, Paris, PUF, coll. « Quadrige », 1995, p. 11-117.

en vigueur considèrent qu'il est normal, à la différence des autres produits de l'industrie, de parler d'un livre qui vient de paraître et, en règle générale, les recensions entrent dans le cadre de la critique littéraire. Néanmoins, il n'est pas toujours facile de distinguer un article de critique d'un texte relevant de ce que le législateur appelle la « publicité rédactionnelle » et qui consiste à vanter un produit à travers un texte qui se présente comme informatif[70]. Certains critiques ont tendance à faire des recensions sur les ouvrages publiés par leur propre éditeur. Ceci dit il, existe un vrai problème : si l'on peut admettre qu'il est déplacé pour un journaliste de vanter, explicitement ou de façon déguisée, un produit ou d'établir des comparaisons entre des produits, il est difficile d'empêcher un journaliste de citer un ouvrage qu'il trouve intéressant ou dont il pense que le lecteur ou le téléspectateur pourrait tirer profit. La frontière entre publicité rédactionnelle et droit à l'information et à la critique est loin d'être évidente, d'autant que la loi du 11 mars 1957 reconnaît dans son article 41 le « droit de citation » :

> Lorsque l'œuvre a été divulguée, l'auteur ne peut interdire [...] :
> 3° Sous réserve que soient indiqués clairement le nom de l'auteur et la source :
> Les analyses et courtes citations justifiées par le caractère critique, polémique ; pédagogique, scientifique ou d'information de l'œuvre à laquelle elles sont incorporées ;
> Les revues de presse ; [...]
> 4° La parodie, le pastiche et la caricature, compte tenu des lois du genre[71].

Là encore, on voit bien que le livre n'est pas un produit comme les autres et le législateur, en définitive, établit une distinction entre critique et publicité.

70. La législation impose qu'un texte ou un message publicitaire doit pouvoir sans ambiguïté être identifié comme tel par le récepteur. D'où l'obligation pour l'annonceur de repérer le texte par une mention « publicité » ou « communiqué ». Cf. Pierre Greffe et François Greffe, *op. cit.*, p. 248-251.

71. Loi du 11 mars 1957, *op. cit.*, art. 41.

Le référent

Le référent constitue, on s'en souvient, le cinquième facteur qui entre en jeu dans le schéma de la communication, tel que le définit Jakobson. Il est ce dont parle le message et renvoie à un environnement, à des êtres, des objets existant réellement tant du point de vue de l'émetteur que du récepteur. Ce caractère est lié à la fonctionnalité du message qui, dans son principe, contient toujours une part d'information, puisque, quelle que soit la fonction du langage[72] qu'il privilégie, il repose sur une adhésion à la réalité – ou à ce que l'on considère comme étant la réalité[73]. C'est pourquoi on parlera dans ce cas de *référent situationnel.*

En revanche, dans la communication littéraire, l'environnement, les êtres, les objets auxquels renvoie le message n'ont pas d'existence réelle, vérifiable par l'auteur comme par le lecteur. Le référent n'existant que dans le seul cadre de la fiction, on le désignera par le terme de *référent textuel.* Ainsi, on peut distinguer Charles Swann, personnage purement textuel, tel qu'il apparaît dans *La Recherche du*

72. Nous empruntons cette notion à Jakobson. Celui-ci distingue six fonctions du langage, liées chacune à l'un des six facteurs entrant en jeu dans le schéma de la communication et qui caractérisent ainsi différents types de message : la fonction référentielle (ou « contextuelle ») qui a une visée essentiellement informative ; la fonction « expressive » ou émotive qui privilégie « l'expression directe de l'attitude du sujet à l'égard de ce dont il parle » ; la fonction « conative » qui traduit une « orientation vers le destinataire » ; la fonction « phatique » qui sert « à établir, prolonger ou interrompre la communication, à vérifier si le circuit fonctionne » ; la fonction « métalinguistique » qui est présente dans les messages « parlant du langage lui-même » ; la fonction « poétique » qui attire l'attention sur le message lui-même. Cf. Jakobson, *op. cit.*, p. 214-218. Précisons d'autre part qu'il est rare qu'un message ne contienne exclusivement qu'une seule de ces fonctions et Jakobson parle de la « hiérarchie » des fonctions présentes dans un message.

73. Bien entendu, nous donnons aux termes « réel » et « réalité » un sens volontairement banal. Nous laissons donc de côté la question consistant à savoir si le monde et les êtres qui nous entourent sont « réels ».

temps perdu, et un Charles Swann réel repérable éventuellement dans l'annuaire du téléphone.

Ceci dit, la distinction entre référent situationnel et référent textuel pose quelques problèmes. En particulier, lorsqu'un poète, un dramaturge, un romancier font intervenir dans leur texte un personnage ou des événements historiques ou utilisent comme cadre de l'action un espace réel. Par exemple : Néron dans le *Britannicus* de Racine, Napoléon dans le poème *L'Expiation* des *Châtiments* de Hugo ou dans *Le Médecin de campagne* de Balzac ; le déclenchement de la Première Guerre mondiale dans *L'Été 1914* des *Thibault* de Roger Martin du Gard ; Paris dans *Illusions perdues* et dans les *Petits Poèmes en prose* de Baudelaire ou Alger dans *L'Étranger* de Camus. Ces données sont fondées sur l'expérience des écrivains ou sur des lectures, d'ordre historique ou sociologique, et on ne peut en toute rigueur les considérer comme totalement imaginaires. Cependant, il faut tenir compte du fait qu'elles sont intégrées chaque fois dans un projet qui se définit clairement, selon les cas, à travers une sorte de pacte que l'écrivain passe avec son destinataire – lecteur ou spectateur –, comme pièce de théâtre, poème ou roman. De la sorte, quel que soit le caractère documentaire de ces données qui peut conférer souvent au texte une indéniable valeur informative, celui-ci demeure dans tous les cas une fiction, non un ouvrage historique ou sociologique, parce que l'écrivain, à la différence de l'historien ou du sociologue, suit une logique qui n'interdit jamais dans son principe ni la transfiguration du « réel » ni l'invention pure et simple de certains éléments de sa fiction.

Le code

Sixième facteur entrant en jeu dans toute situation de communication, le code est constitué par le système des signes et la façon de les utiliser qui permettent ainsi à l'émetteur de produire un message et au destinataire de le comprendre. Ces deux opérations d'encodage et de décodage supposant bien entendu que l'un et l'autre aient une connaissance suffisante d'un même code pour que le message puisse être effectivement transmis. La communication littéraire répond à ce principe général, mais elle présente aussi un certain nombre de particularités notables concernant, comme on le verra, le processus de production et d'interprétation du sens du message. D'où la nécessité de distinguer deux niveaux dans l'analyse de la question du code.

À un premier niveau, comme le note Alain Rey, « la communication littéraire s'inscrit dans le cadre général de la communication langagière[74] ». Dans ce cadre, elle use du code linguistique, à travers deux canaux principaux : canal auditif, dans le cas du théâtre, par exemple ; canal visuel, dans le cas de la lecture. Néanmoins, à partir de là, plusieurs formules doivent être distinguées. On notera d'abord les situations de communication littéraire dans lesquelles n'entre en jeu que le code linguistique : lecture des *Pensées* de Pascal, de *L'Amant* de Marguerite Duras ou de *La Modification* de Michel Butor. Dans d'autres cas, l'utilisation du code linguistique se combine avec celle du code iconique (ou code de l'image) ; c'est ce qu'on observe lorsque le texte écrit est accompagné d'illustrations, notamment souhaitées par l'auteur : édition de *La Nouvelle Héloïse* (1761)[75], édition des œuvres de Jules Verne chez Hetzel, édition du *Bestiaire ou Cortège d'Orphée* (1911) d'Apollinaire avec les gravures sur bois de Raoul Dufy ; et dans ce mode d'expression spécifique

74. Alain Rey, « Communication », in J.-P. de Beaumarchais, Daniel Couty et Alain Rey, éd., *Dictionnaire des littératures de langue française*, Paris, Bordas, 3 vol., 1984, tome I, p. 505.

75. Le cas de *La Nouvelle Héloïse* est à cet égard particulièrement intéressant. La première édition du roman paraît en 1761 chez Marc Michel Rey, à Amsterdam. La même année, Rousseau fait paraître à Paris chez Duchesne un *Recueil d'estampes pour* La Nouvelle Héloïse *avec les sujets des mêmes estampes, tels qu'ils ont été donnés par l'Éditeur* [c'est-à-dire Rousseau lui-même]. Ces estampes, réalisées finalement par Gravelot, et les descriptions de Rousseau furent ajoutées à la nouvelle édition parue chez Rey en 1763. Pour le texte de Rousseau sur les estampes, cf. Rousseau, *La Nouvelle Héloïse*, édition présentée, établie et annotée par Henri Coulet, Paris, Gallimard, coll. « Folio », 1993, tome II, p. 430-441.

qu'est la bande dessinée. Enfin, on relèvera le cas du théâtre qui repose sur une combinaison du code linguistique (le texte dit par les acteurs), du code iconique (décors et costumes) et du code gestuel (le jeu des acteurs).

À ce stade, cependant, nous restons en définitive dans le cadre général de toute situation de communication utilisant exclusivement ou en partie le code linguistique : toute prise de parole s'accompagne de gestes et l'intervenant qui expose une question lors d'une réunion s'appuie très souvent sur des documents iconiques – songeons à la vogue des transparents. Mais, à un autre niveau, la communication littéraire présente une particularité dont le principe n'était pas apparu jusqu'ici dans la mesure où elle ne vise pas à produire des messages dont le sens se réduirait au contenu explicite de ceux-ci, comme c'est le cas pour les énoncés utilitaires ou scientifiques. Ainsi, lorsque nous lisons sur la route : « Orléans 35 km », dans une gare : « trains à l'arrivée », « trains au départ », dans un ouvrage didactique : « le mètre est la dix millionième partie du quart du méridien terrestre », nous avons affaire à des énoncés essentiellement monosémiques car ils visent à transmettre avec un minimum d'incertitude une information.

L'énoncé littéraire, au contraire, tend généralement à être polysémique : « Longtemps, je me suis couché de bonne heure », « j'ai longtemps habité sous de vastes portiques », « Le soleil noir de la mélancolie » ne se limitent pas à véhiculer une information unique et qui pourrait être aisément cernée sur la biographie du locuteur ou le monde physique au sein duquel il se trouve placé. On voit bien dans ces exemples qu'on ne peut en rester au sens littéral parce que l'énoncé dit aussi autre chose que ce qu'il exprime explicitement.

Cette possibilité de produire des énoncés polysémiques est au principe même de la littérature telle que Valéry la définit en disant qu'elle n'est à tout prendre qu'une « sorte d'extension et d'application de certaines propriétés du langage[76] ». Parmi ces propriétés, on retiendra d'abord la possibilité de produire des messages qui mettent l'accent sur

76. Paul Valéry, *L'Enseignement de la poétique au Collège de France*, in *Œuvres*, tome I, Paris, Gallimard, coll. « La Pléiade », 1957, p. 1440.

la forme même du message tout autant – sinon plus – que sur son contenu sémantique et qui privilégient ainsi ce que Jakobson appelle la « fonction poétique » :

> « Pourquoi dites-vous toujours *Jeanne et Marguerite*, et jamais *Marguerite et Jeanne* ? Préférez-vous Jeanne à sa sœur jumelle ? » « Pas du tout, mais ça sonne mieux ainsi. » Dans une suite de deux mots coordonnés, et dans la mesure où aucun problème de hiérarchie n'interfère, le locuteur voit, dans la préséance accordée au nom le plus court, et sans qu'il se l'explique, la meilleure configuration possible du message. Une jeune fille parlait toujours de « l'affreux Alfred ». « Pourquoi affreux ? » « Parce que je le déteste. » « Mais pourquoi pas *terrible*, *horrible*, *insupportable*, *dégoûtant* ? » « Je ne sais pas pourquoi, mais *affreux* lui va mieux. » Sans s'en douter, elle appliquait le procédé poétique de la paronomase[77].

Dans ces exemples cités par Jakobson, le message accentue de la sorte la fonction poétique qui « met en évidence le côté palpable des signes » et « approfondit par là même la dichotomie fondamentale des signes et des objets[78] ».

Une deuxième propriété réside dans la possibilité de produire des messages qui traitent essentiellement du code servant à les produire et qui mettent ainsi l'accent sur la fonction *métalinguistique*. C'est ce qu'on observera, par exemple, dans des ouvrages à visée didactique ou scientifique comme les dictionnaires, les grammaires, les études de linguistique. La littérature, depuis ses origines, use largement de cette possibilité en faisant souvent de la question de l'expression littéraire le sujet principal de l'œuvre. C'est le cas du poète latin Horace (65-8 av. J.-C.) lorsqu'il expose ses vues sur la poésie et la fonction du poète dans son *Épître aux Pisons* que, dès Quintilien, on a désignée

77. Jakobson, *Essais de linguistique générale*, *op. cit.*, p. 218-219. La paronomase est une figure de rhétorique qui consiste à répéter une ou plusieurs syllabes dans des mots différents : *Défense nationale*, *dépense nationale*, *démence nationale*. Exemple emprunté à Olivier Reboul, *La Rhétorique*, Paris, PUF, 1984, p. 38.

78. *Ibid.*, p. 218.

sous le titre d'*Art poétique*. De Hugo retraçant dans le célèbre poème des *Contemplations*, « Réponse à un acte d'accusation », le rôle qui a été le sien dans la révolution poétique opérée par le mouvement romantique :

> La langue était l'État avant quatre-vingt-neuf ;
> Les mots, bien ou mal nés, vivaient parqués en castes ;
> Les uns, nobles, hantant les Phèdres, les Jocastes,
> Les Méropes, ayant le décorum pour loi,
> Et montant à Versailles aux carrosses du roi ;
> Les autres, tas de gueux, drôles patibulaires,
> Habitant les patois ; quelques-uns aux galères
> Dans l'argot ; dévoués à tous les genres bas,
> Déchirés en haillons dans les halles ; sans bas,
> Sans perruque ; créés pour la prose et la farce ;
> Populace du style au fond de l'ombre éparse. [...].
> Alors, brigand, je vins ; je m'écriai : Pourquoi
> Ceux-ci toujours devant, ceux-là toujours derrière ?
> Et sur l'Académie, aïeule et douairière,
> Cachant sous ses jupons les tropes effarés,
> Et sur les bataillons d'alexandrins carrés,
> Je fis souffler un vent révolutionnaire.
> Je mis un bonnet rouge au vieux dictionnaire[79].

De Verlaine, définissant le programme d'une poésie privilégiant la musicalité :

> De la musique encore et toujours !
> Que ton vers soit la chose envolée
> Qu'on sent qui fuit d'une âme en allée
> Vers d'autres cieux à d'autres amours.
>
> Que ton vers soit la bonne aventure
> Éparse au vent du matin
> Qui va fleurant la menthe et le thym...
> Et tout le reste est littérature[80].

79. Victor Hugo, « Réponse à un acte d'accusation », *Les Contemplations* [1856] I, 7, texte établi avec introduction, chronologie des *Contemplations* et de Victor Hugo, bibliographie, notes et variantes par Léon Cellier, Paris, Garnier, 1969, p. 20.

80. Verlaine, « Art poétique », *Jadis et naguère* [1884], in *Œuvres poétiques complètes*, texte établi par Y.-G. Le Dantec, Paris, Gallimard, coll. « La Pléiade », 1954, p. 207.

De Cervantès mettant en scène, dans *Don Quichotte*, un héros qui perd tout contact avec la réalité parce qu'il confond celle-ci avec l'univers imaginaire des romans de chevalerie dans lequel il vit depuis son adolescence. De Molière exposant ses conceptions sur l'art théâtral et le genre comique dans *La Critique de L'École des femmes* ou *L'Impromptu de Versailles*. De Proust et de Butor retraçant respectivement dans *La Recherche du temps perdu* et *La Modification* le cheminement qui conduit l'auteur à la genèse du roman que le lecteur est en train de lire.

Une troisième propriété contribue enfin à conférer à l'énoncé littéraire un caractère polysémique : la connotation. Les termes que nous utilisons ont théoriquement d'abord un premier sens qui est leur sens *dénotatif* et qui pourrait être défini comme celui qu'ils peuvent avoir dans la logique du dictionnaire. Ainsi, le terme « maison » désigne « un bâtiment d'habitation[81] ». À ce titre, il s'oppose à des termes comme « palais », « cabane », « hutte », « tente », etc. De même, le terme « mer » désigne « une très vaste étendue d'eau salée qui couvre une partie de la surface du globe[82] ». Par là il est à mettre en perspective avec des termes comme « océan », « lagune », « lac », « étang », « mare », etc. La logique du dictionnaire tend à s'inscrire ainsi dans une perspective qui tente d'établir une relation simple entre les mots et les choses. Or, la réalité est sensiblement différente. En effet, qu'il s'agisse du point de vue de celui qui produit le message ou de celui qui le reçoit, à ce sens purement – et théoriquement – dénotatif vient s'ajouter un ou plusieurs sens : les *connotations*. Au-delà de son sens technique, le terme de « maison » peut, par exemple, renvoyer à une idée de sécurité, de convivialité, de nostalgie d'une enfance perdue, de famille ou, au contraire, d'enfermement, de contrainte, de loi du père, etc. De même, le terme de mer ou d'océan pourra renvoyer à une idée de beauté, d'harmonie, d'évasion ou, au contraire, de danger, d'hostilité, d'univers de la traite et de l'esclavage. D'un côté la mer comme cadre

81. *Petit Larousse illustré*, édition 1998.
82. *Ibid.*

d'une méditation philosophique dans *Le cimetière marin* de Valéry ; de l'autre la mer comme espace de la servitude chez Césaire dans le *Cahier d'un retour au pays natal* ou chez Édouard Glissant dans *La Lézarde*.

La connotation est ainsi un sens ou un ensemble de sens supplémentaires qui viennent se superposer au sens dénotatif. Le processus est complexe parce qu'il s'opère en fonction des intentions de l'auteur, de la façon dont le lecteur reçoit le message, du contexte historique et social dans lequel ceux-ci se trouvent placés. En d'autres termes les connotations ne sont pas fixées une fois pour toutes. Pour ne prendre que quelques exemples, songeons à un terme comme « intellectuel », qui fait son apparition au moment de l'affaire Dreyfus, et qui continue globalement aujourd'hui d'avoir une connotation positive ou négative selon que l'on se situe à gauche ou à droite au plan des préférences politiques[83]. Ou à des termes comme « impressionniste », « barbare », « primitif ». Ou, encore, à la façon dont la presse de Vichy et la presse clandestine de la Résistance, sous l'Occupation, emploient respectivement les termes de « terroriste » et de « résistant ». Sans oublier la façon dont le chemin de fer, ce grand motif de la littérature du XIXe ou du XXe siècle – *La Bête humaine* de Zola, les poèmes de Valery Larbaud, *La Prose du Transsibérien* de Cendrars ou *La Modification* de Butor : fantastique, modernisme, cosmopolitisme, évasion –, a pu devenir, au lendemain de la Deuxième Guerre mondiale, une image inséparable de la déportation.

On voit donc qu'il n'est guère possible de réduire l'énoncé littéraire à l'expression d'un sens simple, défini une fois pour toutes. Le code linguistique en offrant au producteur du message la possibilité de mettre l'accent tout autant sur le contenu sémantique de celui-ci que sur sa forme ou sur le code permettant de le produire est déjà par lui-même générateur de polysémie puisqu'il est toujours difficile de déterminer à coup sûr ce qu'il y a de plus important dans un message. Les connotations dont

83. Sur cette connotation et plus particulièrement le rejet de la notion d'intellectuel à droite, cf. Roland Barthes, « Quelques paroles de M. Poujade », in *Mythologies*, Paris, Seuil, 1970, p. 85-87.

les termes qu'on emploie sont chargés viennent encore renforcer cet effet : véhiculant des valeurs morales, religieuses, politiques, sociales, esthétiques, elles constituent des codes supplémentaires qui viennent se superposer au code linguistique proprement dit et renvoient notamment à l'idée que l'écrivain et le lecteur, en fonction de l'époque dans laquelle ils vivent et de leur place dans le champ social, se font de la littérature. Comme l'écrit Alain Rey,

> La littérature, définie comme ensemble des discours retenus par la société comme empreints de « littérarité » (notion ambiguë), suppose de nombreux codes supplémentaires par rapport au code de la langue et des usages de la langue[84].

Cette configuration toujours socialement située des connotations, y compris quand elles semblent renvoyer à la part la plus intime de l'histoire individuelle de l'écrivain, contribue à fonder et organiser la littérature en un système de codes plus ou moins identifiables :

> L'un des caractères de la littérature est que ses « messages », les textes, se constituent partiellement en code et s'identifient virtuellement à leur propre code. Chaque texte, produit par l'utilisation spécifique du code de la langue et d'un ensemble flou de codes superposés, se constitue lui-même en un système identifiable (le « style » de X..., X étant une époque, une classe de textes, un énonciateur-auteur, et finalement une « œuvre ») capable de produire des effets, des « messages » nombreux (interprétations, lectures...)[85].

En soulignant le rôle de cet « ensemble flou de codes superposés » au code de la langue, Alain Rey met bien en évidence en définitive leur caractère conventionnel, c'est-

84. Alain Rey, « Communication », *in* Jean-Pierre de Beaumarchais, Daniel Couty et Alain Rey, éd., *op. cit.*, p. 505.

85. Alain Rey, « Code », *in* Jean-Pierre de Beaumarchais, Daniel Couty et Alain Rey, éd., *op. cit.*, p. 487.

à-dire toujours socialement marqué, et rappelle ainsi la place qu'occupe la croyance dans la production et la lecture des œuvres littéraires[86].

Les perturbations de la communication littéraire

Toute situation de communication peut rencontrer des obstacles. Ceux-ci sont habituellement désignés par le terme général de *bruits*. Dans le cas de la communication littéraire, on distinguera d'abord les obstacles de nature technique. Ainsi, une représentation théâtrale peut être difficile à suivre pour les spectateurs si la salle est mal insonorisée ou si, au même moment, des travaux bruyants ont lieu à proximité du lieu où se joue la pièce. Le bruit de la circulation ou celui du marteau-piqueur constitueront des bruits au sens propre. Dans un autre registre, un livre mal imprimé, avec de nombreuses coquilles, des mots ou des lignes doublés ou omis, des passages encrés irrégulièrement pourra présenter de sérieuses difficultés de lecture. De même, une diffusion et une commercialisation insuffisantes peuvent empêcher l'auteur d'atteindre ses lecteurs. À ce niveau, les perturbations, qui sont d'ordre technique, se situent essentiellement dans le cadre du canal de communication.

La maîtrise insuffisante du code ou des codes utilisés constitue un deuxième type d'obstacle à la communication littéraire. En effet, pour qu'une communication puisse s'établir de façon satisfaisante entre un émetteur et un récepteur, il est nécessaire que l'un et l'autre disposent du même système de signes ou, du moins, qu'une part importante de la connaissance de celui-ci leur soit commune. Cette règle, dans le cas de la communication littéraire, implique tout d'abord que le lecteur partage avec l'auteur

86. Sur la constitution de la littérature comme système et sa perception comme valeur, on pourra se reporter à Bernard Mouralis, *Les Contre-littératures*, Paris, PUF, 1975, notamment chap. I, « L'héritage », p. 13-36.

une même compétence linguistique. Ainsi, un texte écrit en français, en anglais ou en hindi ne peut être décodé que par des lecteurs ayant une connaissance de ces langues. L'idéal étant que le lecteur ait exactement le même degré de compétence que l'auteur. Une telle situation demeure cependant théorique. D'abord, parce qu'il ne peut exister deux individus ayant un degré absolument identique de compétence, ne serait-ce qu'au niveau de la connaissance du lexique ; d'autre part, parce qu'il faut tenir compte de l'évolution de la langue qui rend d'autant plus difficile la lecture des textes qu'ils sont plus éloignés de nous dans le temps : un lecteur francophone de la fin du XXe siècle aura plus de familiarité avec un texte du XVIIIe qu'avec un texte du XIIIe siècle.

La communication littéraire suppose ainsi une compétence linguistique commune entre l'auteur et le lecteur, mais celle-ci demeure toujours peu ou prou un partage incomplet et inégal. Ainsi, face à un texte médiéval ou du XVIe siècle, tout lecteur n'est pas censé d'emblée savoir que « bailler » signifie « donner », que « saisir » signifie « mettre quelqu'un en possession de quelque chose » – attesté encore dans l'aphorisme juridique : « Le mort saisit le vif » – ou que « gehenner » signifie « torturer » : « Celui que le juge a gehenné » (Montaigne, *Essais*, II, 5). De même, ce lecteur ne verra pas nécessairement que Valéry, parlant, dans *Le Cimetière marin,* des « mille et mille idoles du soleil », donne un sens nouveau au mot « idole » en le rattachant à son étymologie grecque. Ni non plus ce qu'entend désigner Apollinaire lorsqu'il évoque dans *Automne malade* (*Alcools*) les « nixes nicettes ». De même encore, la célèbre formule employée par Mallarmé dans *Toast funèbre* : « Et l'on ignore mal » continue de garder son mystère grammatical – « mal » annule-t-il le sens négatif d'« ignorer » ou, au contraire, vient-il l'accentuer ? –, même auprès des meilleurs exégètes du poète.

La communication littéraire implique également que le lecteur et l'auteur participent, au moins dans une certaine mesure, à un même code esthétique, celui-ci pouvant varier d'une époque à une autre, d'un pays à un autre, d'une catégorie sociale à une autre. Ainsi, la lecture d'un roman de Robbe-Grillet, par exemple *Les Gommes* ou *La Jalousie*, suppose que le lecteur ait une connaissance suffisante de la littérature romanesque du XIXe siècle pour pouvoir saisir la signification d'une écriture qui entend s'opposer au modèle balzacien et plus encore en définitive aux écrivains qui continuent aujourd'hui de penser que ce modèle est la seule forme que peut prendre le roman.

La participation du lecteur au code esthétique de l'écrivain est bien évidemment socialement marquée et renvoie à des processus d'inculcation culturelle. Mais elle dépend aussi du contexte historique ou national dans lequel s'opère l'acte de lecture. Fortement marqué par les canons du classicisme français, Voltaire ne retrouvait pas dans le théâtre de Shakespeare ou dans la Bible les marques qui selon lui caractérisaient l'œuvre littéraire. En revanche, dès la fin du XVIIIe siècle, ces textes ont été considérés comme des œuvres littéraires car, entre-temps, s'était opéré un élargissement de l'horizon culturel, notamment grâce aux traductions en français d'œuvres étrangères, processus dont l'une des conséquences fut de contribuer à dissocier les notions de poésie et de versification. À l'inverse, si nous remontons le temps, nous constatons aisément que le code esthétique sur lequel reposait le théâtre de Voltaire et auquel adhéraient les spectateurs de l'époque nous est à peu près totalement étranger. On imagine mal en effet un metteur en scène d'aujourd'hui se battre pour monter *Zaïre* (1732) ou *Mérope* (1743). De même, il nous est devenu impossible d'entrer dans le code de la poésie néo-classique du XVIIIe siècle car nous ne pensons plus, depuis le début de l'époque romantique, que le poétique réside dans l'observation de certaines règles de versification et dans la croyance selon laquelle certains termes du lexique auraient une vertu poétique en eux-mêmes tandis que d'autres en seraient totalement dépourvus : nous n'avons aucune raison d'admettre que « coursier » doive être préféré à « cheval » et « fève de moka » à « café ».

La communication littéraire implique enfin que le lecteur participe, là encore dans une certaine mesure, au code culturel de l'auteur. Tout texte, en effet, renvoie à des réalités, à des notions, à des valeurs dont la connaissance est nécessaire à sa compréhension. Ainsi, dans cette perspective, la lecture d'un roman américain par un lecteur français suppose un minimum de connaissances sur la périodisation de l'histoire des États-Unis et sur la structure de son espace : la Déclaration d'indépendance (1776), la guerre de Sécession (1861-1865), l'intervention des États-Unis en 1917, au côté des Alliés, la grande « dépression » de 1929 sont des éléments forts de la conscience collective de ce pays ; de même, la création d'une nation qui s'est opérée selon un axe qui va de l'Est vers l'Ouest et la constitution d'une démocratie qui, dès le départ, a accepté la spoliation de l'Indien et l'esclavage du Noir sont des aspects essentiels de l'interrogation des Américains sur leur propre identité, comme on peut le voir à travers les romans de Faulkner[87]. À l'inverse, un lecteur américain – ou français – de Balzac, Flaubert, Roger Martin du Gard ou Modiano aura du mal à comprendre la vision du monde de ces écrivains s'il ignore tout des grands moments de la périodisation de l'histoire de la France contemporaine : 1789, 1830, 1848, 1914, 1940. De même, s'il ignore tout de l'histoire de l'espace français qui, avec l'opposition Paris/province, prédominante aux XIXe et XXe siècles, a une spécificité et une prégnance qu'on ne trouve pas nécessairement dans les autres pays. Cette appréhension de la structuration de l'espace et du temps est évidemment essentielle dans la connaissance des littératures étrangères : il est difficile de lire un roman haïtien ou brésilien si l'on ne connaît rien des conditions dans lesquelles s'est opérée en 1804 l'accession d'Haïti à l'indépendance, au terme d'une longue révolte des esclaves, ou de la façon dont s'opposent au Brésil, depuis presque deux siècles, les régions côtières et le Nordeste.

La connaissance par un lecteur des différents codes peut bien évidemment s'opérer selon des degrés variables et, de ce point de vue, il convient d'être sensible à des différences importantes qui ont des effets sur le plan de la compréhension des textes. Ainsi, Baudelaire, qui n'était

87. Sur la relation entre roman et espace national, voir l'ouvrage de Jacques Cabau, *La Prairie perdue. Histoire du roman américain*, Paris, Seuil, 1966.

pas un spécialiste de la langue anglaise, a néanmoins réalisé des traductions de Poe qu'aucun éditeur par la suite n'a véritablement cherché à remettre en cause : cela tient à ce que la connaissance relative de l'anglais par Baudelaire a été largement compensée par sa capacité à entrer dans l'univers esthétique et culturel d'Edgar Poe, dont l'œuvre lui est apparue comme celle d'un écrivain qui, dans ses poèmes comme dans ses textes en prose, poursuivait un projet littéraire très proche du sien. À l'inverse, une compétence dans la langue anglaise ne permettra pas nécessairement de donner une version satisfaisante en français d'une œuvre écrite par un écrivain anglophone africain si le traducteur de celle-ci ignore tout des débats littéraires concernant, au Nigeria, au Kenya, au Ghana ou en Afrique du Sud, le rôle de l'anglais dans l'expression des réalités africaines ou de réalités historiques comme l'*indirect rule*, formule qui doit rester telle quelle dans une traduction en français[88]. On pourrait donc à partir de là esquisser un schéma faisant ressortir dans quelle mesure un lecteur participe respectivement au code linguistique, au code esthétique et au code culturel du texte qu'il appréhende. Il en ressortirait probablement des degrés inégaux de compétence dans la maîtrise de chacun de ces codes, mais avec des processus de compensation.

Un dernier obstacle à la communication littéraire retiendra enfin notre attention : la censure. Dans sa définition la plus générale, la censure – terme qui vient du verbe latin *censere* signifiant évaluer – est un acte de pouvoir consistant à juger afin de les contrôler les productions de l'esprit (écrits, chansons, arts plastiques, etc.) et qui se fonde, selon les cas et époques, sur des critères religieux, moraux, philosophiques, politiques, esthétiques, etc.

Les civilisations de l'Antiquité classique ont, au total, peu pratiqué la censure. On peut, certes, citer le procès fait à Socrate (470-399 av. J.-C.) et qui s'apparente bien à une poursuite pour délit d'opinion ; ou la décision prise par les

88. Associé au nom de Lord Lugard, l'*indirect rule* sert à désigner la conception selon laquelle le pouvoir colonial doit s'exercer, non pas directement, mais par l'intermédiaire des pouvoirs autochtones en place avant l'arrivée du colonisateur.

autorités d'Athènes en 411 av. J.-C. de détruire par le feu les ouvrages de Protagoras ; ou, encore, la destruction de 2000 ouvrages par Auguste au début de son règne. Mais ces exemples demeurent limités car les pouvoirs politiques de l'Antiquité, dans leur ensemble, acceptent le pluralisme religieux ou philosophique dès lors que son expression ne remet pas en cause le loyalisme que l'on attend des citoyens. Ainsi, au IIIe siècle, l'écrivain grec Evhémère de Messine (v. 340-v. 260 av. J.-C.) tentait de démontrer dans son essai, *L'Inscription sacrée*, que les dieux ne sont que des hommes divinisés ; le poète latin Lucrèce (v. 98-55 av. J.-C.) se proposait, dans son célèbre poème *De natura rerum*, de détourner les hommes de la crainte des dieux et d'une religion qu'il considérait comme une imposture : nul ne songeait à les faire taire.

La censure telle que nous allons la connaître en Occident jusqu'au XXe siècle apparaît d'abord avec le développement du christianisme. À cet égard deux événements fondent la censure chrétienne : d'une part, l'édit de Milan pris en 313 par Constantin Ier, empereur romain de 306 à 337, qui en établissant la liberté religieuse va permettre au pouvoir de s'appuyer sur la nouvelle religion ; d'autre part, la décision prise en 380 par Théodose Ier, empereur de 379 à 395, faisant du christianisme une religion d'État. Dès lors, les souverains qui leur succèdent dans les différents États européens vont s'appuyer sur le christianisme et l'Église va jouer un rôle essentiel dans le contrôle des écrits. Elle procède en particulier à une lecture sélective des textes de la pensée et de la littérature de l'Antiquité, en éliminant certains auteurs ou, au contraire, en les conservant parce qu'elle les considère comme préfigurant certains aspects du christianisme : c'est le cas en particulier de Platon et de Virgile. L'Église veille également à ce que les nouveaux écrits soient conformes à l'orthodoxie doctrinale qu'elle exige mais elle constitue en même temps le principal cadre de la vie intellectuelle, à travers les monastères qui conservent et diffusent des textes et les universités. Cette activité de contrôle se dote d'un pouvoir séculier lorsque le pape Innocent III crée en 1199 le tribunal de l'Inquisition, chargé de lutter contre les hérésies et qui, au terme de procédures lourdes, prononce des peines (amendes, confiscations de biens, emprisonnement, condamnations à mort)[89].

La crise religieuse qui se développe en Europe à partir de la fin du XVe siècle conduit l'Église à se montrer particulièrement vigilante en matière de doctrine. Le Concile de Trente (1545-1553) est pour elle l'occasion de définir le cadre de la Contre-Réforme : révision de la discipline, politique de formation des prêtres, affirmation des dogmes du catholicisme face au protestantisme. C'est dans ce cadre que l'Église institue l'*Index*, catalogue des livres prohibés qui sera supprimé par le pape Paul VI en 1965. Cette époque marque un tournant, car l'Église invite le pouvoir royal à prendre des mesures destinées à appuyer les décisions qu'elle prend en matière doctrinale. Ainsi, par l'édit de Chateaubriant (1551), Henri II met en place un processus de contrôle des livres et de ceux qui les fabriquent. Quelques décisions célèbres marquent cette époque : Étienne Dolet (1509-1546), imprimeur et humaniste, périt sur le bûcher et Rabelais, en 1553, se voit condamné par la Faculté de théologie de la Sorbonne après la publication du *Quart Livre*.

Mais, de son côté, le pouvoir royal tient à affirmer ses prérogatives face à l'Église. En 1537, François Ier, roi de France de 1515 à 1547, crée le *Dépôt légal*. La mesure impose à tout éditeur et/ou imprimeur (les deux fonctions sont généralement confondues sous l'Ancien Régime) l'obligation de déposer dans les collections royales un certain nombre d'exemplaires des ouvrages parus et elle remplit deux fonctions : contrôle de la production et volonté de conserver la mémoire de l'activité éditoriale du royaume. Charles IX, roi de 1560 à 1574, promulgue en 1566 l'ordonnance de Moulins qui fait obligation à tout imprimeur d'obtenir pour exercer son activité une permission du roi qui s'appelle le *privilège du roi*. Cette mesure va marquer le déclin de la censure religieuse et instaurer la censure royale.

89. En France, cette activité judiciaire sera confiée au XIIIe siècle aux Dominicains pour lutter contre les Albigeois. L'Inquisition, très active notamment en Espagne pour lutter contre les Juifs et les Musulmans, sera abolie au XVIIIe siècle.

Le privilège du roi fonctionne à deux niveaux : il est une autorisation générale d'exercer la profession d'imprimeur/éditeur et il implique également une autorisation pour chaque titre publié. En tant qu'autorisation générale, il s'inscrit dans le cadre général des mesures qui, sous l'Ancien Régime, visent à protéger les professions en instituant un *numerus clausus*[90]. De ce fait, il n'a guère fait l'objet de protestation de la part des professionnels. En tant qu'autorisation particulière pour chaque titre publié, le système se met en place sous Louis XIV qui institue un collège des censeurs royaux. Ceux-ci sont chargés de lire les manuscrits que leur envoient les éditeurs et publient chaque semaine une liste des textes dont l'édition est autorisée. Le collège est subdivisé en un certain nombre de sous-sections en fonction du sujet traité par l'auteur (sciences, lettres, religion, etc.). Dans ce système, nous avons ainsi affaire à une censure qui se situe *en amont* de la publication. Son efficacité est cependant relative, notamment au XVIIIe siècle. En effet, d'un côté, nous pouvons compter, entre 1660 et 1757, 869 écrivains embastillés pour des séjours très variables. De l'autre, nous observons une décadence de la censure royale pour les raisons suivantes : le progrès des idées libérales touche les classes dirigeantes, comme on le voit notamment dans l'attitude tolérante que Malesherbes (1721-1794), directeur de la Librairie à partir de 1750, manifeste à l'égard de l'*Encyclopédie* et de Rousseau ; les écrivains dont les textes sont susceptibles d'être interdits s'adressent à des éditeurs étrangers – notamment anglais, hollandais et suisses – et le pouvoir est conscient de ce que cela représente comme perte sur le plan du commerce national ; la police chargée de réprimer les imprimeurs qui en France fabriquent un ouvrage interdit ou les libraires important clandestinement un ouvrage édité à l'étranger est loin d'être toujours fiable et bien des arrangements sont possibles[91].

90. Replacé dans la longue durée, on se souviendra que ce principe n'a pas totalement disparu dans la France actuelle avec les restrictions concernant, par exemple, le nombre d'officines pharmaceutiques ou celui des taxis.

91. Voir pour mémoire l'image que donne de la police l'abbé Prévost dans *Manon Lescaut* : bel exemple de « ripoux ».

La Révolution met fin à ce système de censure préalable et instaure ce que nous pouvons appeler la *censure libérale* qui est le régime toujours en vigueur. Au plan des principes, celle-ci se fonde essentiellement sur deux articles de la *Déclaration des droits de l'homme et du citoyen* de 1789 : l'article X qui proclame la liberté d'opinion et affirme que

> nul ne peut être inquiété pour ses opinions, même religieuses, pourvu que leur manifestation ne trouble pas l'ordre établi par la loi ;

et l'article XI concernant la communication des opinions :

> La libre communication des pensées et des opinions est un des droits les plus précieux de l'homme ; tout citoyen peut donc parler, écrire, imprimer librement, sauf à répondre de l'abus de cette liberté dans les cas déterminés par la loi.

Le fait nouveau est ici la référence à la loi. Sous l'Ancien Régime, la censure intervenait en amont, au niveau du manuscrit présenté par l'éditeur, et selon des critères mouvants, souvent dictés par les circonstances. Désormais, elle intervient lorsque le texte a déjà été publié et c'est aux tribunaux, et à seuls, qu'il appartient de déterminer si le contenu d'un ouvrage constitue une infraction par rapport à la législation existante. On notera également le souci des rédacteurs de la Déclaration de bien distinguer la liberté d'opinion qui, en tant que telle, demeure un principe théorique, et la « libre communication des pensées et des opinions » qui est un droit concret repéré ici par la gradation significative : « parler, écrire, imprimer ».

Les régimes politiques qui se succèdent au XIXe siècle ont tenté parfois de revenir au principe d'une censure en amont comme sous l'Ancien Régime, notamment dans le domaine de la presse où un certain nombre de lois ont imposé le système de l'autorisation préalable, assorti du cautionnement, et prévu la possibilité pour le gouvernement de saisir avant leur diffusion tous les exemplaires d'un journal. Mais, en règle générale, pour les ouvrages, les actes de censure ont été opérés par l'intermédiaire des tribunaux. C'est le cas, par exemple, lors du procès intenté en 1857 contre Baudelaire et son éditeur à la suite de la publication des *Fleurs du mal* et qui aboutit à des peines d'amende et à la suppression de six poèmes. Mais ceci dit, il convient de noter que la justice au XIXe siècle, même dans le cas d'un procès d'assises avec le jury populaire, est peu indépendante du gouvernement dans la mesure où celui-ci contrôle étroitement les procureurs et présidents de cours[92].

En fait, il faut attendre la grande loi républicaine du 29 juillet 1881 pour que les principes de la *Déclaration des droits de l'homme et du citoyen* en matière de liberté d'expression soient véritablement appliqués. Cette loi[93] contient trois dispositions essentielles. Elle affirme tout d'abord la liberté sans restriction de « l'imprimerie » et de « la librairie », à condition que les textes imprimés comportent mention du nom de l'imprimeur et de l'éditeur. Elle prévoit d'autre part le *droit de réponse* : une personne mise en cause dans un article paru dans un périodique a le droit de faire insérer gratuitement une réponse qui devra être publiée dans les trois jours suivant la réception de celle-ci et occuper la même place et la même surface que l'article sur lequel il est demandé rectification. Cette disposition permet ainsi dans de nombreux cas un règlement à l'amiable des conflits. La loi prévoit enfin les cas susceptibles d'entraîner des poursuites judiciaires et les modalités de celles-ci : provocation aux crimes et délits, délits contre la chose publique, délits contre les personnes (diffamation et injure).

Cette loi du 29 juillet 1881, qui sert de fondement à la législation concernant la liberté d'expression et ses abus, a cependant fait l'objet de restrictions notables. Outre la période de l'Occupation, marquée par une absence de liberté d'expression, il convient de signaler trois textes

92. Sur le rôle des tribunaux dans la répression des œuvres littéraires au XIXe siècle, on se reportera à l'ouvrage de Yvan Leclerc, *Crimes écrits. La littérature en procès au XIXe siècle*, Paris, Plon, 1991.

93. Cette loi a fait l'objet par la suite de nombreux amendements mais ses principes demeurent en vigueur. Pour le texte de la loi, les amendements et la jurisprudence, voir l'édition du *Code pénal*, Paris Dalloz, 1994-1995, p. 1295-1395.

significatifs. Le premier est le décret du 6 mai 1939[94] qui prévoit l'interdiction sur décision du ministre de l'Intérieur de journaux et écrits « de provenance étrangère rédigés en langue française, imprimés en France ou à l'étranger ». Ce texte conçu au départ pour lutter contre la propagande nazie ouvre la voie à un large arbitraire et c'est sur lui, par exemple, que s'est fondé – bien imprudemment – le ministre de l'Intérieur pour interdire l'ouvrage de Mongo Beti paru en 1972 chez Maspero, *Main basse sur le Cameroun*[95]. Le second est constitué par la loi du 16 juillet 1949 concernant « les publications destinées à la jeunesse »[96]. Cette loi répond au souci légitime de protéger la jeunesse contre toute publication présentant « sous un jour favorable le banditisme, le mensonge, le vol, la paresse, la lâcheté, la haine, la débauche ou tous actes qualifiés crimes ou délits ou de nature à démoraliser l'enfance ou la jeunesse » ou [loi du 29 novembre 1954] « à inspirer ou entretenir des préjugés ethniques ». Mais elle ouvre elle aussi la voie à l'arbitraire car la notion de « publication destinée à la jeunesse » est floue et elle institue en outre le principe de l'autorisation préalable par le ministre de la Justice appuyé sur une commission.

Le troisième texte est l'ordonnance du 23 décembre 1958. Celle-ci se propose de compléter la loi du 16 juillet 1949 par un article 14 qui prévoit que le ministre de l'Intérieur peut interdire de « proposer, de donner ou de vendre à des mineurs de dix-huit ans des *publications de toute nature* [souligné par moi B. M.] présentant un danger pour la jeunesse en raison de leur caractère licencieux ou pornographique ou de la place faite au crime[97] ». De plus, l'ordonnance prévoit que les ouvrages ainsi désignés à l'interdiction pourront être saisis ou détruits, avant toute poursuite. Cette disposition concerne également le « matériel de publicité ». Enfin, il est précisé que

94. Voir *Code pénal*, *op. cit.*, p. 1306-1307.

95. Sur cet épisode qui devait aboutir à la condamnation du gouvernement, voir B. Mouralis, *L'Œuvre de Mongo Beti*, Issy-les-Moulineaux, Éditions Saint-Paul-Les Classiques africains, 1981, p. 73-76.

96. Cf. *Code pénal*, *op. cit.*, p. 1399-1403.

97. *Ibid.*, p. 1402.

> Lorsque trois publications, périodiques ou non, éditées en fait par le même éditeur, ont ou auront été frappées, depuis l'entrée en vigueur de la loi du 16 juillet 1949 et au cours d'une période de douze mois consécutifs, des interdictions prévues aux trois premiers alinéas du présent article, aucune publication *analogue* [souligné par moi B. M.] du même éditeur ne pourra être mise en vente sans avoir été préalablement déposée, en trois exemplaires, au ministère de la Justice et avant que se soit écoulé un délai de trois mois à partir de la date de récépissé de ce dépôt[98].

L'ordonnance du 23 décembre 1958 est ainsi un des textes les plus répressifs de toute l'histoire de la France. Le souci de protéger la jeunesse sert de prétexte pour interdire n'importe quel ouvrage. L'ordonnance rétablit de façon très explicite l'autorisation préalable et invite de plus l'éditeur à pratiquer l'autocensure avec la notion d'ouvrage « analogue ». Enfin, *last but not least*, la mesure concernant le matériel de publicité inclut bien entendu les catalogues : l'éditeur qui a été l'objet d'une interdiction n'a pas le droit d'y faire figurer l'ouvrage en question en précisant qu'il n'est pas disponible à la suite d'une décision du ministère de l'Intérieur. De la sorte, l'ordonnance vise sur ce point à faire disparaître purement et simplement de la mémoire collective les ouvrages frappés d'interdiction.

De nombreux éditeurs, notamment pendant la guerre d'Algérie ont été victimes de cette mesure. C'est le cas en particulier de François Maspero et des Éditions de Minuit qui ont été condamnés à de lourdes peines et qui ont, de plus, subi un préjudice financier important. Néanmoins, les nombreux procès engagés contre eux par le gouvernement ont en général tourné à la confusion de celui-ci : il était facile en effet pour leurs défenseurs de rappeler qu'on était revenu à l'époque de Charles X et de montrer en outre qu'un catalogue avait un intérêt bibliographique évident et qu'on ne pouvait par conséquent poursuivre un éditeur parce qu'il y avait fait figurer un ouvrage rendu indisponible par la volonté du ministre de l'Intérieur :

98. *Ibid.*, p. 1403.

> Défendre à l'éditeur d'inscrire l'ouvrage dans son catalogue puisqu'il est interdit de faire à son propos « de la publicité sous quelque forme que ce soit » c'est décider que personne ne pourra connaître même l'existence d'un livre définitivement mis à l'index. Jamais pareil attentat contre la liberté de penser et d'écrire n'a été réalisé avec plus d'impudeur[99].

En revanche, des dispositions nouvelles ont visé à élargir le champ d'application de la loi du 29 juillet 1881. Celle-ci permettait d'engager des poursuites contre des éditeurs et auteurs de textes au contenu raciste, mais uniquement quand les textes en question concernaient un individu en raison de son appartenance nationale, ethnique ou religieuse. La loi du 1er juillet 1972 a permis à des associations ayant pour but de lutter contre le racisme et fondées depuis plus de cinq ans à la date des faits de se porter partie civile contre des éditeurs et des auteurs mettant en cause des groupes en tant que tels[100]. En outre, la loi du 13 juillet 1990 et celle du 16 décembre 1992 ont permis la possibilité de poursuites contre les personnes et associations contestant « l'existence d'un ou plusieurs crimes contre l'humanité tels qu'ils sont définis par l'article 6 du tribunal militaire international annexé à l'accord de Londres du 8 août 1945 et qui ont été commis soit par les membres d'une organisation déclarée criminelle [...], soit par une personne reconnue coupable de tels crimes par une juridiction française ou internationale[101] ».

Ces données concernant la censure peuvent conduire à formuler un certain nombre de remarques. Les principes formulés par la *Déclaration des droits de l'homme et du citoyen* définissent le cadre dans lequel il est possible d'envisager une répression des écrits : celle-ci n'a de sens

99. Maurice Garçon, *Plaidoyer contre la censure*, Paris, Jean-Jacques Pauvert, 1963, p. 24. Ce texte reprend de façon synthétique la plaidoirie de Maurice Garçon en faveur d'un libraire et d'un éditeur poursuivis pour avoir exposé dans une vitrine fermée à clef un ouvrage frappé d'interdiction et procède à une analyse de l'ordonnance du 23 décembre 1958.

100. Cf. *Code pénal*, *op*. cit., 1368.

101. *Ibid*., p. 1320.

que si elle s'exerce à travers des tribunaux chargés de dire si un ouvrage incriminé constitue une éventuelle infraction par rapport à une loi existant au moment des faits considérés. Cette appréciation de la conformité ou de la non-conformité d'un ouvrage avec la loi paraît simple dans son principe. Mais il peut arriver que la Justice manque à sa mission, d'une part, en se prononçant par rapport à des lois qui n'ont aucune légitimité parce qu'elles ne sont pas « l'expression de la volonté générale » ; d'autre part, en agissant sans la moindre retenue sur instruction du gouvernement. C'est ce qu'on peut observer sous le régime de Vichy, comme pendant la guerre d'Algérie où l'application de l'ordonnance du 23 décembre 1958 n'a pas toujours suscité d'état d'âme particulier chez les magistrats.

Par ailleurs, la volonté de promulguer des lois destinées à réprimer des écrits considérés notamment comme constituant une incitation à commettre des délits ou des crimes ou une approbation de ceux-ci pose un problème théorique, central dans l'analyse du fait littéraire, et qui réside dans la relation qu'il est possible d'établir entre un écrit et un fait. Traditionnellement, le droit français tend à affirmer ce lien et un certain nombre d'écrivains, par exemple à la Libération, ont été condamnés pour intelligence avec l'ennemi ou complicité avec les auteurs de crimes qu'ils avaient approuvés dans leurs écrits : par exemple, Brasillach ou Béraud. Le droit anglo-saxon, en revanche, tend à minimiser l'importance de cette liaison au nom d'un primat accordé à la liberté d'expression et une loi comme celle du 29 juillet 1881 n'a pas véritablement d'équivalent en Angleterre ou aux États-Unis.

D'autre part, les lois du 13 juillet 1990 et du 16 décembre 1992 réprimant la contestation des crimes contre l'humanité comportent le risque d'un élargissement du champ de compétence des tribunaux dans la mesure où les personnes poursuivies tendent à organiser leur défense en essayant de transformer le procès dans lequel elles sont impliquées en un « débat historique » où s'affronteraient des « thèses » opposées. On notera cependant que la jurisprudence souligne à plusieurs reprises qu'il « n'appartient pas aux tribunaux de juger de la véridicité des travaux historiques ou de trancher les controverses suscitées par ceux-ci, et qui relèvent de la seule appréciation des historiens et du public[102] ».

On notera enfin que le terme de censure est peut-être impropre pour désigner la répression des abus de la liberté d'expression lorsque cette répression s'opère dans un État démocratique, par le canal des tribunaux. Le terme renvoie plutôt à une situation d'arbitraire caractéristique d'un pouvoir autoritaire, dictatorial ou totalitaire. C'est pourquoi il paraît tout à fait abusif d'employer de façon inconsidérée le terme de censure et de parler par exemple de « censure économique » ou de « censure » exercée par les grands groupes de communication : ainsi, il est évident que n'importe qui ne peut pas dans la France d'aujourd'hui créer un quotidien ou une chaîne de télévision, car d'importants capitaux sont nécessaires ; de même, le processus de concentration que l'on observe dans l'édition comme les difficultés que connaissent les librairies pour se maintenir dans des quartiers où le terrain est devenu très cher constituent une menace pour un certain type d'offre culturelle de qualité ; mais ces constats n'autorisent pas pour autant à affirmer que la liberté d'expression est jugulée.

Au sens propre du terme, la censure constitue une perturbation de la communication – littéraire notamment –, qui agit d'abord de façon technique au niveau du canal de communication en empêchant la production, la diffusion et la réception du message. Mais, en même temps, elle exerce des effets sur l'auteur lui-même. L'impossibilité de publier une œuvre est d'abord un préjudice moral et matériel – qui affecte aussi bien entendu l'éditeur. Elle est également un processus qui a souvent une dimension psychologique : l'auteur qui se voit frappé d'interdiction est enclin à penser qu'il a manqué d'habileté, qu'il n'a pas su voiler suffisamment son propos, et qu'il a une part de responsabilité dans la décision qui le condamne au silence et à la mort littéraire. En ce sens, la censure détruit l'écrivain et l'atteint dans ce qui fonde son identité en faisant disparaître son nom d'auteur puisqu'il n'a d'autre recours que de publier des textes anonymes. Les pouvoirs qui pra-

102. Code pénal, *op.cit.*, p. 1327-1328.

tiquent la censure connaissent d'ailleurs fort bien cet effet psychologique. C'est pourquoi les plus pervers d'entre eux ne se contentent pas de l'interdiction ; ils cherchent encore à contraindre l'écrivain à parler contre sa pensée la plus intime pour tirer de lui une « autocritique » ou une approbation du pouvoir. Comme le dit Barthes : « Est fasciste à mes yeux tout régime qui, non seulement empêche de dire, mais surtout *oblige* à dire[103]. »

103. Roland Barthes, « À quoi sert un intellectuel ? », in *Le Grain de la voix*, Paris, Seuil, 1981, p. 255. Reprise d'un entretien avec Bernard-Henry Lévy, dans *Le Nouvel Observateur*, 10 janvier 1977.

CHAPITRE 2

L'œuvre et ses limites

Le mathématicien, le chimiste, le physicien, l'économiste, le juriste, l'historien, le géographe, le sociologue, le philosophe ou le linguiste déterminent leur action par rapport à des objets définis, en recourant à des méthodologies explicites et en poursuivant des finalités reconnues. Au-delà des controverses propres à chacun de leurs domaines, au-delà des écoles qui les opposent et des démarcations internes qui les affectent, tous les acteurs de ces divers champs disciplinaires tendent à s'accorder sur la nature de leur science respective et des méthodes qui leur reviennent. Il suffit de jeter un regard sur une préface de manuel pour s'en assurer. Au regard des autres disciplines, il est finalement peu de champs de la connaissance, de corps de méthodes aussi imprécis et aussi évolutifs que ceux des littéraires. Et les notions les plus fréquemment utilisées par ces derniers sont elles-mêmes dans bien des cas implicites, mouvantes et floues.

Qu'est-ce que la littérature ?

C'est bien évidemment le cas de l'idée même de « littérature ». Notion toujours mouvante, tant au cours de l'histoire que dans l'instant, objet de sentences qui se veulent sans appel et qui finalement sont bien souvent révisées, nous nous épuisons à en définir la nature. « Ceci *est* ou ceci *n'est pas* de la littérature. » Telle est la réaction première de tout un chacun, mais aussi de la critique. On admet Sade au panthéon littéraire après l'avoir longtemps confiné dans l'enfer de la pornographie et de l'édition clandestine : Sade (ou son œuvre) « est » donc « de la littérature ». Il fait l'objet d'éditions savantes[1], il est étudié à l'Université, il apparaît même – non sans poser de nombreuses difficultés – dans les manuels scolaires du second degré à partir des années 1980. Mais qu'était Sade avant que les Surréalistes, à la suite d'André Breton[2], en fassent une de leurs références majeures, ouvrant ainsi la voie à Blanchot et Bataille, puis à Barthes ? – Un pornographe, ou tout au plus une curiosité pour les spécialistes de la psychopathologie sexuelle.

Parallèlement, telle ou telle gloire d'hier se trouve rétrogradée, effacée ou éliminée, souvent doucement, parfois avec brutalité. On se rappelle vaguement, et pour en sourire alors qu'on ne le lit pratiquement plus, que le premier prix Nobel de littérature fut attribué à Sully Prudhomme (1839-1907) en décembre 1901. On sait que Maurice Barrès (1862-1923) a été un point d'ancrage fondamental du monde littéraire, intellectuel et politique dans la France d'avant 1914. Ce que proclamait en 1905 Léon Blum, pourtant si opposé aux valeurs politiques et sociales de l'auteur des *Déracinés* et des *Scènes et doctrines du nationalisme*[3] :

> Si M. Barrès n'eût pas vécu, s'il n'eût pas écrit, son temps serait autre et nous serions autres. Je ne vois pas en France d'homme vivant qui ait exercé, par la litté-

1. Sade, *Œuvres*, Paris, Gallimard, 1992-1998, 3 vol., coll. « La Pléiade », *Œuvres 1*, édition établie par Michel Delon, préface de Jean Deprun, 1992 ; *Œuvres 2*, édition établie par Michel Delon, 1995 ; *Œuvres 3*, édition établie par Michel Delon, 1998.

2. « Il est enfin significatif que Sade et Lautréamont aient été reconnus par les écrivains surréalistes comme des ascendants immédiats. L'œuvre du précurseur, [...], apparaît ainsi comme une source d'énergie à la plus neuve et la plus corrosive des doctrines littéraires et esthétiques. Déjà le *Surréalisme*, organe de ce groupe (Paris, Librairie José Corti) a publié, sous la rubrique *Actualité de Sade*, des textes inédits de nature à justifier cette prédilection passionnée et agissante. » Maurice Heine, *Le Marquis de Sade*, texte établi et préfacé par Gilbert Lely, Paris, Gallimard, 1950, cité dans Michel Camus (dir.) *Sade*, *Obliques*, n° 12-13, 2e trimestre 1977, p. 200.

3. Maurice Barrès, *Les Déracinés*, 1897 ; *Scènes et doctrines du nationalisme*, Paris, 1902.

> rature, une action égale ou comparable. Je sais bien que cette action ne s'exprimerait pas aisément en une doctrine, ni même en une formule. Mais ce n'est pas toujours par des doctrines qu'on agit le plus sur son temps. Y a-t-il une philosophie chez Voltaire ? Y a-t-il une philosophie dans Chateaubriand ? Comme eux, M. Barrès a créé et lancé dans le monde, qui l'a recueilli, non pas l'armature provisoire d'un système, mais quelque chose qui tenait plus profondément à notre vie, une nouvelle attitude, un mode d'esprit inconnu, une forme de sensibilité nouvelle[4].

Mais que reste-t-il de Barrès aujourd'hui ? L'écho de polémiques fameuses[5], le reflet d'une figure marquante, une documentation pour les historiens des mentalités, quelques titres dans un catalogue et surtout des extraits dans les anthologies et des notices dans les manuels d'histoire littéraire. On aurait tort de se contenter de voir là un simple phénomène de mode en se figurant qu'il en va de la gloire littéraire comme de la roue de la Fortune dans l'imaginaire du Moyen Âge et que le succès d'un moment doit nécessairement faire place à l'obscurité du lendemain, en attendant des jours meilleurs. Ou s'il y a « mode », il faut bien accepter de voir dans celle-ci un aspect important, sinon fondamental, du fait littéraire : ses valeurs, et sa nature même, sont infiniment plus contingentes qu'on ne l'imagine trop souvent.

Autre modalité de l'approche essentialiste : la distinction si durable, et peut-être constitutive du discours de la critique, entre « grande » et « petite » littérature qui, pour une part, renvoie aux genres, et à leur noblesse respective. On sait que traditionnellement la tragédie l'emporte sur la

4. Léon Blum, *La Revue blanche*, 15 novembre 1897, cité par Michel Winock, « Les années Barrès », in *Le Siècle des intellectuels*, Paris, Seuil, 1997, p. 9-153, p. 9.

5. Voir André Gide, « À propos des *Déracinés* de Maurice Barrès », in *L'Ermitage*, février 1898, p. 81-88, puis *Prétextes*, Mercure de France, 1903 ; André Gide, *Essais critiques*, édition présentée, établie et annotée par Pierre Masson, Paris, Gallimard, coll. « La Pléiade » 1999, p. 4-8. Sur le « Procès » du 13 mai 1921 intenté par Dada sous la présidence d'André Breton, voir Michel Winock, *Le Siècle des intellectuels*, *op. cit.*, p. 144-153.

comédie[6], la poésie sur le roman. Mis en place et théorisé tout au long de l'Âge classique, ce modèle a commencé à être ébranlé lors du siècle des Lumières. Et le triomphe du roman au cours du XIXe siècle, la fortune presque hégémonique de ce « genre sans genre », cette forme attrape-tout, ce parvenu s'offrant à toutes les hybridations, ouvert à toutes les formes de discours[7], achèvent de saper l'ancien système policé et exténué des genres. De surcroît, avec la généralisation de l'accès à lecture, l'opposition s'est déplacée : du couple littérature « savante » littérature « populaire », on est passé à un choc entre le légitime et le vulgaire. D'où la question de la place toujours mouvante des « mauvais genres » et de la paralittérature, des littératures périphériques, des littératures de masse, de la sous-littérature, de la « culture médiatique » et plus largement de ce que Bernard Mouralis appelle les « contre-littératures[8] ». San Antonio ou, pour des raisons différentes, les romans de Boileau-Narcejac, de Chester Himes, de Truman Capote et d'une manière générale de la « Série noire » de Gallimard ont droit de cité littéraire. Ce qui explique, selon l'analyse déjà ancienne de Juliette Raabe, que des romans de Dashiell Hammett, Horace Mac Coy ou James Cain aient pu passer chez Gallimard de la « Collection blanche », où ils avaient côtoyé Steinbeck, Faulkner et Hemingway dans l'entre-deux guerres, à la « Série noire » après 1945[9].

De tels déplacements et reclassements ne sont pas l'apanage de la production récente ou contemporaine. Ainsi l'œuvre romanesque de Dumas (1802-1870) n'a cessé d'osciller entre l'assimilation à « la » littérature et la relégation à ses marges : littérature facile, littérature pour femmes, littérature pour enfants. Ici encore, l'histoire édi-

6. C'est là le fondement du discours critique de l'Antiquité, et tout particulièrement de la *Poétique* d'Aristote (384-322 av. J.- C.).

7. Voir Marthe Robert, « Le genre indéfini » in *Roman des origines, origines du roman*, Paris, Grasset, 1972 ; nouv. éd., Paris, Gallimard, 1985, coll. « Tel », p. 11-78.

8. Bernard Mouralis, *Les Contre-littératures*, Paris, PUF, 1975.

9. Juliette Raabe, « Le Phénomène Série noire », in Noël Arnaud, Francis Lacassin et Jean Tortel (dir.), *Entretiens sur la paralittérature*, Paris, Plon, 1970, p. 287-311.

toriale constitue un indicateur fiable de telles évolutions. Initialement, *Le Comte de Monte-Cristo* est publié en feuilleton du 28 août 1844 au 15 janvier 1846 dans le très sérieux *Journal des débats*. Il connaît ensuite une coûteuse édition en dix-huit volumes chez Pétion, « Libraire-Éditeur des Œuvres complètes d'Eugène Sue[10] », avant d'être l'objet d'une édition illustrée typique du goût romantique[11], puis d'une multitude d'éditions, d'adaptations (en particulier d'adaptations théâtrales) et de traductions plus ou moins autorisées, tant en France qu'à l'étranger. De roman à succès véhiculant les valeurs et interrogations fondamentales du romantisme – et tout particulièrement celle du conflit entre l'individu et la société –, il tombe, comme une grande partie de la production de Dumas, dans le domaine de la littérature « d'aventures ». Il faut attendre 1962 pour que Jacques-Henry Bornecque puisse proposer aux éditions Garnier une édition universitaire du *Comte de Monte-Cristo*[12] qui affirme son statut de « classique ». La même année, La Pléiade publiait une édition des deux premiers romans de la trilogie des *Trois Mousquetaires*[13]. Et c'est en 1981 que Gilbert Sigaux fait à son tour entrer

10. Alexandre Dumas, *Le Comte de Monte-Christo* (sic), Paris, Pétion, Libraire-Éditeur des Œuvres complètes d'Eugène Sue, 11, rue du Jardinet ou : Baudry, 34, rue Coquillière et rue de la Chaussée d'Antin, 22 (Impr. Bérthune et Plan, et Impr. Plon frères), 1845-1846, 18 vol. in-8 (135 fr. les 18 vol.). La même année Pétion publie une seconde édition, en douze volumes. À l'époque, le prix d'un « repas moyen » au restaurant était de 2 francs. Cf. Jules Vallès, *L'Enfant*, in *Œuvres*, édition établie, présentée et annotée par Roger Bellet, Paris, Gallimard, coll. « La Pléiade », vol. 2, 1871-1885, note 1, p. 1557.

11. Alexandre Dumas, *Le Comte de Monte-Cristo*, Paris, Au Bureau de l'Écho des feuilletons, 1846, 2 vol. grand in-8 (24 fr. les deux vol.) ; première édition illustrée d'un portrait d'A. Dumas d'après Eugène Giraud, et 25 planches hors-texte gravées sur acier d'après Gavarni et Tony Johannot.

12. Alexandre Dumas, *Le Comte de Monte-Cristo*, Introduction, bibliographie, notes et relevé des variantes par J. H. Bornecque, professeur à la Faculté des Lettres et sciences humaines de Caen, édition illustrée, Paris, Garnier Frères, coll. « Classiques Garnier », 2 vol., 1962.

13. Alexandre Dumas, *Les Trois Mousquetaires*, *Vingt ans après*, Préface, chronologie, notes, bibliographie et note sur les représentations des deux romans au théâtre par Gilbert Sigaux, Paris, Gallimard, 1962, coll. « La Pléiade ».

Monte-Cristo dans cette institution de l'admiration qu'est la Bibliothèque de la Pléiade[14]. Ainsi, comme le relève Bernard Mouralis :

> Le statut d'une œuvre n'a pas de validité en lui-même. Il est le produit d'une convention et ne se fonde de ce fait sur aucune caractéristique propre à l'œuvre. C'est pourquoi une même œuvre ou un même type d'œuvres peuvent fort bien voir leur statut se modifier, dans le temps ou d'un lieu à un autre[15].

La tâche du théoricien, du critique ou simplement de l'amateur de littérature se révèle donc particulièrement ardue. Car si l'on se doit de chercher à définir la littérature en tant qu'objet, on risque fort en dernière analyse d'en être réduit à se contenter d'approximations bien décevantes. Il est bien légitime, et même nécessaire, en effet, de se demander, à la suite de Charles Du Bos, de Sartre et de beaucoup d'autres : « Qu'est-ce que la littérature ? »[16]. Mais ce faisant on risque de se lancer à la recherche de l'essence d'un objet qui ne cesse de se métamorphoser et d'échapper à ceux qui veulent l'enfermer dans des définitions et des frontières définitives. Et l'on s'expose alors soit à tomber dans le dogmatisme (voici les frontières intangibles de la littérature), soit dans une subjectivité sceptique (est littérature ce que j'aime, ou ce que je considère comme telle), soit, au mieux, à se cantonner à des approches étroitement historicistes de la littérature et de la réduire à sa valeur documentaire. Ce que l'on a longtemps appliqué à Zola, devenu aux yeux de trop nombreux critiques une sorte de chroniqueur, de reporter, d'ethnologue jusqu'à ce que la critique ne montre, avec Henri Mitterand par exemple, sa capacité poétique de création métaphorique et mythologique inscrite dans l'Histoire[17].

14. Malraux a plusieurs fois évoqué à ce propos le terme de « Bibliothèque de l'admiration ».

15. Bernard Mouralis, *Les Contre-littératures*, *op. cit.*, p. 63.

16. Charles Du Bos, *Qu'est-ce que la littérature ?*, Paris, Plon, 1938 ; nouv. éd., Lausanne, L'Âge d'homme, 1989. Jean-Paul Sartre, *Qu'est-ce que la littérature ?*, [*Les Temps modernes*, 1947] in *Situations II*, Paris, Gallimard, 1948 ; nouv. éd., 1992, coll. « Folio Essais », p. 90-91.

17. Voir, entre autres, Henri Mitterand, *Zola et le naturalisme*, Paris, PUF, 1986, coll. « Que sais-je ? ».

Approche essentialiste, réception subjective ou lecture documentaire, on conviendra qu'aucune de ces directions ne saurait être bien satisfaisante.

Comme on l'a déjà suggéré, un objet culturel complexe ne saurait en effet être exclusivement appréhendé et défini selon ses propriétés intrinsèques : il peut être également éclairé par les pratiques et les discours qu'il suscite dans une société donnée. Telle était justement l'intérêt de la voie ouverte par Sartre lorsqu'il interrogeait la littérature à partir de sa dimension sociale :

> Et puisque les critiques me condamnent au nom de la littérature sans jamais dire ce qu'ils entendent par là, la meilleure réponse à leur faire, c'est d'examiner l'art d'écrire sans préjugés. Qu'est-ce qu'écrire ? Pourquoi écrit-on ? Pour qui ? Au fait, il semble que personne ne se le soit jamais demandé[18].

Faute de pouvoir être définie par une approche essentialiste, la littérature gagne à être cernée à travers les représentations et les usages qu'elle suscite à travers le temps, l'espace et les sociétés[19]. Et, en retour, ces usages (modes de diffusion, sociabilités, accompagnements critiques, types de lecture) deviennent eux-mêmes des éléments du fait littéraire.

La « littérature » a une histoire

Au sens plein du terme, l'histoire littéraire ne saurait se confondre avec une quelconque généalogie des auteurs, des genres et des « écoles ». Une telle conception, étroitement

18. Jean-Paul Sartre, *Qu'est-ce que la littérature ?*, *op. cit.*, p. 10.

19. Ce que semble contester Antoine Compagnon, tout en ne proposant pas véritablement d'autre issue : « *La littérature, c'est la littérature*, ce que les autorités (les professeurs, les éditeurs) incluent dans la littérature. Ses limites bougent, parfois, lentement, modérément mais il est impossible de passer de son extension à sa compréhension, du canon à l'essence. » A. Compagnon, *Le Démon de la théorie. Littérature et sens commun*, Paris, Seuil, 1998, p. 46.

scolaire ou positiviste, verrait par exemple en Flaubert le prédécesseur de Maupassant (voire de Zola), et le successeur de Balzac. Bref, elle tournerait à la caricature taxinomique et évolutionniste. L'histoire littéraire, telle qu'a pu la définir son principal fondateur pour la France, Gustave Lanson (1857-1934), est à l'opposé d'une telle conception. Non seulement parce que Lanson privilégie chez les élèves des lycées l'étude des textes sur celles des catégories abstraites, dogmatiques et souvent erronées[20], mais parce que pour lui il s'agit de dresser un tableau autrement plus vaste, celui de « l'histoire littéraire de la France » :

> J'entends par là non pas un catalogue descriptif ou un recueil de monographies [...] mais le tableau de la vie littéraire dans la nation, l'histoire de la culture et de l'activité de la foule obscure qui lisait, aussi bien que des individus illustres qui écrivaient[21].

Dans ces conditions, on voit bien que l'histoire littéraire a pour vocation d'être une histoire des mentalités et des pratiques culturelles. Ce faisant, elle se doit d'être aussi une histoire de la notion de littérature. Et, curieusement peut-être, Roland Barthes (1915-1980) prolonge ici la perspective tracée par Lanson en radicalisant son propos :

> Cette question aussi, que je ne vois nulle part poser [...], sinon chez les philosophes, ce qui est sans doute suffisant pour la discréditer aux yeux de l'historien littéraire : *qu'est-ce que la littérature ?* On ne demande rien d'autre qu'une réponse historique : qu'était la littérature (le mot est d'ailleurs anachronique) pour Racine et ses contemporains, quelle fonction exacte lui

20. Voir Martine Jey, *La Littérature au lycée : l'invention d'une discipline (1880-1925)*, in *Recherches textuelles*, n° 3, Université de Metz, 1998.

21. Gustave Lanson, *Programme d'études sur l'histoire provinciale de la vie littéraire en France*, conférence du 7 février 1903 à la Société d'histoire moderne, in *Revue d'histoire moderne et contemporaine*, 1903, repris dans *Études d'histoire littéraire*, Paris, Champion, 1929 et dans *Essais de méthode, de critique et d'histoire littéraire*, rassemblés et présentés par Henri Peyre, Paris, Hachette, 1965, p. 86-87. Cité par Antoine Compagnon, *La Troisième République des lettres. De Flaubert à Proust*, Paris, Seuil, 1983, p. 54.

> confiait-on, quelle place dans l'ordre des valeurs, etc. ? À vrai dire, on voit mal qu'on puisse engager une histoire de la littérature sans qu'on s'interroge sur son être même. Bien plus, que peut être, littéralement, une histoire de la littérature, sinon l'histoire de l'idée même de littérature ? Or cette sorte d'*ontologie* historique, portant sur l'une des valeurs les moins naturelles qui soient, on ne la trouve nulle part[22].

Face à l'ambiguïté du terme de « littérature », tout observateur est donc conduit à rappeler la constante évolution de sa signification, tant en Occident que dans le reste du monde. D'où cette sorte de passage obligé qu'est le recours au dictionnaire ou, mieux, à la constitution d'une définition historique et générale pouvant ouvrir la voie à une approche comparée. Ce que proposait par exemple Robert Escarpit en 1961 dans une communication intitulée « La définition du terme "littérature" » et présentée au IIIe congrès de l'Association internationale de littérature comparée d'Utrecht[23]. En conclusion de cet article demeuré très stimulant bien qu'un peu optimiste (notamment lorsqu'il parle des « sciences de la littérature » comme d'une réalité indiscutable), Escarpit montrait que l'intérêt du terme de « littérature » venait de sa polysémie :

> Il est visible en effet que les sciences de la littérature actuelles reposent chacune sur un postulat propre qui exprime un des contenus contradictoires du mot *littérature*. Il y a une science esthétique, une science idéologique, une science sociologique de la littérature. Sans doute est-il possible de jeter entre elles des ponts, d'ouvrir des portes, mais on peut redouter que le mot *littérature* ne survive pas à l'opération. C'est une série

22. Roland Barthes, « Histoire ou littérature ? », in *Annales*, n° 3, mai-juin 1960, repris dans *Sur Racine*, Paris, Seuil, 1963, p. 147-167, p. 155.

23. Robert Escarpit, « La définition du terme "littérature" », projet d'article pour un *Dictionnaire international des termes littéraires* » in R. Escarpit (dir.), *Le Littéraire et le social. Éléments pour une sociologie de la littérature*, Paris, Flammarion, 1970, coll. « Champs », p. 259-272.

> d'ambiguïtés qui a fait sa fortune. Il est possible qu'un effort de clarification la perde à jamais[24].

Rappelons simplement pour la France que, de savoirs réservés aux experts et aux doctes[25], la littérature (ou belles-lettres) devient progressivement au long du XVIIIe siècle[26], et à coup sûr au début du XIXe siècle, l'ensemble des écrits de nature (ou de prétention) artistique. Tout se passe donc comme si la division durable qui, au début du XVIIIe siècle encore, opposait le savoir des savants[27] et ces pratiques hautement socialisées et distractives que sont la poésie et le théâtre, voire le roman, tendait à s'estomper. À la

24. Robert Escarpit, « La définition du terme "littérature" », art. cit., p. 272.

25. Issus d'un même projet, les trois grands dictionnaires de langue de la fin du XVIIe siècle emploient des termes identiques pour définir la littérature. Pour Richelet en 1680, il s'agit de la « science des Belles-Lettres. Honnêtes connaissances, doctrine, érudition ». Dix ans plus tard, Furetière ne dit pas autre chose : « Doctrine, connaissance profonde des Lettres. Scaliger, Lipse et autres Critiques modernes étaient des gens de grande *littérature*, d'une érudition surprenante. » Et le Dictionnaire de l'Académie que Furetière avait devancé de quatre ans se prononce évidemment dans le même sens : « Toute sorte de science et de doctrine. [...] Grande littérature, profonde littérature, il est homme de grande littérature, il n'a point de littérature, il a beaucoup de littérature. » Pour l'ensemble des textes cités dans ce chapitre, on a choisi ici de moderniser systématiquement l'orthographe tout en respectant la typographie originelle.

26. Voir Philippe Caron, *Aux origines de la notion contemporaine de « Littérature ». Le Lexique et la configuration idéologique des grands secteurs du savoir profane en langue française de 1680 à 1760*, thèse pour le doctorat, Université de Nancy 2, 1987, 2 vol. Voir également Claude Cristin, *Aux origines de l'histoire littéraire*, Grenoble, PUG, 1973.

27. Même au milieu du XVIIIe siècle, ce sens semble encore dominant, tout au moins dans la définition qu'en donne *L'Encyclopédie* à l'article « Lettres » : « Ce mot désigne en général les lumières que procure l'étude, et en particulier celle de belles-lettres ou de la littérature. [...] Il en résulte que les *Lettres* et les sciences proprement dites ont entre elles l'enchaînement, les liaisons et les rapports les plus étroits. » *Encyclopédie ou Dictionnaire raisonné des Sciences, des Arts et des Métiers*, par une société de gens de lettres, mis en ordre et publié par M. Diderot... & quant à la partie mathématique, par M. D'Alembert..., Paris-Neuchâtel, 1751-1780 ; reprint, Stuttgart, Friedrich Frommann Verlag, 1966, t. 9, p. 409.

faveur de ce rapprochement, la dimension artistique et hédoniste des écrits retenus désormais sous le nom de « littérature » ne cesse de s'affirmer sans que pour autant soient éliminés de manière absolue l'ancien sens et l'ancien monde érudits. Comme le suggère Mme de Staël au tout début du XIXe siècle, le goût, l'émotion et l'affect sont devenus primordiaux, faisant de la raison l'auxiliaire de la passion :

> Les chefs-d'œuvre de la littérature, indépendamment des exemples qu'ils présentent, produisent une sorte d'ébranlement moral et physique, un tressaillement d'admiration qui nous dispose aux actions généreuses. [...] L'éloquence, la poésie, les situations dramatiques, les pensées mélancoliques agissent aussi sur les organes, quoiqu'elles s'adressent à la réflexion. La vertu devient alors une impulsion involontaire, un mouvement qui passe dans le sang, et vous entraîne irrésistiblement comme les passions les plus impérieuses[28].

Avec le Romantisme, l'ancienne distinction entre vers et prose, les frontières entre genres se déplacent progressivement au profit d'une distribution nouvelle, mais ambiguë, à laquelle nous ne cessons de nous heurter aujourd'hui encore. Pour les hommes de la fin du XVIIe siècle, pour Richelet, Furetière ou le Dictionnaire de l'Académie, la littérature était encore « science » ou « doctrine », la voici devenue création, tout à la fois « poésie » et « connaissance »[29]. Longtemps les catégories ont semblé stables : les genres et leur hiérarchie, le rôle conféré au langage, le statut de la fiction et de la représentation, tout l'édifice ébranlé par le Romantisme est désormais mis à bas. Le triomphe du roman, puis la prolifération de l'essai entraînent à l'évidence la ruine des anciens systèmes génériques. Et à leur manière, ils constituent des symptômes de

28. Madame de Staël-Holstein, *De la littérature considérée dans ses rapports avec les institutions sociales*, [Paris, Maradan, 1800], nouvelle édition critique établie, présentée et annotée par Axel Blaeschke, Paris, Garnier, 1998, coll. « Classiques Garnier », p. 19.

29. L'allemand *Dichtung* calque de ce point de vue parfaitement le grec *Poeisis*.

l'entrée dans une ère marquée par cette conscience de l'instabilité qui caractérise pour une part la modernité, au plan artistique comme au plan historique et social.

Reste qu'il est bien difficile de renoncer à une approche définitionnelle, que ce soit sur le mode de l'interrogation théorique (Qu'est-ce qui assure le caractère « littéraire » d'un texte ?) ou sur celui du recours à la liste d'œuvres ou de la litanie des écrivains élus (Qui est digne ou non d'être admis dans leur cortège, qui constitue « la littérature » ?). Personne ne se hasarderait aujourd'hui à essayer de démontrer la supériorité poétique de Campistron (1656-1723) sur Racine. Et bien peu se risqueraient à affirmer que notre admiration pour le second et notre oubli du premier sont exclusivement idéologiques, liés à l'injustice ou à l'ignorance d'une pensée dominante que Hugo s'est chargé d'illustrer : « Sur le Racine mort, le Campistron pullule[30]. » D'un autre côté, on peut s'accorder à estimer que, pour la France, Villehardouin, Montaigne, Bossuet, Mme de Sévigné, Rousseau, Flaubert, Zola, Marguerite Duras relèvent tous de la littérature quoiqu'ils aient fort peu de points communs. Mais en relèvent-ils au même degré ? C'est bien évidemment là que réside une part importante de la question.

En notant que la littérature constitue bien cette « notion à la fois si évidente et si mal déterminée », Jacques Rancière essayait récemment d'affronter à son tour ce dilemme en disqualifiant les deux termes de l'alternative :

> On n'entendra donc ici par « littérature » ni l'idée vague du répertoire des œuvres de l'écriture ni l'idée d'une essence particulière valant à ces œuvres la qualité « littéraire »[31].

Et, condamnant le « relativisme un peu court » de notre époque, il se propose de joindre à l'approche historique des pratiques (celle des arts de faire) une étude, elle-même

30. Victor Hugo, « Réponse à un acte d'accusation », *Les Contemplations*, in *Œuvres poétiques*, vol. 2, édition établie et annotée par Pierre Albouy, Paris, Gallimard, 1967, coll. « La Pléiade », p. 497.

31. Jacques Rancière, *La Parole muette. Essai sur les contradictions de la littérature*, Paris, Hachette Littératures, 1998, p. 8.

historique, de la naissance d'un discours absolu sur l'art. Partant du constat selon lequel la littérature, telle que la définit progressivement le XIXᵉ siècle, tend à s'imposer comme pratique autonome, il l'évoque à la fois en tant que pratique, discours et représentation :

> On entendra désormais sous ce terme [« littéraire »] le mode historique de visibilité des œuvres de l'art d'écrire qui produit cet écart [entre définition sacralisante et normative] et produit en conséquence les discours qui théorisent cet écart : ceux qui sacralisent l'essence incomparable de la création littéraire, mais aussi ceux qui la désacralisent pour la renvoyer soit à l'arbitraire des jugements, soit à des critères positifs de classification[32].

Et, au terme de son analyse, après avoir montré l'immensité des changements opérés dans la nature et la fonction de la littérature au long du XIXᵉ siècle en s'attachant particulièrement aux figures de Flaubert, Mallarmé et Proust, Rancière souligne certains éléments essentiels de la modernité qui conduit l'œuvre littéraire à faire fusionner fiction, discours critique et mythe :

> La destruction du système des genres qui livre la littérature au jeu des contraires autorise en même temps les passages entre les fonctions incompatibles et l'articulation de poétiques opposées. Elle fait de la littérature la scène ambiguë où deux genres sans genre, le roman et l'essai, se doublent, s'opposent ou s'entrelacent, distribuant en pôles séparés, mêlant ou inversant les propriétés de l'œuvre et du discours sur l'œuvre, du jeu fictionnel, des mythes qui l'absolutisent ou des discours critiques qui en démontent le mécanisme. Si l'œuvre de Proust est exemplaire, comme celle de Joyce [...], c'est par la capacité à mettre en un même dispositif la fiction, son discours et son mythe, de tenir ensemble dans la forme de l'œuvre les forces centrifuges, les puissances de disjonction, de désœuvrement ou de soupçon inhérentes à la contradiction des principes de la littérature[33].

32. Jacques Rancière, *La Parole muette...*, *op. cit.*, p. 8.
33. Jacques Rancière, *La Parole muette...*, *op. cit.*, p. 173.

Permanence et mobilité du texte

Dans les années soixante, Barthes est sans doute l'un des critiques qui a saisi avec le plus d'acuité l'ambiguïté constitutive de l'œuvre d'art en général et de l'œuvre littéraire en particulier : elle appartient à l'Histoire, et elle ne cesse de lui échapper. Elle est le produit d'une société et d'un temps donnés, et ne se réduit pas à cette dimension puisqu'elle peut être perçue, appréciée, interprétée selon des critères différents de ceux qui l'ont initialement reçue et auxquels elle était primitivement destinée. Tel était pour une part un des enseignements de l'article « Histoire ou littérature ? » dans lequel Barthes revendiquait le « statut particulier de la création littéraire », autrement dit le « statut spécial de la littérature[34] » :

> L'œuvre est essentiellement paradoxale [...] elle est à la fois signe d'une histoire et résistance à cette histoire. [...] En somme dans la littérature, deux postulations : l'une historique, dans la mesure où la littérature est institution ; l'autre psychologique, dans la mesure où elle est création. Il faut donc, pour l'étudier, deux disciplines différentes et d'objet et de méthode ; dans le premier cas, l'objet, c'est l'institution littéraire, la méthode, c'est la méthode historique dans ses plus récents développements ; dans le second cas, c'est l'investigation psychologique[35].

À travers le terme de « psychologique » le propos de Barthes s'attache directement à la dimension créatrice et esthétique de l'œuvre littéraire. Or, à la croisée de l'histoire et de l'esthétique, on observe que la réception des textes, et, partant, leur résonance et leur interprétation, ne cessent de fluctuer. D'où l'importance des études de réception, et de l'histoire de la réception. C'est ainsi que le Romantisme a contribué à réhabiliter le Moyen Âge et la poésie du

34. Roland Barthes, « Histoire ou littérature ? », art cit., p. 149 et 166.
35. Roland Barthes, « Histoire ou littérature ? », art cit., p. 149.

XVIe siècle[36], dont l'Âge classique, par la voix de Boileau, avait condamné (sans appel pensait-il) la barbarie :

> Il n'y a en effet que l'approbation de la Postérité, qui puisse établir le vrai mérite des Ouvrages. Quelque éclat qu'ait fait un Écrivain durant sa vie, quelques éloges qu'il ait reçus, on ne peut pas pour cela infailliblement conclure que ses Ouvrages soient excellents. [...] Nous en avons un bon exemple dans Ronsard et dans ses imitateurs, comme Du Bellay, Du Bartas, Des Portes, qui dans le siècle précédent ont été l'admiration de tout le monde, et qui aujourd'hui ne trouvent même pas de Lecteurs[37].

Dans le cas de la réhabilitation de Ronsard par Sainte-Beuve, on constate une modification de la sensibilité littéraire, on assiste à la projection d'une époque sur son passé, ou si l'on veut à une « invention », une appropriation, voire une annexion[38]. Reste que les *Discours* ou les *Sonnets* de Ronsard sont perçus pour ce qu'ils n'ont cessé d'être dès leur origine : de la poésie.

Mais il arrive que des textes soient conduits à changer de statut. Un jour, en effet, le critique, le professeur, l'éditeur, le bibliothécaire ou le libraire constatent qu'un texte ou un

36. De ce point de vue les deux volumes du *Tableau historique et critique de la poésie française et du théâtre français au XVIe siècle* publié en 1828 chez Sautelet par Sainte-Beuve (1804-1869) traduisent bien la force de révision, mais aussi d'annexion dont le Romantisme triomphant était animé.

37. Boileau, *Réflexions critiques sur quelques passages du Rhéteur Longin où, par occasion, on répond à quelques objections de Monsieur P*** contre Homère et Pindare*, Réflexion VII, [1695] in *Œuvres complètes*, Introduction par Antoine Adam, textes établis et annotés par Françoise Escal, Paris, Gallimard, 1966, coll. « La Pléiade », p. 523

38. Sur le cas des différentes perceptions de Nerval depuis la fin du XIXe siècle, voir Alain Boissinot, *Littérature et histoire*, Paris, Bertrand-Lacoste, 1998, p. 34-35.

Comme le relève Fernand Baldensperger, un des fondateurs de la « littérature comparée » en France : « Chaque époque, observe Lamartine en 1830, adopte et rajeunit tour à tour quelqu'un de ces génies immortels qui sont toujours aussi des hommes de circonstances ; elle s'y réfléchit elle-même, elle y retrouve sa propre image et trahit ainsi sa nature par ses prédilections. » F. Baldensperger, *La Littérature, création, succès, durée*, Paris, Flammarion, 1913, p. 283.

auteur ont changé de catégorie et, chacun dans sa sphère, ils en tirent les conséquences. Ce texte, cette œuvre ou cet auteur ne sont pas mis au ban ou en marge du patrimoine pas plus qu'ils ne sont redécouverts : ils sont reclassés, offerts à un nouveau mode de lecture. On a pris Buffon (1707-1788) pour un naturaliste, il est désormais poète ; des siècles durant, on a pensé la Bible comme texte révélé, la voici récit mythologique et œuvre d'art ; on a cru Michelet (1798-1874) historien, et c'est un visionnaire. La reconstitution patiente et monographique des étapes, souvent souterraines, difficilement perceptibles à l'œil nu, de telles transformations contribuent à nous informer sur le littéraire : l'histoire de la réception (et notamment de la critique) devient une contribution à la théorie littéraire, et en tout cas à l'histoire des conceptions de la littérature pour paraphraser Hans Robert Jauss (1921-1997)[39].

Une telle approche de la littérature et de l'art s'oppose à l'absolu mallarméen (« Tel qu'en lui-même enfin l'éternité le change[40] »). Elle pourrait plutôt se réclamer de la position infiniment plus productive de Baudelaire (« La modernité c'est le transitoire, le fugitif, le contingent, la moitié de l'art, dont l'autre moitié est l'éternel et l'immuable. Il y a eu une modernité pour chaque peintre ancien[41] »), qui débouche sur la notion de « métamorphose » dont Malraux (1901-1976) a fait l'axe central de son esthétique :

> Nous avons découvert que les œuvres ressuscitées ne sont pas nécessairement immortelles. Et que si la mort

39. Très significativement, Hans Robert Jauss, avait intitulé un de ses essais majeurs *Literaturgeschichte als Provokation*, Francfort-sur-le-Main, Suhrkampf, 1974 ; traduit par « L'Histoire de la littérature, un défi à la théorie littéraire ». Repris dans *Pour une esthétique de la réception*, trad. par Claude Maillard, Préface de Jean Starobinski, Paris, Gallimard, 1978 ; nouv. éd. 1990, coll. « Tel », p. 21-81.

40. Stéphane Mallarmé, « Tombeau d'Edgar Poe », *Poésies*, in *Œuvres complètes*, texte établi et annoté par Henri Mondor et G. Jean-Aubry, Paris, Gallimard, 1945, coll. « La Pléiade », p. 70.

41. Baudelaire, *Le Peintre de la vie moderne*, « La modernité » [1863], in *Écrits sur l'art*, texte établi, présenté et annoté par Francis Moulinat, Paris, LGF, 1992, coll. « Classiques de poche » ; nouv. éd. 1999, p. 518.

> ne contraint pas le génie au silence, ce n'est pas parce qu'il prévaut contre elle en perpétuant son langage initial, mais en imposant un langage sans cesse modifié, parfois oublié, comme un écho qui répondrait aux siècles avec leurs voix successives : le chef-d'œuvre ne maintient pas un monologue souverain, il impose l'intermittent et invincible dialogue des résurrections[42].

Sans prétendre réaliser un tel programme, on se contentera, à partir des variations dans la « lecture » que telle ou telle époque ou culture propose face à des œuvres ou des séries qui nous paraissent pertinentes, d'observer et de chercher à identifier les principaux facteurs de cette transformation.

C'est bien ce que suggère en 1969 Michel Foucault (1926-1984) lorsqu'il se réclame d'une réflexion nourrie de la comparaison des catégories et appréciations du passé et de celles que nous mettons en œuvre :

> Peut-on admettre, telles quelles, la distinction des grands types de discours, ou celle des formes et des genres qui opposent les unes aux autres science, littérature, philosophie, religion, histoire, fiction, etc. et qui en font des sortes de grandes individualités historiques ? Nous ne sommes pas sûrs nous-mêmes de l'usage de ces distinctions dans le monde de discours qui est le nôtre. [...] De toute façon, ces découpages – qu'il s'agisse de ceux que nous admettons, ou de ceux qui sont contemporains des discours étudiés – sont toujours eux-mêmes des catégories réflexives, des principes de classement, des règles normatives, des types institutionnalisés : ce sont à leur tour des faits de discours qui méritent d'être analysés à côté des autres[43].

42. André Malraux, *Le Musée imaginaire*, Paris, Gallimard, [1947, 1951, 1963] 1965 ; nouv. éd., coll. « Folio Essais », 1996, p. 256.

43. Michel Foucault, *L'Archéologie du savoir*, Paris, Gallimard, 1969, p. 33. Barthes ne relève pas autre chose lorsqu'il écrit dans une note de « Histoire ou littérature ? » : « Au temps où Michelet commençait son cours au Collège de France, le découpage, ou plutôt la confusion des disciplines (notamment philosophie et histoire), était tout proche de l'idéologie romantique. » Art. cit., note 1, p. 153.

Les textes qu'on vient de prendre pour exemple offrent au moins une similitude. Histoire naturelle, histoire religieuse, histoire nationale : dans les trois cas, on a affaire à des œuvres qui perdent (ou ont perdu) leur caractère scientifique ou révélé pour prendre, avec plus ou moins d'intensité, celui du mythe, et en tout cas du récit ou de l'essai. Par extrapolation, on voit bien ce qui peut arriver au texte de sciences humaines : il devient « essai ». Voici le géographe Élisée Reclus (1830-1905) sur les traces de Bernardin de Saint-Pierre (1737-1814), et Lévi-Strauss rejoint Montaigne. Il en va de même pour la poésie scientifique : Lucrèce (99 ou 94-55 ou 50 av. J.-C.), indépendamment de l'intérêt qu'il offre à l'histoire des idées, se verra confirmé comme poète, alors que son atomisme a évidemment perdu toute valeur opératoire. On pourrait donc émettre l'hypothèse que la « métamorphose » ne saurait affecter tous les textes au même degré. D'un côté, on voit inclure aujourd'hui dans la « littérature » (ou si l'on préfère dans le monde de l'art) des écrits dont les auteurs avaient, du moins en partie, une visée informative, religieuse, scientifique, polémique, etc. et pensaient dans d'autres catégories que le littéraire tel que nous l'entendons. De l'autre, les textes qui s'affichaient initialement comme « littéraires » en exhibant une forme reconnue pour telle (théâtre, poésie, fiction romanesque) et que nous ne prétendons conserver qu'à la double condition qu'ils soient porteurs d'un savoir sur l'homme et que leur « style » les distingue encore comme objets d'art. Ainsi un texte scientifique (ou à tout le moins explicitement porteur d'informations et de connaissances) est-il susceptible de littérarisation, alors qu'à l'inverse un texte d'intention littéraire peut être éminemment porteur de savoir. Et c'est précisément parce qu'il inscrit ce savoir dans une forme qui lui est propre qu'il est susceptible de continuer à nous émouvoir et de nous faire comprendre le monde. Ce que relève Pierre Bourdieu à propos de *L'Éducation sentimentale* :

> Il n'est pas de meilleure attestation de tout ce qui sépare l'écriture littéraire de l'écriture scientifique que cette capacité, qu'elle possède en propre, de concentrer et de condenser dans la singularité concrète d'une

> figure sensible et d'une aventure individuelle, fonctionnant à la fois comme métaphore et comme métonymie, toute la complexité d'une structure et d'une histoire que l'analyse scientifique doit déplier et déployer laborieusement[44].

De manière symétrique, analysant le phénomène d'inclusion dans le littéraire, Northrop Frye (1912-1991) suggère clairement que la perte de valeur scientifique de l'œuvre (ici celle du grand historien de l'Antiquité Edward Gibbon – 1737-1794) laisse une place spécifique au « style » :

> L'Histoire en tant que telle est constamment à récrire : avec le temps qui passe et les historiens qui en apprennent plus, l'œuvre de Gibbon se met à « dater », comme description définitive du Bas-Empire. Deux choses arrivent qui sont instructives pour nous. En premier lieu, l'œuvre de Gibbon survit par son « style », ce qui veut dire qu'elle passe insensiblement de la catégorie de l'Histoire à celle de la poésie, et devient un classique de la littérature anglaise ou, en tout cas, de l'Histoire anglaise. À mesure qu'elle le fait, sa matière s'universalise : elle devient une méditation éloquente et spirituelle sur la décadence et la chute de l'homme, telles que les montre la Rome des Césars. L'attention se déplace du particulier à l'universel et ce que dit Gibbon à sa manière de le dire. Nous le lisons pour son « style », en ce sens que son écriture se met progressivement à compter plus par son aspect de stylisation que par son aspect de représentation, de même qu'une peinture de Cimabue devient, avec le temps, plus importante comme tableau que comme figuration de la mort du Christ[45].

Il y a un accord assez général aujourd'hui sur le fait que la réception d'un texte dépend aussi des attentes, des spé-

44. Pierre Bourdieu, *Les Règles de l'art. Genèse et structure du champ littéraire*, Paris, Seuil, 1992 ; nouv. éd. revue et corrigée, 1998, coll. « Points Essais », p. 55.

45. Northrop Frye, *The Great Code. The Bible and Literature*, Harcourt Brace Jovanovich, 1981-1982 ; *Le Grand Code. La Bible et la littérature*, trad. par Catherine Malamoud, Préface par Tzvetan Todorov, Paris, Seuil, 1984, p. 92-93.

cificités et déterminations de ses récepteurs. Dans ces conditions, la question se pose bien évidemment d'évaluer ce que ce texte a de « littéraire » ou de « poétique ». Pour parler comme les stylisticiens, quel est son degré de littérarité ? Mais cette littérarité est-elle une donnée permanente ou tout au contraire serait-elle variable dans l'histoire, qu'elle se dissolve et s'évapore ou qu'elle vienne aux textes pour les amender avec le temps ? Voilà deux thèses aux prises dans une altercation radicale. Aux yeux des uns l'essentiel serait historique, social, contingent, relatif ; pour les autres, l'art robuste continue à survivre à la cité. Duel sans issue, naturellement, et largement dénoncé par des poéticiens et stylisticiens aussi opposés que peuvent l'être Henri Meschonnic ou Georges Molinié[46]. Pour évoquer ce qui est propre à une écriture « poétique », Henri Meschonnic parle de « rythme », c'est-à-dire d'une « organisation du sens dans le discours » qui implique « une théorie du sujet dans le langage[47] ». Il s'agit donc bien de reconnaître la dimension historique et anthropologique du fait poétique sans pour autant le réduire à un pur déterminisme. Plus récemment, Georges Molinié[48] estime que les textes sont marqués par des « régimes » plus ou moins élevés de littérarité alors que le récepteur est lui-même plus ou moins sensible à cette littérarité. Peut-être peut-on hasarder, à la suite de Northrop Frye, que la métaphore, au sens le plus large, serait précisément un des signes de cette entrée dans un tel régime. Reprenant à Vico (1668-1744) sa théorie des étapes successives du langage, Frye définit en effet la métaphore comme une première phase (« ceci est cela »), qui précéderait la phase métonymique (« ceci est

46. Henri Meschonnic dans *Critique du rythme. Anthropologie historique du langage* (Lagrasse, Verdier, 1984 ; nouv. éd. revue et corrigée, 1992) contribue à dénoncer cette aporie. Le sous-titre de son essai est particulièrement parlant de ce point de vue : anthropologie historique du langage. La volonté de dépasser un tel type d'affrontement est également proclamée par l'existence d'un livre co-signé par Alain Viala et Georges Molinié, *Approches de la réception. Sémiostylistique et sociopolitique de Le Clézio*, Paris, PUF, 1993.

47. Henri Meschonnic, *Critique du rythme*, *op. cit.*, p. 71.

48. Georges Molinié, *Sémiostylistique. L'Effet de l'art*, Paris, PUF, 1998.

pour cela ») et la phase descriptive (les mots exacts désignent les choses). Or à ses yeux, cette phase métaphorique relève du littéraire :

> C'est la fonction première de la littérature, et plus spécialement de la poésie, que de continuer à recréer la première phase, métaphorique, du langage, pendant que dominent les phases suivantes, de continuer à nous la présenter comme un mode de langage qu'il ne nous est jamais permis de sous-estimer, encore moins de perdre de vue[49].

Plus simplement, peut-être est-on conduit à rappeler qu'une des caractéristiques du fait et de l'écriture littéraires est de n'être jamais univoque, ce qui n'est en rien contradictoire avec les observations de Northrop Frye. C'est parce qu'il ne se résigne pas à transmettre un seul type d'informations, parce qu'il ne saurait être réduit à une fonction du langage et à un seul ordre de discours que le texte littéraire, comme toute œuvre d'art, est susceptible d'échapper à l'histoire qui a permis et déterminé sa naissance. Ce que notait Fernand Baldensperger il y a près de cent ans :

> Ce travail mystérieux, qui jette dans la nuit certaines parties d'une œuvre destinées à en émerger plus tard, y précipite les productions qui n'offrent, si l'on peut dire, qu'*un sens*. Un livre n'est pas tout à fait le même à tous les moments du temps ; une œuvre d'ensemble encore moins ; et pas davantage le nom de l'écrivain qui la désigne, et dont la personnalité humaine, souvent, concourt à la laisser en vedette en face de la postérité[50].

49. Northrop Frye, *Le Grand Code. La Bible et la littérature*, *op. cit.*, p. 65.

50. Fernand Baldensperger, *La Littérature, création, succès, durée*, *op. cit.*, p. 261.

Les « œuvres complètes » : l'œuvre et ses limites

Appliquée tout d'abord aux grands écrivains de l'Antiquité, puis aux grands classiques du « siècle de Louis XIV », la notion d'œuvre (par exemple le *Théâtre* de Corneille), puis celle d'œuvres complètes, s'impose dans le courant du XVIIIe siècle[51]. On pourrait n'y voir qu'un dispositif éditorial, mais il s'agit en réalité du signe d'une transformation importante dans la conception de la littérature et de sa transmission. On doit tout d'abord l'analyser comme l'expression d'une volonté, ou d'un rêve, de complétude, bien en rapport avec l'esprit des Lumières, temps des grandes synthèses, des dictionnaires et des encyclopédies, des collections et des séries totalisantes[52]. Mais, peut-être de manière plus radicale encore, un des fondements de cette disposition est d'établir, sous le nom de l'auteur, une unité entre des objets qui peuvent être très hétérogènes, suivant le temps et les circonstances de leur production et de leur diffusion, leurs intentions, leurs genres et également selon qu'ils ont été publiés ou non, achevés ou suspendus, destinés à l'édition, conservés intentionnellement ou par accident. Avec la notion d'*Œuvres complètes* – dont un des exemples les plus fameux dans le dernier quart du XVIIIe siècle est celles de Voltaire que Beaumarchais s'est ruiné à publier[53] –, on entre d'une certaine manière dans la modernité littéraire. Ce faisant, on se heurte toutefois à une série de problèmes

51. Jean Sgard, « La multiplication des périodiques », in Roger Chartier et Henri-Jean Martin (dir.), *Histoire de l'édition française*, Paris, Promodis, t. 2, *Le Livre triomphant*, 1660-1830, 1984 ; nouv. éd., Paris, Fayard-Cercle de la Librairie, 1990, p. 246-253.

52. Voir Jean-Marie Goulemot « Bibliothèques, encyclopédisme et angoisses de la perte : l'exhaustivité ambiguë des Lumières », in Marc Baratin et Christian Jacob, *Le Pouvoir des bibliothèques*, Paris, Albin Michel, 1996, p. 285-298. Sur le vertige encyclopédique qu'autorisent aujourd'hui le stockage et la circulation des textes électroniques, voir Jean Pruvost, *Dictionnaires et nouvelles technologies*, Paris, PUF, 2000, coll. « Écritures électroniques ».

53. Henri-Jean Martin, « Le Voltaire de Kehl », *Histoire de l'édition française*, *op cit.*, t. 2, p. 398-399.

pratiques mais aussi théoriques d'autant plus complexes qu'ils semblent se présenter comme des évidences.

Sans doute les conditions matérielles de la diffusion de l'œuvre peuvent-elles donner des éléments de réponse à l'interrogation sur les limites des œuvres « complètes ». Si l'on s'en tient au seul plan de l'écriture, il est certes facile – au moins dans un premier temps – d'opposer les ouvrages publiés ou mis en circulation selon la volonté de l'auteur, et ayant ainsi reçu son « bon à tirer », aux écrits que, pour de multiples raisons, il a laissés à l'état de manuscrit privé. Mais on reconnaîtra vite que cette distinction est moins satisfaisante qu'on ne pourrait l'imaginer de prime abord. Outre le fait qu'un auteur a pu essuyer un refus de publication, il peut avoir laissé son travail inachevé par la mort ou pour toute autre raison. Ainsi *La Vie de Marianne* (1731-1741), comme beaucoup de romans des XVIIe et XVIIIe siècles, est restée suspendue[54] après la publication par Marivaux du dernier des onze volumes originaux et même après que Mme Riccoboni a proposé du vivant de Marivaux un douzième livre en 1751[55]. De même, Stendhal n'a pas achevé *Lucien Leuwen* quoique son manuscrit atteste que le roman est en quelque sorte « terminé »[56]. Par ailleurs, un auteur peut

54. Selon la formule de Gilles Louÿs, il s'agit là plus d'un roman « non terminant » que d'une œuvre « inachevée ». Voir Gilles Louÿs, « Typologie des romans inachevés », in Annie Rivara et Guy Lavorel (dir.), *L'Œuvre inachevée*, Actes du colloque international des 11 et 12 décembre 1998, Cedic, n° 15, Université Jean-Moulin Lyon 3, p. 281-289.

55. Marivaux, *Romans, récits contes et nouvelles*, texte présenté et préfacé par Marcel Arland, Paris, Gallimard, 1949, coll. « La Pléiade ». Sur les suites apportées à *La Vie de Marianne*, voir Gérard Genette, *Palimpsestes. La Littérature au second degré*, Paris, Seuil, 1982 ; nouv. éd., 1992, p. 227-232. En tant qu'éditeur, Marcel Arland juge nécessaire de reproduire en appendice la Suite [1751] de Mme Riccoboni (1714-1792).

56. Comme le relève Henri Martineau dans sa préface à *Lucien Leuwen* : « Le jour où Stendhal décide de ne pas traiter la troisième partie projetée, il s'aperçoit d'une conséquence imprévue de sa décision : son roman est terminé. Entendons-nous : ce n'est point encore une œuvre achevée et mise au point […] » Stendhal, *Romans et nouvelles*, édition établie et annotée par Henri Martineau, vol. 1, Paris, Gallimard, 1952, coll. « La Pléiade », p. 740.

bien donner à un texte une diffusion restreinte dans un cercle intime sans avoir jugé nécessaire ou opportun de chercher à le diffuser auprès du public. Tel est bien souvent le cas de la correspondance. Or lorsque les chercheurs ou les éditeurs exhument de telles pièces, ils sont nécessairement confrontés à l'extrême difficulté de définir en toute rigueur les critères de l'œuvre.

De ce point de vue, les *Œuvres complètes* de Rimbaud (1854-1891) méritent de retenir une attention toute particulière. Rapidement reconnue comme littérairement décisive et humainement fascinante, sa production a bénéficié d'une très grande attention, tant de poètes que de critiques. Elle est, en outre, de dimension quantitative limitée, alors qu'elle a été conçue et diffusée dans un contexte favorable à la conservation des documents (ce qui n'était évidemment pas le cas deux siècles auparavant, et qui risque de devenir malaisé dans l'avenir, à cause du développement de l'usage du téléphone et des supports informatiques). Produit d'une histoire éditoriale et critique plus que centenaire[57], mêlant écrits de jeunesse, copies ou travaux scolaires, un recueil imprimé, des recueils inédits (dont certains furent toutefois publiés du vivant de l'auteur sans avoir nécessairement son contrôle, mis en ordre par l'auteur dans certains cas, par d'autres parfois), rassemblant des textes posthumes, des pièces collectives, des pièces attribuées, des fragments, des lettres, des documents, les *Œuvres complètes* de Rimbaud (qui sont en même temps l'édition d'œuvres inachevées) conduisent ainsi leurs éditeurs à affronter presque l'ensemble des problèmes éditoriaux, et par conséquent théoriques, qu'implique une telle entreprise.

Sans qu'on entre dans le détail d'une matière aussi complexe, les premières questions qui se posent sont celles de la définition des éléments retenus et de leur organisation.

57. L'histoire de l'édition de Rimbaud en France est en effet d'une extrême richesse, à la hauteur du mythe du poète. Si Verlaine, Germain Nouveau et les symbolistes, puis Paterne Berrichon ont joué un rôle très important dans un premier temps, Claudel, puis les Surréalistes, suivis de la critique universitaire, ont pris leur relais. La première édition des *Œuvres complètes* en Pléiade date de 1946 : Rimbaud, *Œuvres complètes*, édition établie, présentée et annotée par André Roland de Renéville et Jules Mouquet.

S'appuyant sur l'extraordinaire travail d'inventaire des écrits de Rimbaud évoqué plus haut, les différents éditeurs de ses *Œuvres complètes*[58] ont rassemblé « tout » ce que plus de cent années de tradition critique poétique, érudite et parfois presque militante avaient mis au jour. Ainsi, parmi les éditions « universitaires » récentes actuellement disponibles en librairie[59], celle de la collection « Bouquins » et celle de la « Pochothèque » offrent à quelques détails près les mêmes textes[60]. Dans les deux cas, l'effort des éditeurs vise à faire percevoir une chronologie, susceptible d'exposer un destin et une conception de la littérature. Ce qui les conduit tous deux, contrairement à l'édition de La Pléiade, à ne pas distinguer écrits de jeunesse et « véritables » productions littéraires.

On relève toutefois quelques différences d'organisation notable entre les deux éditions. Ainsi Louis Forestier opère une distinction entre les écrits « littéraires » (auxquels sont ajoutés à la fin des fragments et des pièces attribuées) et la correspondance, accrue « d'appendices » d'ordre documentaire et biographique. Inversement, Pierre Brunel, à l'intérieur des grandes sections retenues (qui renvoient autant à la biographie qu'à l'écriture), ne sépare pas la correspondance de la production poétique. D'autre part, si la chronologie d'ensemble est très proche en ce qui concerne les rassemblements de textes restés manuscrits ou édités sans l'aval de Rimbaud, ces derniers connaissent

58. On s'appuie ici sur deux des éditions les plus récentes en format de poche : Rimbaud, *Œuvres complètes. Correspondance*, édition présentée et établie par Louis Forestier, Paris, Robert Laffont, coll. « Bouquins », 1992 ; Arthur Rimbaud, *Œuvres complètes. Poésie, prose et correspondance*, édition, notes et bibliographie par Pierre Brunel, Paris, LGF, coll. « La Pochothèque », 1999.

59. On a laissé de côté l'édition de la Bibliothèque de la Pléiade qui a près de trente ans. Rimbaud, *Œuvres complètes*, édition établie, présentée et annotée par Antoine Adam, Paris, Gallimard, coll. « La Pléiade », 1972.

60. Les différences concernent pour l'essentiel des faux, des fragments et quelques pièces rarement prises en compte jusqu'ici. Toutes deux sont dans l'impossibilité de donner la correspondance de Rimbaud et d'Alfred Ilg – l'ingénieur suisse conseiller de Ménélik en Éthiopie – dont Gallimard a entendu garder l'exclusivité : Arthur Rimbaud, *Correspondance (1888-1891)* avec Ilg, Préface et notes de Jean Voellmy, Paris, Gallimard, 1965 ; nouv. éd., 1995, coll. « L'Imaginaire ».

des variations internes notables. Ce second ordre de divergence s'explique par les incertitudes affectant la chronologie relative de nombreuses pièces. Reste qu'au-delà de leurs différences, ces deux organisations éditoriales ont en commun une intention et une signification interprétatives. Comment rendre sensible la trajectoire de Rimbaud ? Trajectoire d'autant plus marquante par sa brièveté et le fait que Rimbaud, œuvre et vie confondues, a été très rapidement perçu comme une figure ambivalente et mythique. Or précisément, la chronologie relative des poèmes pose une question centrale dans l'interprétation et dans la constitution du mythe de Rimbaud.

Rimbaud n'a en effet achevé de manière indiscutable qu'un seul recueil de poèmes, *Une saison en enfer*, dont il a en outre suscité et assuré l'impression (à compte d'auteur). Paru à l'automne 1873[61], sans avoir été diffusé – moins d'une demi-douzaine d'exemplaires semblent avoir circulé dans l'entourage le plus intime de Rimbaud –, *Une saison en enfer* a donc attendu treize ans avant sa première réelle apparition publique dans la revue symboliste *La Vogue* à l'automne 1886 puis sa parution en volume, avec les *Illuminations*, chez Vanier en 1892, soit un an après la mort de leur auteur[62]. Les *Illuminations* avaient d'ailleurs, pour l'essentiel, été publiées en mai et juin 1886 dans *La Vogue* également. Pour le reste, il est arrivé à Rimbaud de projeter des publications, comme celle de ce que les éditeurs appellent traditionnellement le « Cahier de Douai ». Il s'agit là de deux cahiers recopiés et ordonnés et datés par Rimbaud lui-même lors d'un séjour dans cette ville en septembre 1870. Le manuscrit avait été confié à Paul Demeny, un poète ami d'Izambard, son ancien professeur de Charleville, et tout indique qu'à cette époque Rimbaud souhaitait le voir publié[63].

61. Arthur Rimbaud, *Une saison en enfer*, Bruxelles, Alliance typographique Jacques Poot et Cie, 1873.

62. L'essentiel des exemplaires de l'édition initiale de Bruxelles fut retrouvé en 1901. Voir Pierre Brunel, *Une saison en enfer*, édition critique, Paris, José Corti, 1987.

63. Louis Forestier voit dans cette copie et cette organisation « un acte fondateur » : « Désormais, Rimbaud est et se sent appelé à une carrière d'écrivain. » Rimbaud, *Œuvres complètes*, *op. cit.* p. XVI.

Alors que l'approche biographique, philologique et éditoriale permet de reconstituer assez précisément l'organisation de la plupart des recueils de poèmes de Rimbaud, une question fondamentale est restée longtemps pendante : lequel de ces deux recueils, *Illuminations* ou *Une saison en enfer*, était antérieur dans son écriture et sa conception ? De la réponse à cette question, dépendait pour une part l'interprétation de la trajectoire de Rimbaud. Si *Une saison en enfer* est bien l'ultime recueil poétique de Rimbaud, il s'agirait là, très clairement, d'un adieu à la littérature et d'un renoncement à la voyance, d'un testament pour tout dire ; dans le cas contraire, il faut admettre, avec la plupart des critiques postérieurs à Bouillane de Lacoste[64] que les deux projets, pour différents qu'ils aient été, se sont superposés, au moins un moment et qu'ils répondent à deux aspects distincts d'une même expérience et d'une même interrogation. Selon les termes de Louis Forestier :

> *Une saison en enfer* est un livre ramassé dans le temps et que précède, côtoie et suit un autre projet plus étendu, évolutif et d'ailleurs inabouti. L'un se construit dans l'urgence, l'autre dans la durée. La disparité de ton, de forme, la plus ou moins grande opacité de sens des diverses « illuminations » en est la preuve[65].

« Projet inabouti », les *Illuminations* posent donc la question de l'œuvre inachevée. Elles le font en termes d'autant plus frappants que la mort n'est pas, comme c'est le plus souvent, la cause de l'inachèvement, mais bien une rupture et un départ inaugurant quinze ans de silence. De surcroît, cette œuvre inachevée, suspendue, qui porte un titre dont on ne sait d'ailleurs pas s'il a été a choisi par l'auteur[66], dont l'ordre a subi, au cours des diverses réédi-

64. Henry de Bouillane de Lacoste, dans *Rimbaud et le problème des « Illuminations »*, Paris, Mercure de France, 1949, entendait démontrer que les *Illuminations* étaient strictement postérieures à *Une saison*. Aujourd'hui, l'ensemble de la critique adopte un point de vue nettement plus nuancé.

65. Louis Forestier, Rimbaud, *Œuvres complètes*, *op. cit.*, p. 500.

66. C'est Verlaine qui parle successivement de « painted plates » et de « couloured plates ».

tions, de très importantes variations tant les conditions de sa transmission ont été complexes[67], est visiblement conçue selon une esthétique du fragment qui en rend la lecture si fascinante et l'interprétation particulièrement ardue, d'autant que des pièces supplémentaires ont été découvertes tardivement[68].

Un second ordre de questions soulevées par la notion d'œuvres complètes renvoie à l'utilité et à la légitimité même de l'opération. Pourquoi, par exemple, publier les textes fragmentaires et décousus de ce qui reste d'un cahier d'écolier, fautes d'orthographe et taches d'encre comprises[69] ? Et pourquoi publier *Ver erat*, poème latin que Rimbaud a écrit à l'âge de quatorze ans, le 6 novembre 1868 lors d'une composition en temps limité, alors qu'il était élève externe libre en classe de seconde au collège de Charleville, et que le proviseur avait adressé au recteur de l'Académie de Douai pour publication[70] ? Parce qu'on veut « tout » publier de ce que Rimbaud a écrit ? Peut-être, d'autant que sa production est, on l'a vu, somme toute limitée et que le problème du choix et de l'élimination se pose moins que chez des écrivains plus prolixes, Chateaubriand, Balzac ou Zola, par exemple. Mais surtout

67. Rimbaud en a remis l'essentiel à Verlaine à la fin de l'hiver 1875. Verlaine les a transmis à Germain Nouveau en avril de la même année ; à la suite de nombreux échanges, les manuscrits sont parvenus à Gustave Kahn en 1886, et c'est à Félix Fénéon que Kahn a donné la charge de mettre « en ordre logique » les feuillets volants de la liasse. Voir André Guyaux, *Illuminations*, édition critique, Neuchâtel, À La Baconnière, 1985 ; *Poétique du fragment. Essai sur les « Illuminations »*, Neuchâtel, À La Baconnière, 1986.

68. On retrouve ici le problème général de la mise en ordre de toute œuvre fragmentaire. C'est en quelque sorte le cas d'école des *Pensées*. Comme le relève Pierre Brunel : « Il est probable que ce dossier se présentait comme une liasse, un peu à la manière des *Pensées* de Pascal », *in* Arthur Rimbaud, *Œuvres complètes*, *op. cit.*, p. 876.

69. Ce que fait Pierre Brunel, à la différence de Louis Forestier et d'Antoine Adam. Ce texte, publié intégralement par Suzanne Briet en 1956, a été mis en tête de l'édition d'Alain Borer : Rimbaud, *Œuvre-vie*, édition du centenaire, avec la collab. d'Andrée Montègre, Arles, Arléa, 1991.

70. Comme les autres compositions primées de Rimbaud, ce devoir-poème a été publié dans *Le Moniteur de l'enseignement secondaire spécial, classique, Bulletin officiel de l'Académie de Douai*.

parce que ces textes, hors de leur aspect anecdotique et documentaire non négligeable (Rimbaud était alors un excellent élève, voilà ce qu'on pouvait attendre en termes de performances d'un élève de cette classe, mais aussi voici de quoi était fait le substrat culturel d'alors[71]), nous informent sur les enjeux de sa production future. Non pas qu'il faille nécessairement croire pour autant à un quelconque aspect prophétique des textes de jeunesse (« *Tu vates eris* », « tu seras poète », concluait Rimbaud en démarquant Virgile). Il ne s'agit sans doute pas tant en effet de déceler, par une étrange téléologie, ce qui dans la maîtrise des vers de jeunesse « annonce » l'œuvre géniale à venir[72] que de montrer un état d'avancement, de virtuosité, d'assimilation des pratiques normalisées de l'écriture, chez qui a considérablement contribué à les subvertir très peu d'années plus tard. Textes à ambition ou vocation littéraires, même s'ils sont produits dans une situation de contrainte institutionnelle, ces premiers essais, curieux ou honorables, valent avant tout parce qu'ils précèdent une œuvre géniale – que notre tradition nous conduit à considérer comme un système – qu'ils contribuent à éclairer. Bien plus, ils s'inscrivent probablement à nos yeux dans une compréhension sérielle de la production artistique. En littérature comme en peinture ou en musique, l'esquisse, l'essai, la variation sont devenus des éléments constitutifs de l'œuvre et non des brouillons qu'il conviendrait d'oublier. C'est donc bien la relation des parties et du tout, indépendamment des faiblesses ou des différences évidentes de qualité ou d'aboutissement entre les divers élé-

71. Reprenant les analyses de Claude Duchet, Violaine Houdart-Merot montre que *Le Dormeur du val*, par exemple, doit aussi être lu comme un *topos* littéraire, celui de l'enfant mort dans une nature souriante, dont les travaux scolaires, comme la composition de vers latins de Rimbaud *Jamque novus*, elle-même développée sur un poème en français donné en matière initiale d'imitation, de traduction et d'amplification, soulignent la prégnance. Voir Violaine Houdart-Merot, *La Culture littéraire au lycée depuis 1880*, Rennes, PUR-Paris, Adapt Éditions, 1998, p. 19-21 et 131.

72. Sur cet aspect, voir Jean Levaillant, cité dans une introduction d'ensemble aux problématiques issues de la génétique : Pierre-Marc de Biasi, *La Génétique des textes*, Paris, Nathan, coll. « 128 », 2000.

ments, qui est en jeu, tant pour la tradition critique sur laquelle se fondent les éditeurs que pour les lecteurs.

La question de la correspondance de Rimbaud est peut-être plus épineuse. Car si une partie de ces lettres est contemporaine de la production littéraire de Rimbaud, et contribue donc à son interprétation, l'essentiel renvoie à la période où il a définitivement cessé d'écrire. Nul ne saurait contester qu'il s'agit là d'un apport biographique essentiel et même exceptionnel. Cette correspondance « d'après » mérite de surcroît d'être reconnue dans une perspective d'information historique (et notamment sur la Corne de l'Afrique dans les années 1880). Mais le problème vient – tout simplement si l'on ose dire – de ce que ces lettres, si souvent tissées de banalités répétées, si souvent factuelles, parfois poignantes, sont précisément « de Rimbaud » et pas seulement porteuses de renseignements « sur Rimbaud ». Or pour une part, cette évidence conduit à élargir la notion de totalité et de système évoquée plus haut à l'ensemble de ce qu'a écrit Rimbaud et qui nous est parvenu[73]. D'une autre façon cela revient à se demander en vain, une fois encore, où passerait la frontière entre « littérature » et « non-littérature ». Et surtout, de manière plus concrète, c'est bien s'interroger sur les limites de l'œuvre.

À regarder les choix opérés par les différents éditeurs d'œuvres complètes, on saisit rapidement le manque de cohérence dans les solutions retenues. Ainsi en éditant en 1945 les *Œuvres complètes* de Mallarmé (sans la correspondance, qui a fait l'objet d'éditions ultérieures distinctes) dans la Bibliothèque de la Pléiade, Henri Mondor et G. Jean-Aubry ont, comme beaucoup, le sentiment de la nécessité et la conviction de l'impossibilité de leur tâche :

> Il s'est formé, de ces rencontres, [l'exhumation de textes publiés dans des revues par Mallarmé et jusqu'ici ignorés] un ensemble nouveau de proses, dont maint mallarméen peut bien encore ignorer qu'il pût être aussi abondant. Il peut même trouver son abon-

73. Telle semble bien être la conviction de Pierre Brunel : « Plutôt que des *Œuvres complètes*, sans doute faudrait-il rassembler les *Écrits* de Rimbaud, l'ensemble des traces graphiques qu'il a laissées. » *In* Arthur Rimbaud, *Œuvres complètes*, *op. cit.*, p. 755.

> dance extrême et déplorer qu'on ait fait place ici à des travaux que le poète lui-même publia, mais qu'il jugeait « scolaires » ou « d'occasion ». Des « Œuvres complètes » nous dit-on, se doivent de l'être : c'est leur procès qu'il faudrait, peut-être, instruire[74].

À défaut de procès, et au-delà de l'inévitable imperfection de l'opération, on peut observer que l'édition des œuvres complètes relève, nécessairement sans doute, d'une certaine forme d'infidélité. Par définition pour ainsi dire, il s'agit presque toujours là d'une opération éditoriale postérieure à la mort de l'auteur. Or, les héritiers et les ayants-droit sont naturellement impliqués, tant pour des raisons matérielles et financières que pour des motivations d'image ou de moralité. Sans parler de cas récents, rendus plus complexes par la proximité, comme ceux de Michel Foucault, Marguerite Duras, Louis Althusser ou Jacques Lacan, il suffit de se rappeler les problèmes posés à Caroline de Commanville (et à son époux) lors de la mort de son oncle Flaubert (8 mai 1880). Dès cette époque, la réaction des admirateurs de Flaubert – frères Goncourt en tête – ne s'est guère embarrassée de nuances : ce couple de philistins, ingrats, avides, hypocrites, incarne bien tout ce que doivent haïr les artistes véritables et les véritables amis de Flaubert[75]. Il est certain que les époux Commanville ont cherché à valoriser rapidement les documents dont ils venaient d'acquérir la propriété par héritage. Tout d'abord la publication – en feuilleton, puis en volume – de *Bouvard et Pécuchet*, œuvre inachevée (voir le chap. « Littérature et savoir ») mais directement publiable, au moins dans son premier volume[76]. Puis c'est le tour des

74. Henri Mondor et G. Jean-Aubry in Stéphane Mallarmé, *Œuvres complètes*, *op. cit.*, p. XVI.

75. Pour un résumé de ces questions, voir Herbert Lottman, *Gustave Flaubert*, [1989], trad. par Marianne Véron, préface de Jean Bruneau, Paris, Fayard, 1989 ; nouv. éd., LGF, 1990, coll. « Pluriel », p. 501-509.

76. Dans la copie destinée à la publication en feuilleton dans *La Nouvelle Revue* et parue en six livraisons, du 15 décembre 1880 au 1er mars 1881, Mme de Commanville avait d'ailleurs opéré une légère retouche – non reprise dans l'édition en volume chez Lemerre au printemps 1881. Quelques lignes avant la fin du plan annonçant la suite et la fin de l'œuvre, elle avait transformé : « *Copier* » en « *Copier comme autre-*

lettres de Flaubert à George Sand (1884) et du journal de voyage en Bretagne de 1846[77] (1886). On a beaucoup reproché à Mme de Commanville d'avoir considérablement censuré les lettres[78] de Flaubert dont la liberté de ton, notamment dans l'évocation de la sexualité, ne pouvait que choquer une bourgeoise de province mais aussi les gens de son entourage, également soucieux de discrétion. Une des grandes peurs (à vrai dire tout à fait légitime) des épistoliers au XIXe siècle était soit de ne pas pouvoir reprendre possession de lettres qu'ils avaient écrites, soit d'être victimes de chantage, après une rupture ou à la mort de leur destinataire. Cela est vrai, mais ne doit pas faire oublier que Mme de Commanville a racheté les lettres adressées à Louise Colet (la fille de cette dernière ayant obtenu le droit d'interdiction), et qu'elle les a confiées, certes après édulcoration, à la Société des gens de lettres qui en publia quatre volumes dès 1887. Quant à l'édition « complète » des 13 volumes de la correspondance publiée par Louis Conard de 1926 à 1954, elle s'appuie sur les mêmes sources et demeure évidemment inspirée des mêmes principes de bienséance. Reste que le problème posé est bien le suivant : le créateur reconnu (et ses descendants à travers lui) doit-il, parce qu'il accède à l'immortalité, renoncer à toute forme d'intimité ? Et ce, au nom de la science, au nom du droit à la connaissance, pourrait-on dire. C'est suggérer là que dans l'Occident moderne, l'écrivain est bien un personnage hors norme, presque sacré, pour qui, comme dans le monde des stars et des rois, la notion d'intimité n'aurait pas de sens. Inversement,

---

fois », suggérant par là, selon l'interprétation de Lottman, un retour à l'état initial, et par conséquent une forme de « fin ».

77. Gustave Flaubert, *Par les champs et par les grèves*, Voyage en Bretagne accompagné de mélanges et fragments inédits, Paris, G. Charpentier, 1886.

78. Sur la correspondance de Flaubert, dont l'édition scientifique la plus « complète » est encore inachevée, voir Jean Bruneau, Paris, Gallimard, coll. « La Pléiade », t. 1, janvier 1830-mai 1851, 1973 ; t. 2, juin 1852-décembre 1858, 1980 ; t. 3, janvier 1859-décembre 1868, 1991 ; t. 4, janvier 1869-décembre 1875, 1998. Voir également *Préface à la vie d'écrivain ou Extraits de la correspondance de Flaubert*, éditée par Geneviève Bollème, Paris, Seuil, 1990.

faut-il que l'information soit retenue sous prétexte de protection de la vie privée d'un mort qui, en publiant, est entré dans la vie intime de ses lecteurs ?

Dans l'édition des œuvres complètes, il est une autre forme d'infidélité, infiniment moins déplorable que la censure opérée par Caroline de Commanville, celle de l'édition de textes certes publiés du vivant de l'auteur, mais dans lesquels il ne se reconnaît plus. C'est souvent le cas des essais de jeunesse ou des œuvres « alimentaires ». Ainsi Balzac, qui avait publié des romans de cet ordre sous le nom d'Horace de Saint-Aubin ou l'anagramme de Lord O'Rhoone, note-t-il en 1842 à la fin de l'Avant-propos de *La Comédie humaine :*

> Je dois faire observer que je ne reconnais pour mes ouvrages que ceux qui portent mon nom. En dehors de *La Comédie humaine*, il n'y a de moi que les *Cent contes drolatiques*, deux pièces de théâtre et des articles isolés qui d'ailleurs sont signés. [...] Si l'on persistait à m'attribuer des livres que, littérairement parlant, je ne reconnais point pour miens, mais dont la propriété me fut confiée, je laisserais dire, par la même raison que je laisse le champ libre aux calomnies[79].

De son côté Mallarmé, définissant son projet littéraire et son itinéraire biographique dans une lettre à Verlaine de 1885, jugeait sévèrement *Les Mots anglais* (1877)[80] et *Les Dieux antiques* (1880)[81] :

> J'ai dû faire, dans des moments de gêne ou pour acheter de ruineux canots, des besognes propres, et voilà tout

79. Balzac, *La Comédie humaine*, vol. 1 Études de mœurs : Scènes de la vie privée, édition publiée sous la direction de Pierre-Georges Castex, Paris, Gallimard, 1976, coll. « La Pléiade », Avant-propos, p. 20.

80. Stéphane Mallarmé, *Petite philologie à l'usage des Classes et du Monde, Les Mots anglais* par M. Mallarmé, professeur au lycée Fontanes, Paris, Truchy Leroy frères successeurs, s.d. [1877].

81. S. Mallarmé, professeur au lycée Fontanes, *Les Dieux antiques, Nouvelle mythologie illustrée d'après George W. Cox et les travaux de la science moderne, à l'usage des Lycées, Pensionnats, Écoles et des gens du Monde, ouvrage orné de 260 vignettes reproduisant des Statues, Bas-reliefs, Médailles, Camées*, Paris, J. Rothschild, 1880.

> (Dieux Antiques, Mots Anglais) dont il sied de ne pas parler ; mais à part cela les concessions aux nécessités comme aux plaisirs n'ont pas été fréquentes[82].

Les Dieux antiques, Les Mots anglais : il n'est pas besoin de longues justifications pour inscrire dans le corpus mallarméen ces deux ouvrages qui, tout comme les traductions, attestent la permanence de la particularité exigeante d'un rapport aux langues et à l'écriture. Et, *mutatis mutandis*, il en va de même des premiers romans de Balzac. Reste qu'à observer la variété des principes adoptés par les éditeurs « d'œuvres complètes », on pourrait tomber dans un certain scepticisme dont, en un sens, Michel Foucault se faisait l'écho aux lendemains du printemps 1968 :

> Quand on entreprend de publier, par exemple, les œuvres de Nietzsche, où faut-il s'arrêter ? Il faut tout publier, bien sûr, mais que veut dire ce « tout » ? Tout ce que Nietzsche a publié lui-même, c'est entendu. Les brouillons de ses œuvres ? Évidemment. Les projets d'aphorismes ? Oui. Les ratures également, les notes au bas des carnets ? Oui. Mais quand à l'intérieur d'un carnet rempli d'aphorismes, on trouve une référence, l'indication d'un rendez-vous ou d'une adresse, une note de blanchisserie : œuvre ou pas œuvre ? Mais pourquoi pas ? et cela indéfiniment. [...] La théorie de l'œuvre n'existe pas, et ceux qui, ingénument, entreprennent d'éditer une œuvre, manquent d'une telle théorie et leur travail empirique s'en trouve bien vite paralysé[83].

Certes, « la théorie de l'œuvre » n'existe pas. Mais précisément, la notion d'œuvres complètes, dans son imprécision et son imperfection, est bien une pratique qui per-

82. Mallarmé, « Autobiographie », in *Œuvres complètes*, *op. cit.*, p. 661-665, p. 663.

83. Michel Foucault, « Qu'est-ce qu'un auteur ? », in *Bulletin de la société française de philosophie*, 63e année, juillet-septembre, 1969, p. 73-104 ; nouv. éd. in *Dits et écrits, 1954-1988*, t. 1, 1954-1969, édition établie par Daniel Defert et François Ewald, Paris, Gallimard, 1994, p. 794.

met de pallier cette absence de théorie générale. Car, au-delà de principes partagés sur l'authentification des pièces, le rôle du commentaire, la nécessité d'une organisation, c'est la nature de l'œuvre et de son auteur qui doivent conduire l'éditeur dans ses choix. En rédigeant son testament littéraire, Hugo confie à Paul Meurice, Auguste Vacquerie et Ernest Lefèbvre le soin de publier ses manuscrits en prenant des dispositions spécifiques selon qu'il s'agit d'œuvres « tout à fait terminées », « commencées », « terminées en partie, mais non achevées », ou d'« ébauches », ces dernières devant être regroupées sous le titre *Océan*. Lorsqu'ils publient en 1888 et 1893 les deux séries posthumes de *Toute la Lyre*, fondues par la suite dans l'édition de 1935 dite de l'Imprimerie nationale, Vacquerie et Meurice se trouvent face à un dilemme : faut-il publier l'ensemble des « ébauches » dont ils disposent ou une partie seulement ? Le problème est d'autant plus ardu que les œuvres posthumes de Hugo constituent le tiers de l'ensemble de sa production poétique. Quel ordre adopter dans le classement des pièces retenues ? Ils font le choix d'une publication partielle et, s'autorisant d'un titre hugolien, ils ordonnent les textes retenus en grandes sections, à la manière du maître. Sans tenir compte de la chronologie de leur écriture, ils disposent les pièces retenues selon les sept cordes de la lyre : L'Humanité, La Nature, La Pensée, L'Art, Le Moi, L'Amour, la Fantaisie. Le fait que ces reliquats soient loin de regrouper la totalité des pièces laissées non classées par Hugo sous la rubrique générale d'*Océan* suggère bien que le problème des « œuvres complètes » n'est autre que celui de l'impossible clôture de l'œuvre.

La même question rebondit à propos des travaux de traduction. Faut-il en effet reproduire systématiquement les textes traduits par l'auteur considéré et les traiter ainsi comme des œuvres ou bien agir au cas par cas ? La seconde solution paraît la plus naturelle et à ce titre *L'Étoile des fées*, les *Poèmes* d'Edgar Poe font bien partie de l'œuvre de Mallarmé, tout comme il est impossible de ne pas considérer que la traduction des contes de Poe par Baudelaire est un élément constitutif de son œuvre. Mais pourquoi donc évite-t-on dans la plupart des éditions récentes de considérer sa traduction de la première partie de *Faust* comme partie intégrante de l'œuvre de Nerval ? Et que faire des écrits produits par un auteur dans l'exercice de sa vie professionnelle et sociale ? Les œuvres complètes de Chateaubriand, de Claudel (ou de Saint-John Perse, de Giraudoux, de Malraux, voire de De Gaulle ou de tout autre fonctionnaire ou homme politique étant considéré comme écrivain) doivent-elles comprendre l'ensemble de leurs productions et de leurs rapports administratifs ? Faute de construire une improbable théorie générale, on doit bien se faire à l'idée que, compte tenu de l'accessibilité des documents, la nature de telle ou telle œuvre implique des choix éditoriaux spécifiques devant s'appuyer eux-mêmes sur une tradition qui, selon les cas, mérite d'être reprise ou corrigée. S'il est bien évident que la complétude est une chimère, admettons que l'information la plus large soit fondée sur le choix, et l'acceptation conjointe des limites de l'œuvre et de sa compréhension. Ce que proclamait Lucien Goldmann (1913-1970) en 1957, en évoquant la complexité de la lecture des *Pensées* de Pascal, dont Michel Le Guern rappelle qu'elles sont « les papiers d'un mort. Non pas une œuvre posthume »[84] :

> Tout d'abord comment délimiter cette œuvre ? Est-ce tout ce que l'auteur a écrit, y compris les lettres et les moindres brouillons et publications posthumes ? Est-ce seulement ce qu'il a publié ou destiné à publication ? [...] La difficulté de choisir réside dans le fait que tout ce qu'un auteur a écrit n'est pas d'égale importance pour la compréhension de son œuvre [...] Nous nous trouvons devant une des manifestations de la difficulté de tout travail scientifique : la distinction entre l'essence et l'accident [...].
>
> Deuxième difficulté non moins importante que la première : au premier abord, la signification d'un texte est loin d'être certaine et univoque.
>
> Des mots, des phrases, des fragments en apparence semblables et même identiques peuvent avoir des significations différentes lorsqu'ils se trouvent inté-

84. Pascal, *Pensées*, édition établie, présentée et annotée par Michel Le Guern, Paris, Gallimard, 1995 ; nouv. éd., 2000, coll. « Folio », p. 7.

grés à des ensembles différents. Pascal le savait mieux que personne : « Les mots diversement rangés font un divers sens, et les sens diversement rangés font différents effets » (fr.23)[85].

Auteur et classement des textes

En interrogeant la notion moderne et occidentale d'œuvres complètes, après avoir évoqué celle de littérature, on est constamment conduit à rencontrer celle d'auteur (voir le chap. « La communication littéraire ») qui, à bien des égards, en constitue le fondement. Or il en va de l'auteur comme de la littérature : il s'agit autant d'une catégorie universelle, valable pour tous les temps et tous les lieux que d'un produit historiquement et spatialement déterminé.

Au sens moderne du terme, Homère n'est pas un « auteur » puisque sous ce nom fabuleux, la tradition a regroupé des épopées ou des fragments épiques, hétérogènes produits à travers l'espace grec dans des lieux et des époques très différentes[86]. Et qui est « l'auteur » de la Bible[87], cet ensemble sédimenté sur plus d'un millénaire dont l'exégèse puis la philologie n'ont cessé de montrer le caractère composite qui justement choquait tant le goût tout classique de Voltaire[88] ? Et ce qui est vrai de l'épopée, de

85. Lucien Goldmann, *Le Dieu caché. Étude sur la vision tragique dans les* Pensées *de Pascal et dans le théâtre de Racine*, Paris, Gallimard, 1959 ; nouv. éd., 1975, p. 19-20. Lorsqu'il cite le fragment 23 des *Pensées*, Goldmann s'appuie sur la numérotation de l'édition Brunschvicg, soit le n° 654 de l'édition de Michel Le Guern citée plus haut.

86. Voir Jean Bollack, « Ulysse chez les philologues », « Styx et serments » in *La Grèce de personne. Les Mots sous le mythe*, Paris, Seuil, 1997, p. 29-59 et 265-287.

87. Voir Jean Bottéro, *Naissance de Dieu. La Bible et l'historien*, Paris, Gallimard, 1986 ; nouv. éd., 1992, coll. « Folio Histoire » ; Daniel Marguerat et Adrian Curtis (dir.), *Intertextualités. La Bible en échos*, Genève, Labor et Fides, 2000.

88. Voir en particulier le *Dictionnaire philosophique* [1764-1769], édition d'Étiemble, Paris, Garnier, 1973, coll. « Classiques Garnier ».

la cosmogonie, du texte religieux de l'antiquité grecque ou juive l'est aussi d'œuvres comparables dans d'autres époques et civilisations : *Mahàbhàrata* et *Ràmàyana* de l'Inde, épopée de Gilgamesh d'Assyrie, cycle des *Mille et une nuits*, répertoire des griots d'Afrique, chansons de gestes de la chrétienté du Moyen Âge, contes, proverbes, ballades, chansons du monde entier. Dans tous les cas, l'auteur est introuvable, dans tous les cas, c'est aux diffuseurs (qui participent à des titres divers à la compilation et à l'évolution du répertoire) que revient le rôle modeste mais essentiel de l'interprétation et de la transmission, que le texte soit écrit ou non. Aèdes, bardes, jongleurs et troubadours, mandarins de Chine, pandits de l'Inde, griots d'Afrique, tous ont en commun de se définir comme médiateurs, et s'il leur arrive bien évidemment d'inventer, ils le font dans le cadre d'une tradition qui ne reconnaît ni la nouveauté ni l'originalité comme des valeurs. On peut donc tout à la fois dire que l'auteur n'est pas un préalable à l'existence d'une littérature et qu'il n'existe pas de société humaine sans littérature et sans « instance auctoriale »[89].

Auteur, terme à l'étymologie ambiguë selon Furetière, qui est indissociable de l'histoire de la notion de littérature et de l'hésitation déjà relevée entre « connaissances » et écrits à caractère ou finalité esthétique. Et Furetière de noter que l'on peut soit rattacher le mot au latin *augeo*, augmenter, soit le relier directement à *auctor*, le créateur, l'inventeur. L'autorité, si l'on peut dire, est bien double : d'un côté l'inscription dans une tradition fondée sur la référence aux écrits antérieurs qui valent preuve et argumentation (c'est bien le sens traditionnel de l'*auctoritas* dans le domaine du savoir), de l'autre la dimension proprement créatrice. En observant l'apparition progressive de la notion moderne d'auteur, à partir du XVIIe siècle notamment[90], on peut relever deux dispositions essen-

89. Voir Alain Viala « Figures de l'auteur » in *Le Grand Atlas des littératures*, Paris, Encyclopædia universalis éd., 1990, p. 186-187. Le français doit recourir à cette expression pour se démarquer « d'autorité » alors que l'anglais peut très facilement distinguer « authorship » et « authority ».

90. Voir Roger Chartier, « Figures de l'auteur », in *L'Ordre des livres. Lecteurs, auteurs et bibliothèques en Europe entre XIVe et XVIIe siècles*,

tielles, qui sont parallèles à la constitution de la littérature comme domaine et instance autonomes : le mode de publication et le statut social. Pour Furetière en effet (et Richelet dix ans plus tôt ne disait pas autre chose[91]), la dimension de la diffusion imprimée est essentielle, et permet d'opposer l'auteur (qui publie en imprimant) à l'écrivain (qui se contente de « composer ») :

> *Auteur*, en fait de littérature, se dit de tous ceux qui ont mis en lumière quelque livre. Maintenant on ne le dit que de ceux qui en font imprimer. [...] Cet homme s'est enfin érigé en *Auteur*, s'est fait imprimer. [...] *Escrivain*, se dit aussi de ceux qui ont composé des Livres, des Ouvrages[92].

Le second aspect relève du statut social de l'auteur qui tend à l'autonomie, notamment avec la liberté de statut (théorique dans bien des cas, mais aussi réelle parfois) acquise par l'auteur dans une société d'ordres et de castes comme celle de l'Ancien Régime. Les spécialistes de l'histoire culturelle – et tout particulièrement Roger Chartier et Christian Jouhaud[93] – ont mis en garde contre une trop grande simplification dans l'approche de ce que Michel Foucault appelait « fonction auteur ». S'éloignant d'une analyse excessivement idéologique et parfois mécaniste, ils ont montré que, contrairement à une certaine vulgate, la circulation des écrits, même après la diffusion de l'imprimerie, ne passe pas nécessairement par le livre imprimé. Ils ont également montré que l'autonomie sociale de

---

Aix-en-Provence, Alinéa, 1992 ; nouv. éd. in *Culture écrite et société. L'Ordre des livres (XIVe-XIVe siècles)*, Paris, Albin Michel, 1996, p. 45-75.

91. Chez Richelet, sous le mot Auteur, après le sens originel d'inventeur, de créateur, vient l'énoncé suivant : « Celui qui a composé quelque livre imprimé. [...] Ablancourt, Pascal, Voiture et Vaugelas sont d'excellents Auteurs français. La Reine Marguerite, fille de Henri II, était auteur. »

92. Antoine Furetière, *Dictionnaire Universel contenant généralement tous les mots françois tant vieux que modernes & les Termes de toutes les sciences et des arts...*, La Haye et Rotterdam, A. et R. Leers, 1690. 3 vol. fol.

93. Christian Jouhaud, *Les Pouvoirs de la littérature. Histoire d'un paradoxe*, Paris, Gallimard, 2000.

l'auteur, qui se développe dès le XVIIe siècle[94], pouvait bien être antérieure à la reconnaissance « capitaliste » du droit d'auteur.

Reste que, de la deuxième partie du XVIIIe siècle à la première partie du XXe siècle, on a bien assisté en Occident au triomphe de l'auteur et au « sacre de l'écrivain » pour reprendre l'expression de Paul Bénichou[95]. Triomphe économique dans certains cas, mais plus encore triomphe symbolique comme le rappelle Carlyle (1795-1881) commentant Fichte[96] lors d'une conférence de 1840 :

> Les hommes de lettres constituent un clergé perpétuel qui, de génération en génération, apprend aux hommes que Dieu est toujours présent dans leur vie et que toute « apparence », sous quelque forme que nous puissions la voir dans le monde, n'est qu'une incarnation de « l'idée divine du monde », de « ce qui réside à la base de cette apparence ». Dans le véritable homme de lettres, il y a donc toujours, qu'on le reconnaisse ou non, un élément sacré : il est la lumière du monde, le prêtre du monde et, comme une colonne sacrée de feu, il guide le monde au cours de son obscur pèlerinage à travers le désert du temps[97].

Par définition donc, l'auteur – « prêtre, prophète et roi » pour paraphraser une fois encore la Bible à la suite de Carlyle – échappe au sort commun. Il peut se présenter en

94. Voir Alain Viala, *Naissance de l'écrivain. Sociologie de la littérature à l'Âge classique*, Paris, Seuil, 1985.

95. Paul Bénichou, *Le Sacre de l'écrivain, 1750-1830. Essai sur l'avènement d'un pouvoir spirituel laïque dans la France moderne*, Paris, José Corti, 1973.

96. Johann Gottlieb Fichte (1762-1814), *Über das Wesen des Gelehrten* [*Conférences sur la nature du savant* prononcées en 1805 à Berlin et publiées en 1834]. On notera que de Fichte à Carlyle, on est passé du « savant » ou de l'érudit (der Gelehrte), que Carlyle traduit par « Literary Man » (p. 204), à « l'homme de lettres » (the Man of Letters). Outre Goethe, les exemples les plus achevés d'hommes de lettres sont à ses yeux le dictionnariste et moraliste anglais Samuel Johnson (1709-1784), Rousseau (1712-1778) et l'émouvante figure du poète écossais Robert Burns (1759-1796).

97. Thomas Carlyle, *On Heroes, Hero-Worship and the Heroic in History* [Londres, Chapman and Hall, 1841], Londres, Oxford University Press, 1965, coll. « The World's Classics », p. 205-206.

anti-Napoléon avec Chateaubriand, être prophète avec Hugo, concurrencer l'état civil avec Balzac, se faire longuement ermite avec Flaubert, être maudit ou voyant avec Verlaine ou Rimbaud, manifester son « non-conformisme absolu »[98] avec les Surréalistes. L'idéologie comme les habitudes tendent, particulièrement en France, à faire du « grand écrivain » une référence capitale, et souvent un témoin engagé avec Barrès, Gide, Malraux ou Sartre.

Dans le monde scolaire et universitaire, l'approche biographique prend alors une dimension essentielle : on lit l'œuvre à la lumière de la vie de son auteur et, en abusant d'une psychologie de pacotille, on occulte l'écriture, ses fonctionnements et sa signification en confortant l'ordre idéologique dominant[99]. Tel est en tout cas le reproche fondamental – et souvent justifié – que le structuralisme a adressé à la critique traditionnelle. Barthes a cru ainsi devoir proclamer en 1968 la « mort de l'auteur » en dénonçant le positivisme qui avait produit ce « personnage moderne », ce « résumé et aboutissement du capitalisme »[100]. Au cours des années 1990, on assiste à la réhabilitation parallèle des notions d'auteur et de sujet. Comme le note alors Michel Contat au début de cette période :

> On aura beau baptiser « instance écrivante » le combiné hypercomplexe d'affects, d'intentionnalités conscientes et inconscientes, de bifurcations systémiques, de déterminations psychosociales, de stratégies de séduction, de rapports avec l'institution littéraire, que met en jeu une personne qui écrit, il reste que c'est un sujet capable de décision qui a tracé sur un

98. André Breton, *Manifeste du surréalisme*, Paris, Kra, 1924 ; nouv. éd., *Manifestes du surréalisme* Paris, Gallimard, coll. « Idées », 1971, p. 63.

99. Il arrive toutefois qu'on dresse la biographie à la lecture de l'œuvre, comme le montre le cas de La Bruyère. Voir Francis Marcoin, « Vie de l'auteur, vie du lecteur : contre (et pour) Sainte-Beuve », in Violaine Houdart-Mérot et Jean Verrier (dir.) *La Vie de l'auteur. Le Français aujourd'hui*, n° 130, p. 26-28.

100. Roland Barthes, « La mort de l'auteur », [*Manteia*, 1968], in *Essais critiques IV. Le Bruissement de la langue*, Paris, Seuil, 1984, p. 61-67, p. 61 et 62.

> papier telle configuration de mots et qui l'a ensuite modifiée. Et il l'a fait à un certain moment de sa vie. On aura beau alors distinguer vie d'écriture et vie sociale (le moi écrivant et le moi mondain de Proust[101]), ces deux vies, ces deux (ces multiples) moi communiquent, et l'activité du généticien consiste à tenter de voir *comment* et *par où* ils communiquent, dans la dynamique de l'écriture elle-même[102].

Reste que l'auteur, même chez ceux qui dénoncent l'idéologie qui lui est liée, assure clairement une indispensable « fonction classificatoire » comme le dit Michel Foucault. Le cinéma a d'ailleurs connu un mouvement tout à fait comparable au XXe siècle. C'est parce qu'émerge progressivement la même notion d'auteur (et de « cinéma d'auteur ») que l'œuvre peut être saisie comme série : ce film est un Jean Renoir, un John Ford ou un Fritz Lang. Cette représentation de l'œuvre comme série unifiée par le metteur en scène peut alors servir de base à une critique propre à classer la production cinématographique et à assurer sa reconnaissance en tant qu'art majeur[103]. De ce

101. M. Contat rappelle ici l'un des aspects les plus célèbres des textes de Proust rassemblés sous le titre posthume de *Contre Sainte-Beuve* : « L'œuvre de Sainte-Beuve n'est pas une œuvre profonde. […] cette méthode, qui consiste à ne pas séparer l'homme et l'œuvre, […] à s'entourer de tous les renseignements possibles sur un écrivain, à collationner ses correspondances, à interroger les homme qui l'ont connu […], cette méthode méconnaît ce qu'une fréquentation un peu profonde avec nous-mêmes nous apprend : qu'un livre est le produit d'un autre *moi* que celui que nous manifestons dans nos habitudes, dans la société, dans nos vices. Ce moi-là, si nous voulons essayer de le comprendre, c'est au fond de nous-mêmes, en essayant de le recréer en nous que nous pouvons y parvenir. » « La méthode de M. Sainte-Beuve », in *Contre Sainte-Beuve*, Paris, Gallimard, 1954 ; nouv. éd., coll. « Folio Essais », préface de Bernard de Fallois, p. 126-127.

102. Michel Contat, « La question de l'auteur au regard des manuscrits », in Michel Contat (dir.), *L'Auteur et le manuscrit*, Paris, PUF, 1991, p. 7-34, p. 23-24.

103. Inversement l'identification et le classement des films à partir de l'acteur (un Bourvil, un Gabin, un De Funès) renvoient à une pratique et une représentation populaires. Quant au scénariste (qui se confond parfois avec le metteur en scène), sa visibilité reste modeste aux yeux du grand public.

point de vue, l'action des *Cahiers du cinéma* à la fin des années cinquante constitue une légitimation par imitation des procédures de la critique littéraire[104].

Qu'il ait existé en tant que producteur de ses ouvrages comme Balzac (1799-1848) ou qu'il soit une fiction conventionnelle comme Hippocrate (v. 460-377 av. J.-C.) dont on sait qu'il n'a pas écrit le dixième des textes qui lui sont attribués, l'auteur a bien une fonction théorique et concrète, celle de désigner l'œuvre, d'en assurer les limites et de l'interroger :

> Un tel nom permet de regrouper un certain nombre de textes, de les délimiter, d'en exclure quelques-uns, de les opposer à d'autres. [...] Le nom d'auteur n'est pas situé dans l'état civil des hommes, il n'est pas situé non plus dans la fiction de l'œuvre, il est situé dans la rupture qui instaure un certain groupe de discours et son mode d'être singulier. [...] Il y a dans une civilisation comme la nôtre un certain nombre de discours qui sont pourvus de la fonction « auteur », tandis que d'autres en sont dépourvus[105].

Cette dimension opératoire de la fonction auteur a de son côté un effet immédiat sur la notion de texte. Elle tend en effet à rassembler dans un même ensemble (l'œuvre) des productions éparses relevant d'ordres différents, allant jusqu'à suggérer par là l'unité de genres et de projets jugés disparates. Proust le remarque à propos de Nerval et de Baudelaire, unissant dans le même regard prose et vers :

> Or, il n'y a nullement solution de continuité entre Gérard poète et l'auteur de *Sylvie*. On peut même dire – et c'est évidemment un des reproches qu'on peut lui faire [...] – que ses vers et ses nouvelles ne sont (comme les *Petits Poèmes en prose* de Baudelaire et *Les Fleurs du mal*, par exemple) que des tentatives différentes pour exprimer la même chose. Chez de tels génies la vision intérieure est bien certaine, bien forte.

104. Voir Michel Rolland, « La notion d'œuvre et de cinéma d'auteur », in *L'Œuvre, un monument en mouvement*, Cergy, Centre de Recherche Texte Histoire, à paraître.

105. Michel Foucault, « Qu'est-ce qu'un auteur ? », art. cit., p. 798

> Mais, maladie de la volonté ou manque d'instinct déterminé, prédominance de l'intelligence qui indique plutôt les voies différentes qu'elle ne passe en une, on essaie en vers, puis pour ne pas perdre la première idée, on fait en prose, etc.[106]

On voit ici Proust plein d'admiration, sensible à l'attitude de recherche de Nerval ou Baudelaire, reconnaissant l'unité de leur projet d'artistes et dénonçant en même temps leur hésitation, l'éclectisme des voies et moyens littéraires qu'ils ont choisis. Or c'est sans doute cette dimension fragmentaire, répétitive et diverse à la fois qui fascine le lecteur ou le critique d'aujourd'hui, sensible à la notion de variation et de séries multiples, à la valeur de l'ébauche et de la multiplicité de tentatives et des moyens requis dans le processus de production de l'œuvre d'art. À nos yeux, l'unité de Nerval ou celle de Baudelaire sont à saisir dans la variété des séries qu'ils proposent. Et d'une certaine manière notre appréciation de la *Recherche du temps perdu* comme œuvre de la modernité vient justement du fait que nous la jugeons aussi comme une somme de variations… Reste que la relative sévérité du jugement de Proust sur Nerval s'explique très probablement par l'aspiration à l'unité, de projet, d'écriture, de réalisation qui préside à la conception de son œuvre. Ce faisant, il rejoint l'exigence de Mallarmé à la recherche du livre unique, du Grand Œuvre :

> J'ai toujours rêvé et tenté autre chose, avec une patience d'alchimiste, prêt à y sacrifier toute vanité et toute satisfaction, comme on brûlait jadis son mobilier et les poutres de son toit, pour alimenter le fourneau du Grand Œuvre. Quoi ? c'est difficile à dire : un livre, tout bonnement, en maints tomes, un livre qui soit un livre, architectural et prémédité, et non un recueil des inspirations de hasard fussent-elles merveilleuses… J'irai plus loin, je dirai : Le Livre, persuadé qu'au fond il n'y en a qu'un, tenté à son insu par quiconque a écrit, même les Génies[107].

106. Marcel Proust, « Gérard de Nerval » in *Contre Sainte-Beuve*, *op. cit.*, p. 150.

107. Mallarmé, « Autobiographie », *art. cit.*, p. 662-663.

Mallarmé, selon le titre d'un article de 1895, avait qualifié le livre d'« instrument spirituel »[108]. C'était pour lui l'occasion de montrer la double nature, matérielle et intellectuelle du livre, tant lors de son élaboration que dans la lecture. La pensée, ou l'œuvre de l'esprit, a une matérialité. Or, c'est bien autour du balancement entre les notions de « textes », d'œuvres, d'ouvrage, de livre, de production que l'on perçoit la complexité des conséquences de cette double nature.

La conception unitaire de l'œuvre, dont on a vu qu'elle continue à être dominante en Occident, conduit à modifier notre appréhension de la notion même de « texte », qui finit par dépasser celle d'écriture et de littérature. Admis le fait que le nom de « Zola » confère à ses ouvrages une indiscutable unité, faut-il en effet considérer chacun des vingt romans des *Rougon-Macquart* (publiés de 1874 à 1893) comme autant d'éléments autonomes ou comme un des constituants de cette « œuvre » de plus grande ampleur ? En élargissant le questionnement, il devient légitime de s'interroger sur la manière de relier les *Rougon-Macquart* à cette autre série romanesque que constituent les trois romans des *Trois Villes* (parue de 1894 à 1898) et les trois romans achevés des *Quatre Évangiles* (1899-1903). Puis de relier cet ensemble aux autres romans, récits et nouvelles avant d'établir leur solidarité avec *J'accuse !* (1898). Mais bien évidemment, on est tenté d'élargir le champ de l'œuvre à l'ensemble des articles et chroniques de Zola, et, comme le suggère la critique génétique[109], à ses manuscrits, dossiers, documentations, croquis, notes éparses. Si Zola photographe continue à nous intéresser[110], c'est naturellement parce qu'il s'agit de l'auteur de *L'Assommoir* et qu'il est établi que ces cli-

108. Mallarmé, « Le livre, instrument spirituel », in *Œuvres complètes*, *op. cit.*, p. 378-382.

109. Voir Louis Hay (dir.), *Les Manuscrits des écrivains*, Paris, CNRS Éditions-Hachette, 1993. Sur Zola en particulier, voir *La Fabrique de Germinal*, dossier préparatoire de l'œuvre, texte établi, présenté et annoté par Colette Becker, préface de Claude Duchet, Paris, SEDES-Presses universitaires de Lille, 1986.

110. François Massin, *Zola photographe*, Paris, Hoëbeke – DARVP, 1990.

chés sont à même d'éclairer non seulement la personnalité de Zola, mais sa création littéraire elle-même. Reste la question du statut de ces clichés, comme celui des dessins de Hugo : faut-il, en toute rigueur, les considérer comme des « textes » ou des « hors-textes » ? Interrogation rendue plus proche et plus pressante avec le développement de la production et du stockage de l'image, comme des modes de conservation et de diffusion des informations sous forme numérisée.

De ce point de vue, les approches bibliographiques modernes conduiraient à étendre considérablement la notion de texte, disqualifiant par là l'étroite définition « littérale » de la production littéraire. Ainsi, dès 1985, Donald Mc Kenzie donnait une définition extensive de la notion de texte :

> Sous le terme de « texte », j'entends inclure toutes les informations verbales, visuelles, orales et numériques, sous la forme de cartes, de pages imprimées, de partitions, d'archives sonores, de films, de cassettes vidéo, de banques de données informatiques, bref tout ce qui va de l'épigraphie aux techniques les plus avancées de discographie[111].

C'était rejoindre des préoccupations antérieures, celles que traduisaient les objets surréalistes par exemple, combinant photographies, dessins, matériaux de toute nature. C'était aussi reprendre les interrogations nées de la coexistence du texte écrit et de l'image. Non seulement dans la perspective somme toute traditionnelle de l'illustration, ou celle, plus ancienne encore, du statut du texte de théâtre qui mêle éléments verbaux (ce que disent les acteurs) et non verbaux (les didascalies), mais sous l'angle de la culture cinématographique. De ce point de vue, la préface que donne Robbe-Grillet à la forme éditoriale et imprimée de son film *Glissements progressifs du plaisir*, devenu « ciné-roman », peut sembler exemplaire :

111. Donald F. Mc Kenzie, *Bibliography and the Sociology of Texts*, The Panizzi Lectures, Londres, The British Library, 1986 ; *La Bibliographie et la sociologie des textes*, trad. par Marc Amfreville, Préface de Roger Chartier, Paris, Le Cercle de la librairie, 1991, p. 31-32.

Le présent volume ne prétend pas être une œuvre littéraire ; c'est seulement un document concernant une œuvre qui existe extérieurement à ce volume, et indépendamment : une œuvre cinématographique. Rien ne peut « remplacer » les images et les sons constituant la matière textuelle de cette œuvre, même les descriptions plus ou moins précises que l'on trouvera dans les pages qui suivent.
Ces descriptions présentent cependant un double intérêt (pour les gens, bien sûr, que cela intéresse) : d'une part la possibilité de se reporter à un découpage exhaustif reproduisant l'architecture du film (son squelette et non sa chair), et donc de s'arrêter à loisir sur tel ou tel plan qui dure à l'écran moins d'une seconde, d'autre part la faculté de suivre avec un œil critique l'évolution génératrice d'un film, c'est-à-dire son histoire, en prenant conscience des étapes successives de son élaboration. Ce livre, en effet, se compose de trois parties distinctes d'inégale longueur, qui matérialisent chacune un des états chronologiques de sa réalisation. [...].
La première partie, le *synopsis*, est un résumé en quelques pages du contenu anecdotique et de la manière dont il sera traité. [...]
La seconde partie est ce qu'on appelle couramment une *continuité dialoguée*. Elle est rédigée, après acceptation du synopsis par le producteur, en vue de la préparation du tournage. [...] Pour beaucoup de films modernes (et c'est le cas de celui-ci), ce deuxième document tiendra d'ailleurs lieu de script, c'est-à-dire de livret remis aux assistants, aux acteurs, aux techniciens de la prise de vue ou du montage, pour la réalisation elle-même [...].
Le lecteur constatera que cette partie comporte ici des passages en italique : il s'agit de notes qui, ne figurant pas sur le livret d'origine, rendent compte *a posteriori* des précisions, réflexions, modifications, levées d'hypothèses ou d'alternative, apportées en cours du travail. Enfin la troisième partie est un relevé plan par plan du montage définitif ; il a été rédigé une fois le film terminé ou presque [...][112].

112. Alain Robbe-Grillet, *Glissements progressifs du plaisir*, Ciné-roman illustré de 56 photographies extraites du film, Paris, Minuit, 1974, p. 9-11.

« Le présent volume ne prétend pas être une œuvre littéraire. » Soit. Mais comment empêcher que cette œuvre appartienne à la littérature, telle qu'elle existe aujourd'hui, et ce pour au moins deux raisons purement externes : le nom de son auteur, sa matérialité de livre ?

Dans un célèbre article de 1973 intitulé « Texte (théorie du) » Roland Barthes propose une admirable synthèse sur la problématique de la « théorie du texte » telle qu'il pouvait la concevoir à l'apogée du structuralisme. En opposant « l'œuvre » et « le texte », Barthes tend à disqualifier l'œuvre, corsetée dans ses limites matérielles et sa condition d'objet et à ne garder que le texte, dont l'immensité fluctuante relève du « concept » et du réseau des relations puisqu'il est le lieu et l'occasion d'un « travail », autrement dit du processus de production de la « signifiance » :

> Une œuvre est un objet fini, computable, qui peut occuper un espace physique (prendre place par exemple sur les rayons d'une bibliothèque) ; le texte est un champ méthodologique ; on ne peut donc dénombrer (du moins régulièrement) des textes ; tout ce que l'on peut dire c'est que dans telle ou telle œuvre, il y a ou il n'y a pas *du* texte : « L'œuvre se tient dans la main, le texte dans le langage. » [...] « Le texte ne s'éprouve que dans un travail, une production » : par la signifiance[113].

Cette distinction opérée entre « l'œuvre » et « le texte » (dont Barthes souligne qu'il ne saurait être restreint à l'écrit mais étendu à tous les systèmes de signes) a l'immense mérite théorique de rappeler que le sens n'est pas immanent mais produit, construit par un sujet, tant dans l'écriture que dans la lecture. Elle risque toutefois de n'apparaître que comme une esquive élégante face au problème heuristique et aux choix éditoriaux concrets posés par la définition de l'œuvre et de ses limites.

113. Roland Barthes, « Théorie du texte », in *Encyclopædia Universalis*, Paris, Encyclopædia Universalis éd., 1968-1975, nouv. éd. 1989, t. 22, p. 370-374, p. 373 col. 1.

Anthologies, recueils et abrégés

Quelle est en dernier ressort l'unité pertinente d'analyse et de réception des textes ? L'anthologie littéraire, qui apparaît bien comme l'envers de l'œuvre complète, ne cesse d'être confrontée à cette question, et se doit d'y apporter des réponses concrètes. Car l'anthologie, en réduisant une œuvre ou l'ensemble de la production d'un auteur, d'une période, d'un groupe ou d'un genre, se heurte constamment à la question du bien-fondé de ses choix. S'arrêtant à la page, au poème ou à la scène, elle se présente à la fois comme sélection et extraction, abréviation et disposition. Ce faisant, elle suppose qu'il existe bien dans une production donnée des « plus belles pages » à proposer à un lecteur qui n'a ni le temps ni peut-être le désir d'aller plus avant ou qui au contraire sera tenté par une exploration personnelle plus ample et plus précise. Or ces « plus belles pages » sont censées être non seulement consacrées (ou dignes de l'être), mais aussi bien souvent « représentatives »[114]. D'un point de vue esthétique et critique, cette notion même de représentativité peut certes être discutée ; mais que l'on préfère parler d'une page « significative » plus que d'un extrait « représentatif » ne change pas radicalement les données du problème. Dans tous les cas, il est admis par hypothèse – au moins par l'auteur de l'anthologie – que le morceau renvoie à une totalité plus vaste et qu'il est à même de la suggérer ou d'en ouvrir les portes. Ainsi le principe de l'extraction ramène-t-il indirectement à la sérialité, à la variation[115], et par conséquent à l'idée qu'une œuvre, même déterminée par les limites d'un livre, ne saurait jamais être close et prétendre se suffire à elle-même.

De surcroît, l'anthologie se présente, concrètement et

114. Voir Amedeo Quondam, *Petrarchismo mediato. Per una critica della forma « antologia »*, Roma, Bulzoni Editore, 1974.

115. Voir Bernard Mouralis, « La notion de série dans l'analyse des œuvres littéraires », in *L'Œuvre, un monument en mouvement*, Amiens, Encrage-Cergy, CRTH, diffusion Les Belles-Lettres, à paraître.

métaphoriquement, comme un recueil, c'est-à-dire comme une organisation ou compilation raisonnée et intentionnelle de pièces diverses qui prennent un sens nouveau dans leur rassemblement même. Étudiant les changements dans la conception de la poésie lyrique aux XIVe et XVe siècles, Jacqueline Cerquiglini [116] montre que l'écriture, et la « mise en recueil » de textes poétiques qui jusque-là étaient principalement chantés en modifient la nature, autant qu'elles traduisent des transformations intervenues dans les mentalités. Elle souligne que l'horizon du recueil (même manuscrit) est celui d'un objet fini, stable, de diffusion élargie et durable. Il est le signe d'une rupture avec le caractère immédiat, mouvant, de la poésie chantée devant une assemblée ou un groupe donnés. C'est mesurer là tout l'écart entre littérature orale et la littérature écrite, entre la « performance » (qui sera toujours unique en définitive) et la fixation par l'écriture, qui implique le retour du même.

Le recueil repose sur une métaphore essentielle que nous rappelle l'étymologie : celle de la cueillette, de la sélection, de l'extraction et de l'assemblage qu'il partage avec l'anthologie (littéralement « cueillette des fleurs » en grec). Dans tous les cas, que l'on parle d'anthologie, de florilège (l'équivalent latin d'anthologie), de « verger », de « bouquet », de « fleurs », de « guirlande » ou de « couronne », la métaphore florale domine cet art de la mise en recueil. Rien d'étonnant de voir, à la fin du XVIe siècle, le *Second recueil* de l'éditeur rouennais Raphaël du Petit-Val filer longuement cette même métaphore qui sous-tend son projet :

> [Au printemps] La nature a fait naître pour le contentement des yeux la peinture d'une gaie tapisserie qui revêt amoureusement les prés et les campagnes. [...] Ce plaisir se recueille principalement en la Poésie laquelle étant comme le parterre des plus agréables fleurettes des esprits, j'ai bien voulu vous en recueillir encore et assembler plusieurs pièces comme dans un

116. Jacqueline Cerquiglini, « Quand la voix s'est tue : la mise en recueil de la poésie lyrique aux XIVe et XVe siècle », in Gisela Smolk-Koerdt, Peter M. Spangenberg, Dagmar Tillmann-Bartylla (dir.), *Der Ursprung von Literatur, Medien, Rollen, Kommunikationssituationen zwischen 1450 und 1650*, Wilhelm Fink Verlag, Munich, 1988, p. 136-147.

> bouquet pour vous en faire jouir la douceur et de plus près, et agréablement en la comparaison de tant de changement. La prairie qui m'a fourni pour vous ces plaisirs m'en nourrit encore infinis autres que j'eusse bien cueillis, mais l'abondance eût pu vous importuner, et le plaisir se fût noyé en la disgrâce d'une si lourde charge, ils demeureront avec leur mère où ils s'augmenteront et de suc et de vigueur pour vous les présenter un autre jour. Adieu[117].

Le recueil, notamment depuis la Renaissance italienne et la vague des Canzoniere, se présente donc comme une composition, une série de variations sur un ou plusieurs thèmes. La question de son ordonnancement est bien évidemment décisive[118]. Pour de multiples raisons, internes et externes, le recueil imprimé laisse nécessairement de côté un certain nombre de pièces que l'auteur est libre de réemployer, intactes ou modifiées, dans des publications ultérieures[119]. Celles-ci verront leur sens modifié en fonction de leur distribution ou de leur redistribution. Hugo n'agit pas autrement quand il puise dans des reliquats ou quand il constitue la biographie décalée des « Mémoires d'une âme[120] » en utilisant dans *Les Contemplations* des poèmes restés inédits dont certains sont alors remaniés en fonction de l'unité du recueil. En ce sens, écrire, c'est aussi

117. « Au lecteur », *Second recueil de diverses poésies des plus excellents auteurs de ce temps*. Recueillis par Raphaël du Petit-Val. Marque du Libraire. À Rouen, de l'imprimerie Dudit Petit-Val, Libraire et Imprimeur du Roy, devant la grand'porte du Palais, à l'Ange Raphaël, 1597 (ou 1598). Avec Privilège de Sa Majesté, 1599.

118. Voir par exemple la composition des *Regrets* de Du Bellay analysée par Yvonne Bellenger. Sur les 191 sonnets, seuls les 49 premiers relèvent du « regret », les sonnets 50 à 158 sont d'inspiration satirique, alors que les 22 dernières pièces constituent, selon un ordre très élaboré, une couronne d'éloge à la cour, pour se terminer par un éloge du Roi. Y. Bellenger, *Du Bellay, ses « Regrets » qu'il fit dans Rome*, Paris, Nizet, 1975.

119. C'est également le cas du recueil de contes du folklore, dont le collecteur ou l'éditeur ne sont pas les auteurs au sens moderne du terme.

120. Victor Hugo, L*es Contemplations*, Préface, in *Poésies*, Préface de Jean Gaulmier, présentation et notes de Bernard Leuilliot, Paris, Seuil, 1972, t. 1, p. 634.

copier, augmenter, amplifier et redistribuer les pièces dont on dispose. L'histoire des formes à vocation anthologique montre plus directement encore l'importance du mécanisme du « couper-coller » que les ordinateurs nous ont rendu si familier[121].

Parce qu'il est choix et disposition originale effectués par un tiers, le recueil anthologique se présente, dans l'ordre poétique le plus souvent, comme parent mais distinct d'autres types d'abrégés moins connus, issus quant à eux du savoir savant et du monde des bibliothèques plus que des cercles hédonistes et mondains. C'est notamment le cas des « bibliothèques » prises au sens de catalogues puis de « collections éditoriales »[122]. Nous avons conservé une trace de ce dernier sens avec la « Bibliothèque rose » puis la « Bibliothèque verte » de Hachette ou, plus près de nous, avec la « Bibliothèque des Idées » et la « Bibliothèque de la Pléiade » de Gallimard. Le XVIIIe siècle a vu se multiplier ce type de publications. En témoigne, parmi les plus fameuses collections de ce type, la *Bibliothèque de campagne ou Amusements de l'esprit et du cœur* dont ont été publiées 13 versions distinctes de 1735 à 1785 (comprenant de 12 à 24 volumes) :

> Le but que l'on se proposa il y a quelques années en publiant la première Édition de ce Recueil, fut de rassembler dans un même Ouvrage tout ce qu'il y a de meilleurs Romans en François, qui ayant été imprimés en différents temps, sont dispersés partout, et ne sont réunis presque nulle part[123].

121. Voir Emmanuel Fraisse, *Les Anthologies en France*, Paris, PUF, 1997.

122. Sur l'évolution du sens et de la notion de bibliothèques, voir en particulier Roger Chartier, « Bibliothèques sans murs », in *Culture écrite et société…*, *op. cit.*, p. 107-131.

123. *Bibliothèque de campagne ou Amusements de l'esprit et du cœur…*, La Haye, Jean Neaulme, 1735-1752, 12 vol. in-12 ; 1735-1749, La Haye-Genève, Cramer & Philibert.18 vol. in-12. Éd. de 1749, avertissement de l'Éditeur, cité par E. Arend, *« Bibliothèque », Geistiger Raum eines Jahrhunderts, Hundert Jahre französischer Literaturgeschichte im Spiegel gleichnahmiger Bibliographien, Zeitschriften und Anthologien (1685-1789)*, Bonn, Romanistischer Verlag, 1987, p. 185.

Proches des bibliothèques, les abrégés et les florilèges jouent un rôle décisif dans le développement de la culture savante et scolaire. Le bibliothécaire Gabriel Naudé (1600-1653), reconnaît leur mérite :

> Ils [les Florilèges] nous sauvent en premier lieu la peine de recherche une infinité de livres grandement rares et curieux ; secondement parce qu'ils font place à beaucoup d'autres, et soulagent une Bibliothèque ; tiercement parce qu'ils nous ramassent en un volume et commodément ce qu'il nous faudrait chercher avec beaucoup de peine en plusieurs lieux ; et finalement parce qu'ils tirent auprès d'eux une grand épargne, étant certain qu'il ne faut pas tant de testons pour les acheter qu'il faudrait d'écus si on voulait avoir séparément tout ce qu'ils contiennent[124].

Près d'un siècle plus tard, le grammairien et encyclopédiste Dumarsais (1676-1766), en dressant une taxinomie des différents types d'abrégés, montre bien l'ambivalence de la réaction du monde savant face à ces outils certes nécessaires (ils ont permis de « sauver quelques planches du naufrage » consécutif aux invasions barbares) mais dangereux lorsqu'ils sont mis dans des mains inexpertes :

> Toutes ces manières d'abréger les auteurs, [...], pourraient avoir quelque utilité pour ceux qui ont pris la peine de les faire, et peut-être n'étaient-elles point entièrement inutiles à ceux qui avaient lu les originaux. Mais ce petit avantage n'a rien de comparable à la perte que la plupart de ces abrégés ont causée à leurs auteurs, et n'a point dédommagé la république des Lettres[125].

Telle est bien l'aporie à laquelle se heurte toute démarche exhaustive en matière de textes et d'archives : il

124. Gabriel Naudé, *Advis pour dresser une Bibliothèque présenté à Mgr. le président de Mesmes*, Paris, F. Targa, 1627. Reproduction de l'édition de 1644, Paris, P. Rollet le Duc, précédé de « L'Advis, manifeste de la bibliothèque érudite » par Claude Jolly, Paris, Aux Amateurs de livres, 1990, p. 57.

125. César Cheneau Dumarsais, « Abrégé », in *Encyclopédie*, *op. cit.*, t. 1, p. 35.

faut tout connaître et tout rassembler ; cela est impossible et justifie par conséquent – sans qu'on renonce absolument au rêve de la totalité – de recourir, souvent la mort dans l'âme, à l'abréviation.

Au nombre des ouvrages qui expriment le mieux cette contradiction figurent les *ana* (ou « livres en ana ») qu'on voit se développer dès le milieu du XVIIe siècle jusqu'à la révolution. Leur fonction est de publier des pensées, des bons mots inédits d'une personnalité remarquable, ou de communiquer des événements de sa vie restés jusqu'ici inconnus[126]. En 1666 et 1667, paraissent par exemple des *Scaligeriana*, des *Thouana*, des *Perroniana*, consacrés au médecin et humaniste Scaliger (1484-1558), au Chancelier de Thou (1606-1642), au cardinal Du Perron (1558-1618). Forme littéraire nouvelle et vivace, les *ana* peuvent être considérés comme une des premières tentatives systématiques d'élargir la notion d'œuvre au-delà des travaux, de la correspondance ou des ouvrages achevés. D'une certaine manière, les ana constituent un observatoire de l'évolution des notions de littérature, d'œuvre et d'auteur de l'Âge classique à la Révolution. Consacrés à des savants appartenant à des corps constitués et clairement identifiés, les premiers sont rédigés en latin. Puis passant au français, ils s'attachent de plus en plus à des « auteurs » : en 1693 on a des *Menagiana* (dédiés à l'Académicien et grammairien Ménage, 1613-1692) et plus tard des *Voltairiana*, des *Diderotiana*, etc… Les ana traduisent en outre, par leur propension à révéler des anecdotes, l'intérêt porté à l'individu, susceptible de transformer le cours de l'histoire et expriment une valorisation des archives. Ce faisant, ils sont indissociables de la naissance de l'histoire au sens moderne du terme. Au plan de la théorie littéraire, on voit bien qu'ils renforcent l'affirmation de l'« auteur » et qu'ils renvoient à une interrogation sur la notion d'« œuvres complètes » : tout révéler, ou à défaut

126. Parmi les différentes origines possibles du mot à partir de la suffixation neutre latine, Bernard Beugnot relève qu'il est probable qu'ana ait été rapproché dans l'inconscient linguistique d'*anecdote* au sens de « secret inédit ». Voir Bernard Beugnot, « Forme et histoire : le statut des ana », in *Mémoire du texte. Essais de poétique classique*, Paris, Champion, 1994, p. 67-81.

faire savoir le plus possible de ce qui permet de comprendre la complexité d'une personnalité marquante. Dans l'absolu, les ana tendent à la totalité, dans la pratique, ils doivent en rabattre. En conséquence, tout comme les « bibliothèques », les ana sont fréquemment tentés de proposer des extraits, et se présentant généralement comme des mélanges, ils constituent bien souvent une sélection et une compilation de bons mots et d'anecdotes.

Certains ana sont donc très proches de la forme anthologique. Il peut s'agir en effet de la publication de pièces choisies dans les œuvres déjà imprimées comme des lettres, celles de Madame de Sévigné (*Sevigniana* publiées en 1696) ou de Madame de Maintenon (*Maintenoniana*, 1733), par exemple. On rencontre également, une fois la forme installée dans sa dimension mondaine et littéraire, des abrégés qui constituent un rassemblement d'ana au second degré. En témoignent des ouvrages comme *L'Élite des bons mots ou des pensées choisies, recueillis avec soin des plus célèbres auteurs, et principalement des livres en ana* (Amsterdam, 1708) qui a connu cinq éditions jusqu'en 1747.

Quant aux *Esprits* (Esprit de Sénèque, de Fontenelle, de Desfontaines, de Madame de Scudéry, de Voltaire, etc.) qui prolifèrent dès le début du XVIIIe siècle, ils ont une relation étroite avec les ana issus de textes publiés. Consacrés comme eux à un seul auteur, ils visent à en donner l'essence (« l'esprit » au sens chimique du terme), à en extraire les meilleures pages, sous une forme organisée issue des lieux communs des anciens florilèges. On voit donc que de la recension complète – ou visant à la complétude – à l'abréviation ou à l'extraction, le chemin est sans doute moins long, et la relation plus directe qu'on ne pouvait l'imaginer de prime abord.

Reste une question fondamentale : quelle est la légitimité du texte abrégé ? Où se situe la frontière entre l'œuvre de seconde main (nécessaire à l'information) et la trahison, le détournement ou le plagiat ? Au nom de la pédagogie, Alain (1868-1951) les condamnait sans appel :

> Il n'y a que les abrégés qui fassent les esprits serfs. Il est chimérique de vouloir former les jeunes esprits

autrement que par les anciens livres. [...] Il faut du secours à l'esprit de l'enfant, une inscription sur le granit pour sa lecture. *Télémaque* vaut mieux pour apprendre à lire que *Francinet*, et *l'Iliade* vaut mieux que *Télémaque*[127].

Dumarsais qu'on a déjà vu réticent face aux abrégés en justifie cependant, au nom de l'efficacité, l'usage bien tempéré et définit les conditions dans lesquelles ils peuvent être acceptables. Pour lui l'essentiel est qu'ils constituent des « miniatures » intelligibles :

> [Les abrégés sont utiles] Quand ils sont faits de façon qu'ils donnent la connaissance entière de la chose dont ils parlent, et qu'ils sont ce qu'est un portrait en miniature par rapport à un portrait en grand pour donner une idée générale d'une grande histoire, ou de quelque autre matière ; mais on ne doit point entamer un détail qu'on ne peut pas éclaircir, et dont on ne donne rien qu'une idée confuse qui n'apprend rien, et qui ne réveille aucune idée déjà acquise[128].

Parlant de miniature, il reprend une métaphore très fréquente sous la plume des auteurs se livrant à ce type de traitement des textes. Ainsi les auteurs des 224 volumes de la *Bibliothèque universelle des romans* – la plus importante collection de ce type au XVIIIe siècle français – affirment, dans des termes très voisins mais dans un projet portant sur l'ensemble de la production romanesque, un objectif identique :

> Il serait sans doute, impossible, & même absurde, de rassembler tous les volumes que le temps a accumulés : il suffit de les faire connaître, en les analysant, d'en donner l'âme, l'esprit, & pour ainsi dire la *miniature*[129].

127. Alain, *Propos de littérature*, Paris, Hartmann, 1934, p. 44-45. À vrai dire, c'est au moins autant la récriture et l'adaptation à destination des enfants – de Fénelon à G. Bruno – que l'abréviation qui est ici mise en cause.

128. Dumarsais, « Abrégé » in *Encyclopédie*, *op. cit.*

129. *Bibliothèque Universelle des Romans, ouvrage périodique, dans lequel on donne l'analyse raisonnée des Romans anciens & modernes, François, ou traduits dans notre langue ; avec des Anecdotes & des Notices historiques & critiques concernant les Auteurs ou leurs*

Si, à la suite de Roger Poirier[130], on cherche à observer les modes de réduction adoptés par les auteurs de la *Bibliothèque universelle des romans*, on peut relever trois types de traitement distincts, mais parfois combinés, des textes « miniaturisés ». La réduction peut en effet s'opérer sous la forme du résumé – c'est-à-dire d'une reformulation externe –, d'une récriture ou d'une extraction. Il est clair que d'un point de vue littéraire et artistique ces trois opérations voisines ont des effets très différents[131]. Dans le cas du résumé d'un roman – ou s'il s'agit d'une pièce de théâtre, de la formulation de sa *fabula* –, le réducteur se met clairement en dehors du texte qu'il condense. Quand il y a réécriture, la contraction s'opère dans le cadre d'un propos créatif. Enfin l'extraction suppose un travail sur les liens logiques, les critères d'exclusion et d'inclusion, et l'on est ici dans une perspective assez proche de l'anthologie. D'une certaine manière le *Reader's Digest* (apparu aux États Unis en 1922) ne fonctionne pas très différemment, puisque lui aussi propose ces trois types de traitement des textes qu'il s'agit, par réduction, de rendre accessibles à un lecteur pressé. Dans tous les cas se trouve posée la question du rapport entre l'œuvre initiale et l'œuvre dérivée.

Or cette question ne saurait se cantonner à une curiosité somme toute anecdotique : son enjeu n'est rien moins que celui des limites de l'œuvre. La tradition et la pratique éditoriales ne cessent de suggérer que l'œuvre est tout à la fois close et ouverte. Close dans l'espace d'un livre, d'une collection, d'une liste de titres, de noms d'auteurs, inscrite dans les bornes d'une société et d'une époque et pourtant ouverte aux œuvres qui l'ont précédée, continuée, citée,

---

Ouvrages ; ainsi que les mœurs, les usages du temps, les circonstances particulières & relatives, & les personnages connus, déguisés ou emblématiques. Juillet 1775. Premier volume. À Paris, au bureau, rue du Four S. Honoré, près S. Eustache, pour Paris, Au bureau & chez Lacombe, Libraire, rue de Tournon, près le Luxembourg pour la Province. Avec Approbation & Privilège du Roi. 224 vol. in-12, juillet 1775-juin 1789, vol. 1, Prospectus, p. 5.

130. Roger Poirier, *Bibliothèque universelle des romans. Rédacteurs, textes, publics*, Genève, Droz, 1977.

131. Voir Gérard Genette, *Palimpsestes, La Littérature au second degré*, Paris, Seuil, 1982 ; nouv. éd., 1992, coll. « Points Essais ».

mise en cause, dépassée, ouverte à des dialogues et des échos au-delà des époques et des cultures. Et c'est bien cette tension, cette dialectique de la clôture et de l'ouverture, de la restriction et de l'expansion, de la sélection et de la complétude, qui contribue à éclairer notre questionnement sur la notion même de littérature.

CHAPITRE 3

Littérature et savoir

Un des caractères marquants de la modernité littéraire, au tournant des années 1850 – du moins en Occident – est l'affirmation selon laquelle l'œuvre littéraire (et artistique) ne doit avoir d'autre fin qu'elle-même. Cette rupture avec le romantisme de la première moitié du XIXe siècle qui tendait volontiers à faire de l'écrivain un prophète engagé dans les débats de la cité – songeons à Chateaubriand, Lamartine, Vigny, Hugo, Lamennais, etc. – aboutit ainsi à une autonomisation du champ littéraire reposant sur le principe de l'autotélie de l'œuvre[1].

Baudelaire en particulier devait définir cette orientation en dénonçant ce qu'il appelait, dans ses *Notes nouvelles sur Edgar Poe*, « l'hérésie de *l'enseignement*, laquelle comprend comme corollaires inévitables l'hérésie de la *passion*, de la *vérité* et de la *morale* » :

> Une foule de gens se figurent que le but de la poésie est un enseignement quelconque, qu'elle doit tantôt fortifier la conscience, tantôt perfectionner les mœurs, tantôt enfin démontrer quoi que ce soit d'utile. [...] La poésie, pour peu qu'on veuille descendre en soi-même, interroger son âme, rappeler ses souvenirs d'enthousiasme, n'a pas d'autre but qu'elle-même ; elle ne peut en avoir d'autre, et aucun poème ne sera si grand, si noble, si véritablement digne du nom de poème, que celui qui aura été écrit uniquement pour le plaisir d'écrire un poème[2].

1. À cet égard, la répression contre le mouvement ouvrier lors des journées de juin 1848 constitue un tournant dans la mesure où elle brise brutalement les espoirs que bien des écrivains et des artistes avaient placés dans l'avènement d'une République sociale.

2. Baudelaire, *Notes nouvelles sur Edgar Poe* [1857], in Baudelaire, *Œuvres complètes*, texte établi, présenté et annoté par Claude Pichois, tome II, Paris, Gallimard, coll. « La Pléiade », 1976, p. 333.

Bien que Baudelaire ne l'explicite pas ici, une telle conception conduit nécessairement à un nouvel usage du langage : celui-ci cesse d'être utilisé pour exprimer quelque chose et devient une fin en soi. C'est dans cette perspective que Barthes oppose ainsi deux usages possibles du langage à travers les figures emblématiques de l'« écrivain » et de l'« écrivant » :

> Le paradoxe c'est que, le matériau devenant en quelque sorte sa propre fin, la littérature est au fond une activité tautologique. [...] Pour l'écrivain, *écrire* est un verbe intransitif. [...] Les écrivants, eux, sont des hommes « transitifs » ; ils posent une fin (témoigner, expliquer, enseigner) dont la parole n'est qu'un moyen ; pour eux, la parole supporte un faire, elle ne le constitue pas. Voilà donc le langage ramené à la nature d'un instrument de communication, d'un véhicule de la « pensée ». [...] Car ce qui définit l'écrivant, c'est que son projet de communication est *naïf* : il n'admet pas que son message se retourne et se ferme sur lui-même, et qu'on puisse y lire, d'une façon diacritique, autre chose que ce qu'il veut dire[3].

Cette évolution qui aboutit à l'affirmation de l'autotélie de l'œuvre pose cependant un triple problème. On peut se demander tout d'abord s'il faut exclure de la modernité et de la littérature « véritable » les nombreuses œuvres du XXe siècle qui ont été conçues manifestement par leurs auteurs pour transmettre un « enseignement », notamment politique et social. Par exemple, *Jean-Christophe* (1904-1912) de Romain Rolland, *Les Thibault* (1922-1940) de Roger Martin du Gard ou *Les Chemins de la liberté* (1945-1949) de J.-P. Sartre. Et, dans le cas de Sartre, il est en outre bien évident qu'on ne peut négliger les considérations qu'il a développées sur le rôle social de l'écrivain et la fonction de la littérature dans *Qu'est-ce que la littérature ?*[4].

3. Roland Barthes, « Écrivains et écrivants » [1960], in *Essais critiques*, Paris, Seuil, 1964, 148-151.

4. Jean-Paul Sartre, *Qu'est-ce que la littérature ?* [1948], Paris, Gallimard, coll. « Idées », 1992, 375 p.

Parallèlement, il convient de s'interroger sur le sens de cette évolution qui aboutit à la dissociation de la littérature et de l'enseignement puisque, de l'Antiquité jusqu'à la fin du XVIIIe siècle, on a admis sans problème que l'œuvre littéraire, notamment sous la forme du poème didactique, était parfaitement apte à transmettre un contenu moral, philosophique et même scientifique.

L'œuvre de la modernité semble ainsi se définir par ses seules propriétés formelles. Faut-il en conclure qu'elle ne peut être le véhicule d'aucun sens explicite ? On verra que le problème est en fait plus complexe car il ne se limite pas à la seule opposition de la forme et du sens. En effet, la forme que privilégie la modernité en faisant du signifiant la seule réalité de l'œuvre est peut-être porteuse d'un sens, d'une autre nature que celui que transmet l'enseignement. En outre, il faut tenir compte du rôle que peut jouer l'acte de lecture dans la constitution de l'œuvre, en la dotant notamment d'un signifié qui n'était pas nécessairement la préoccupation principale de l'écrivain.

La poésie didactique

Dès les origines de la littérature, le vers, en raison de ses propriétés formelles (régularités, homophonies, rythme, figures) qui facilitent le travail de la mémoire, a été utilisé pour fixer et transmettre des contenus didactiques : proverbes, listes de noms, vérités morales, lois de la nature, codes juridiques, etc. Les écrivains de l'Antiquité classique ont produit de nombreuses œuvres répondant à cet objectif. Chez les Grecs, Hésiode (VIIIe siècle av. J.-C.), auteur à qui on attribuait traditionnellement *Les Travaux et les Jours*, manuel de technique agricole, et *La Théogonie*, poème retraçant la généalogie du monde divin, fut considéré comme le fondateur d'un genre qui entendait se distinguer des épopées homériques :

> Pasteurs qui dormez dans les champs, race grossière et brutale, nous savons des histoires mensongères qui

> ressemblent à la vérité ; nous pouvons aussi, quand il nous plaît, en raconter de véritables[5].

Après lui, on peut citer : Solon (v. 640-v. 558 av. J.-C.) dont les élégies offrent un caractère gnomique concernant la vie politique, la morale individuelle, l'attitude face au destin ; Parménide (v. 515-v. 440 av. J.-C.) et Empédocle (v. 490-v. 435 av. J.-C.), auteurs de poèmes philosophiques ; Aratos de Soles (v. 315-245 av. J.-C.) qui écrivit un poème didactique, *Les Phénomènes*, traitant de l'astronomie et de la météorologie et que Cicéron traduisit en latin.

Chez les Latins, le genre didactique connaît un développement particulièrement important avec, entre autres, le *De natura rerum* de Lucrèce (v. 98-55 av. J.-C.) qui se propose de donner, à partir de la doctrine d'Épicure (341-370 av. J.-C.), une explication matérialiste du monde et de délivrer ainsi les hommes des craintes que leur inspire la croyance aux dieux ; *Les Géorgiques* de Virgile (v. 70-19 av. J.-C.) ; *L'Art poétique* d'Horace (65-8 av. J.-C.) ; *L'Art d'aimer* d'Ovide (43 av. J.-C.-17 ou 18 apr. J.-C.).

Les poètes du XVIe siècle s'inspireront de ces modèles et il existe une véritable poésie scientifique à laquelle A.-M. Schmidt a consacré un ouvrage classique[6] et qui aborde à peu près tous les domaines du savoir de l'époque : astronomie, météorologie, minéralogie, médecine, alchimie, etc. Au XVIIe siècle, les *Fables* (1668 et 1678) de La Fontaine, dont beaucoup d'entre elles dispensent une leçon morale, et *L'Art poétique* (1674) de Boileau, qui expose à la fois une histoire de la poésie française et des considérations sur les genres poétiques, s'inscrivent bien dans une perspective didactique. Le genre a également été pratiqué par de nombreux écrivains du

5. Hésiode, *La Théogonie*, in *Poètes et moralistes de la Grèce*, notices et traductions par Guigniaut, Jules Patin, Girard et L. Humbert, Paris, Garnier, s. d., p. 44.

6. Albert-Marie Schmidt, *La Poésie scientifique en France au seizième siècle*, Paris, Albin Michel, 1938, 379 p. Réédité, avec une note liminaire de Olivier de Magny, Lausanne, Éditions de L'Aire, 1970, 464 p.

XVIIIe siècle : Voltaire, *Discours sur l'homme* (1738), *Poème sur le désastre de Lisbonne* (1756), Saint-Lambert, *Les Saisons* (1769), André Chénier, *L'Invention*, *Hermès*, *L'Amérique*[7], Delille, *Les Jardins* (1782).

André Chénier, dans *L'Invention*, voit dans le progrès des sciences un thème particulièrement poétique dont il convient de s'inspirer en ce siècle de progrès :

> De la Grèce héroïque et naissante et sauvage
> Dans Homère à nos yeux vit la parfaite image.
> Démocrite, Platon, Épicure, Thalès,
> Ont de loin à Virgile indiqué les secrets
> D'une nature encore à leurs yeux trop voilée.
> Torricelli, Newton, Kepler et Galilée,
> Plus doctes, plus heureux dans leurs puissants efforts,
> À tout nouveau Virgile ont ouvert les trésors.
> Tous les arts sont unis : les sciences humaines
> N'ont pu de leur empire étendre les domaines
> Sans agrandir aussi la carrière des vers[8].

Ces préceptes s'inscrivaient dans un débat portant sur le caractère poétique du texte didactique. *L'Encyclopédie* (1751-1772) de Diderot et d'Alembert, à l'article « Didactique », reprenant la distinction de Louis Racine entre « fiction de récit » (« les merveilles opérées par les personnages qui n'ont de réalité que dans l'imagination des poètes ») et « fictions de style » (« ces images et ces figures hardies, par lesquelles le poète anime tout ce qu'il décrit ») concluait que

> tout discours en vers qui peint mérite le nom de poème, et le poème *didactique* n'est qu'un tissu de tableaux

7. *L'Invention* a été publiée en 1819, *Hermès* en 1837, 1839 et 1867, *L'Amérique* en 1819 et 1862.

8. André Chénier, *L'Invention*, v. 107-117, in André Chénier, *Poésies*, Paris, Gallimard, coll. « Poésie », 1994, p. 341. Cette édition reprend en reprint l'édition L. Becq de Fouquières parue chez Charpentier en 1872. *L'Invention*, poème qui nous est parvenu sous une forme achevée et composé probablement peu avant 1789, a été publié pour la première fois en 1819. On peut le considérer comme un texte programmatique dans lequel Chénier précise sa conception de la poésie didactique qu'il illustrera dans deux projets ambitieux mais inachevés : *Hermès* et *L'Amérique*.

> d'après nature, lorsqu'il remplit sa destination. La froideur est le vice radical de ce genre ; il n'est surtout rien de plus insoutenable qu'un sujet sublime en lui-même didactiquement traité par un versificateur faible et lâche qui glace tout ce qu'il touche, qui met de l'esprit où il faut du génie, et qui raisonne au lieu de sentir[9].

Ces conceptions ont été rapidement abandonnées et ces trois poèmes de Chénier peuvent être considérés comme une des dernières tentatives de poésie didactique même si le genre n'est pas totalement absent au XIXe siècle, notamment chez les Parnassiens qui adhèrent volontiers, tels Louis Bouilhet (1822-1869), Sully Prudhomme (1839-1907) ou Maxime Du Camp (1822-1894), à une idéologie de la science et du progrès[10].

Cependant, l'idée d'une poésie didactique n'a jamais pu être réellement infirmée au plan strictement théorique dans la mesure où l'un des principes de la modernité poétique a été d'affirmer, depuis le romantisme, qu'il n'y avait ni langage ni sujet dont on pourrait dire à coup sûr qu'ils seraient en soi poétiques ou, au contraire, non poétiques. C'est pourquoi, la référence à la science contemporaine ou à ses applications demeure toujours – au moins théoriquement – une dimension possible de l'innovation poétique.

À cet égard, deux exemples intéressants, parmi bien d'autres, peuvent être signalés. Le premier est constitué par le poème de Francis Jammes, *Les Géorgiques chrétiennes* (1912), qui reprend l'œuvre célèbre de Virgile dans une perspective religieuse tout en faisant preuve à l'instar de son illustre devancier d'une grande attention aux techniques de l'agriculture, comme dans ce passage évoquant la catastrophe du phylloxéra :

9. Diderot et D'Alembert, *Encyclopédie*, article « Didactique ».

10. C'est probablement ce qui a conduit Baudelaire à dédier – ironiquement – son poème *Le Voyage* qui apparaît dans la deuxième édition des *Fleurs du mal* (1861) à Maxime Du Camp : le nihilisme de Baudelaire était en effet aux antipodes de la croyance au progrès souvent affirmée par le célèbre ami de Flaubert, notamment dans son recueil de poèmes, *Les Chants modernes* (Paris, Michel Lévy, 1855, 437 p. et A. Bourdillat, 1860, 273 p.).

Ah ! Ce n'est plus le temps où par de doux liens
la vigne à vous se noue, ormeaux italiens !

Soufre, cuivre, ammonium naguères efficaces
ne font rien maintenant qu'à force on ne repasse.

Sous leurs pampres rongés les raisins racornis
ne soldent souvent pas les remèdes fournis.

Un instant le fléau semble céder, puis ruse,
change d'aspect, de nom, de nouveau se diffuse.

Le beau plant d'autrefois languit tout épuisé ;
On voulut de son vin plus qu'il n'en proposait[11].

Le deuxième exemple nous sera fourni par la tentative de Raymond Queneau dans *Petite cosmogonie portative* (1950) et *Le Chant du styrène* (1957). Animé d'un esprit d'ouverture, hérité largement du surréalisme, qui le conduit à s'interroger sur la pertinence d'une limite entre le poétique et le non poétique, Queneau a vu très tôt qu'il y avait une sorte d'aporie pour un moderne à vouloir isoler la poésie de la science dans la mesure où le vocabulaire et les réalisations de celle-ci constituaient un matériau particulièrement productif sur le plan de l'imaginaire poétique. C'est ce qu'il tente de démontrer par la pratique dans *Petite cosmogonie portative*. Ce poème innove sur deux plans. Lecteur de Lucrèce, Virgile, Chénier, Queneau se propose d'abord de montrer qu'il est *encore* possible de retracer l'épopée du savoir humain en l'actualisant avec les découvertes du XXe siècle :

Le singe (ou son cousin) le singe devint homme
lequel un peu plus tard désagrégea l'atome[12].

À ce niveau, le poème peut se lire comme une réécriture des devanciers, maîtres du genre, et l'effet poétique repose largement sur un processus d'intertextualité. À cet égard, la prosopopée d'Hermès dans le chant III, confirmant le poète dans le bien-fondé de son projet, est significative :

11. Francis Jammes, *Les Géorgiques chrétiennes* [1912], Paris, Mercure de France, 1943, chant II, p. 39-40.

12. Raymond Queneau, *Petite cosmogonie portative* [1950], *Sixième et dernier chant*, v. 1-2, Paris, Gallimard, coll. « Poésie », 1969, p. 162.

Au lieu de comparer des filles à des roses
et leurs sautes d'humeur aux pétales qui volent
il voit dans chaque science un registre bouillant
Les mots se gonfleront du suc de toutes choses
de la sève savante et du docte latex
On parle des bleuets et de la marguerite
alors pourquoi pas de la pechblende pourquoi ?
on parle du front des yeux du nez de la bouche
alors pourquoi pas de chromosomes pourquoi ?
on parle de Minos et de Pasiphaé
du pélican lassé qui revient d'un voyage
du vierge du vivace et du bel aujourd'hui
on parle d'albatros aux ailes de géant
de bateaux descendant des fleuves impassibles
d'enfants qui dans le noir volent des étincelles
alors de pourquoi pas l'électromagnétisme[13].

Mais, à un autre niveau, *Petite cosmogonie portative*, en raison de la réelle culture scientifique de Queneau dont témoignent les lectures qui ont été nécessaires à son élaboration, peut apparaître comme le dit l'auteur lui-même non comme « un poème didactique » mais plutôt comme un texte dans lequel « la science » est « envisagée comme thème poétique[14] ». Par là même, Queneau montre qu'il existe un réel imaginaire de la science. Mais celui-ci n'est accessible qu'à travers la terminologie propre à celle-ci et son propos est bien de l'importer dans le champ poétique. En procédant ainsi, Queneau opère un déplacement – et un élargissement – de l'hermétisme tel qu'on le concevait depuis Mallarmé. On s'en rendra compte dans cette évocation du lithium utilisé dans le traitement de la mélancolie :

De la pierre le nom plus léger que de l'eau
préparait d'Augustin la santé du cerveau[15].

Le Chant du styrène appelle des remarques comparables.

13. *Ibid.*, *Troisième chant*, v. 97-112.

14. Formule de R. Queneau dans *Bâtons, lettres et chiffres* citée par Cl. Debon dans Raymond Queneau, *Œuvres complètes*, tome I, édition établie par Claude Debon, Paris, Gallimard, coll. « La Pléiade », 1989, p. 1235.

15. Raymond Queneau, *Petite cosmogonie portative*, *op. cit.*, *chant III*, v. 143-144.

Le cinéaste Alain Resnais avait reçu une commande de Péchiney pour réaliser un documentaire sur cette matière plastique, relativement nouvelle à l'époque. Souhaitant, à l'encontre de la firme qui voulait un texte didactique conforme aux règles du genre, un commentaire en vers, il s'était tourné vers Raymond Queneau. Celui-ci accepta le projet et conçut son texte sous la forme d'une anamnèse qui, partant du produit fini, en proposait la reconstitution. À cette occasion, Queneau écrivit ainsi un texte de 78 alexandrins où l'on retrouve les deux aspects qui caractérisaient *Petite cosmogonie portative* : le caractère trivial – mais selon quel critère ? – d'une thématique portant sur des objets en matière plastique et la jubilation avec les mots issus du vocabulaire scientifique ou technique :

> Le styrène est produit en grande quantité
> À partir de l'éthyl-benzène surchauffé.
> Le styrène autrefois s'extrayait du benjoin,
> Provenant du styrax, arbuste indonésien.
> De tuyau en tuyau ainsi nous remontons,
> À travers le désert des canalisations,
> Vers les produits premiers, vers la matière abstraite
> Qui circulait sans fin, effective et secrète.
> On lave et on distille et puis on redistille
> Et ce ne sont pas là exercices de style :
> L'éthyl-benzène peut – et doit même éclater
> Si la température atteint certain degré[16].

De la sorte, Queneau pose le problème essentiel de la relation entre poésie et science : il montre que tout sujet et tout lexique sont susceptibles d'entrer dans le champ du poétique et il le fait en allant jusqu'au bout d'une logique qui assume totalement l'héritage de Rimbaud et de Lautréamont pour qui, on le sait, le savoir sous une forme directe ou dérisoire, peut être une des dimensions du poétique. Comme l'écrit Claude Debon, commentant Queneau :

> L'homme, coincé entre l'évolution de la terre et des espèces et l'apparition des machines, transite entre les

16. Raymond Queneau, *Le Chant du styrène*, Paris, Gallimard, coll. « Poésie », 1969, v. 47-58.

> sauriens d'hier et ceux d'aujourd'hui. [...] C'est que l'évocation de la genèse relève de l'imaginaire autant que de la science. Cet imaginaire s'inscrit dans une langue qui dans l'œuvre de Queneau n'a jamais été aussi novatrice : mots-valises, hapax, plutôt que néologismes [...] témoignent d'une maîtrise qui n'est pas moins que celle dont il fait montre dans ses connaissances scientifiques[17].

Par là même, on comprendra, à l'encontre de la condamnation formulée par Baudelaire, que rien ne disqualifie, *a priori*, une poésie – et une littérature – vouée à « l'enseignement ».

Littérature et vérité

Cette notion d'« enseignement » demeure ambiguë. En effet, on peut se demander si elle désigne, comme semble le noter Baudelaire, le contenu véhiculé par la poésie – et la littérature – ou, au contraire, le lexique « scientifique » et toute la part d'imaginaire que celui-ci est susceptible d'entraîner. La résistance que le genre didactique oppose aux condamnations dont il est l'objet depuis l'époque romantique et dont Queneau offre un exemple caractéristique invite à penser que l'on a affaire plutôt à un phénomène concernant un moyen d'expression dont la poésie a tout simplement su prendre acte comme elle l'a fait à chaque moment de l'histoire de la civilisation, dans la mesure où il était l'un des possibles de son écriture.

C'est pourquoi, il conviendrait à cet égard de distinguer le contenu notionnel d'un texte et l'imaginaire dont celui-ci peut être porteur. Réduire Jules Verne au rôle d'un érudit, vulgarisateur de la science de son temps, c'est laisser de côté toute l'immensité d'un rêve capable d'anticiper les

17. Claude Debon, in Raymond Queneau, *Œuvres complètes*, tome I, notice établie par Claude Debon, Paris, Gallimard, coll. « La Pléiade », 1989, p. 1238.

machines et les conquêtes de l'avenir – par exemple, la navigation sous-marine ou l'exploration de l'espace – et une intelligence qui situe celles-ci dans le contexte des passions humaines les plus archaïques : soif de pouvoir, ubris, misanthropie. D'une certaine façon, le capitaine Nemo[18], le héros de *Vingt mille lieues sous les mers* et de *L'Île mystérieuse*, est bien un nouvel avatar d'Ulysse qui, pour échapper au cyclope Polyphème, se désigne à celui-ci par le nom de « Oudeis », c'est-à-dire, en grec, « Personne ».

De même, c'est sur une conjonction semblable du scientifique et de l'humain que Rimbaud fonde tout l'effet de son poème *Mouvement*, dans les *Illuminations* :

> Car de la causerie parmi les appareils, le sang, les fleurs, le feu, les bijoux,
> Des comptes agités à ce bord fuyard,
> On voit, – roulant comme une digue au-delà de la route hydraulique motrice,
> Monstrueux, s'éclairant sans fin, – leur stock d'études ;
> Eux chassés dans l'extase harmonique
> Et l'héroïsme de la découverte.
>
> Aux accidents atmosphériques les plus surprenants,
> Un couple de jeunesse s'isole sur l'arche,
> – Est-ce ancienne sauvagerie qu'on pardonne ? –
> Et chante et se poste[19].

Mais, si la poésie – et la littérature – que l'on qualifie de « didactique » ne se maintient dans l'histoire que par le lexique d'ordre « scientifique » et l'imaginaire auquel celui-ci renvoie, on est ainsi tenté de conclure que ce type de texte ne peut transmettre un contenu proprement notionnel et que la poésie sera toujours nécessairement en deçà de la science ou de la philosophie.

C'est sur la prise en compte de cette incapacité que se

18. À quoi il faudrait ajouter la splendide devise par laquelle le capitaine Nemo a défini le *Nautilus*, *Mobilis in mobili* (« mobile dans l'élément mobile ») et qui nous reconduit vers Héraclite…

19. Rimbaud, *Mouvement*, in *Les Illuminations* [1886], *Œuvres complètes*, texte établi et annoté par Rolland de Renéville et Jules Mouquet, Paris, Gallimard, coll. « La Pléiade », 1954, p. 201-202.

fonde Platon pour condamner la poésie, dans le livre X de *La République*. Réduisant l'activité du poète – comme d'ailleurs celle du peintre et du sculpteur – à une activité d'imitation, Socrate a beau jeu de montrer à ses interlocuteurs que l'artiste qui reproduit des objets fabriqués par des artisans est un imitateur au troisième degré. En effet, à la différence de l'ouvrier qui crée un objet à partir d'un concept et selon des règles précises dépendant de la finalité de cet objet, l'artiste ne crée rien : il se contente d'imiter cet objet et se trouve par là même éloigné de la réalité et de la vérité impliquée par le concept. Ainsi, l'autorité reconnue aux poètes ne repose sur rien de solide puisque leurs œuvres ne contiennent ni savoir ni savoir-faire :

> Donc, pour quantité de choses, n'exigeons pas de comptes d'Homère ni d'aucun autre poète ; ne leur demandons pas si tel d'entre eux a été médecin, et non pas seulement imitateur du langage des médecins, quelles guérisons on attribue à un poète quelconque, ancien ou moderne, comme à Asclépios, ou quels disciples savants en médecine il a laissés après lui, comme Asclépios a laissé ses descendants[20].

Poursuivant son propos, Socrate insiste de façon plus systématique sur cette absence de savoir en montrant notamment qu'on ne trouve chez Homère ni réflexion sur le politique, comme chez Lycurgue ou Solon, ni découverte scientifique comme chez Thalès, ni philosophie morale comme chez Pythagore[21].

Cette condamnation de la poésie implique bien évidemment une opposition entre deux types de discours : celui du philosophe et du savant, voué à l'expression de la vérité, et celui du poète (ou de l'artiste), attaché à l'imitation, à l'ornemental, à l'illusoire :

> Nous dirons de même, je pense, que le poète applique à chaque art des couleurs convenables, avec ses mots et ses phrases, de telle sorte que, sans s'entendre lui-même à rien d'autre qu'à imiter, auprès de ceux qui,

20. Platon, *La République*, X, 599 c, traduction avec introduction et notes par Robert Baccou, Paris, Garnier, 1958, p. 359.
21. *Ibid.*, 599 c, p. 359-360.

> comme lui, ne voient les choses que d'après les mots, il passe – quand il parle, en observant la mesure, le rythme et l'harmonie, soit de cordonnerie, soit d'art militaire, soit de tout autre objet – il passe, dis-je, pour parler fort bien, tant naturellement et par eux-mêmes ces ornements ont de charme ! Car, dépouillées de leur coloris artistique, et citées pour le sens qu'elles enferment, tu sais, je pense, quelle figure font les œuvres des poètes[22].

Enfin, cette activité d'imitation conduit le poète – et l'artiste – à privilégier la représentation des passions. Et cela pour deux raisons : sur le plan esthétique, tout d'abord, la passion offre plus de ressources à l'expressivité que la représentation de la vertu et de la maîtrise de soi-même et le poète est ainsi « porté vers le caractère irritable et divers, parce que celui-ci est plus facile à imiter[23] » ; d'autre part, cette option répond au désir de « s'illustrer parmi la multitude[24] ».

C'est pourquoi, le poète n'a pas sa place dans la cité idéale qu'imagine Platon :

> Nous pouvons donc à bon droit le censurer et le regarder comme le pendant du peintre ; il lui ressemble en ce qu'il ne produit que des ouvrages sans valeur, au point de vue de la vérité, et il lui ressemble encore du fait qu'il a commerce avec l'élément inférieur de l'âme, et non avec le meilleur. Ainsi, nous voilà bien fondés à ne pas le recevoir dans un État qui doit être régi par des lois sages, puisqu'il réveille, nourrit et fortifie le mauvais élément de l'âme, et ruine, de la sorte, l'élément raisonnable, comme cela a lieu dans une cité qu'on livre aux méchants en les laissant devenir forts et en faisant périr les hommes les plus estimables ; de même, du poète imitateur, nous dirons qu'il introduit un mauvais gouvernement dans l'âme de chaque individu, en flattant ce qu'il y a en elle de déraisonnable, ce qui est incapable de distinguer le plus grand du plus petit, qui au

22. *Ibid.*, 601 b, p. 361-362.
23. *Ibid.*, 605 a, p. 368.
24. *Ibid.*

> contraire regarde les mêmes objets tantôt comme grands, tantôt comme petits, qui ne produit que des fantômes et se trouve à une distance infinie du vrai[25].

Pour brillante qu'elle soit, la disqualification de la poésie par Platon n'en repose pas moins sur un certain nombre de paralogismes ou d'*a priori* que le philosophe se garde bien d'éprouver. La confusion qu'il entretient entre le Vrai, le Juste et le Beau lui permet ainsi d'affirmer que le poète qui imite les passions humaines a nécessairement « commerce avec l'élément inférieur de l'âme » et qu'il propose celles-ci en exemple au public. La démarche suivie ici repose sur un postulat qui reste bien évidemment à démontrer et qui préfigure la condamnation que les Jansénistes ou Bossuet porteront contre les auteurs dramatiques, au XVIIe siècle. Par ailleurs, Platon, tout en en faisant le pivot de son argumentation, n'examine guère le concept d'imitation : il part du principe que la représentation, si fidèle et si minutieuse qu'elle soit, est nécessairement d'une qualité inférieure à celle de l'objet représenté ; mais, en procédant ainsi, il laisse complètement de côté l'éventuelle valeur heuristique de la *mimésis*, c'est-à-dire la question de savoir si la représentation n'est pas déjà acte de connaissance de l'objet réel dans la mesure où elle implique de la part de l'artiste la mise en évidence de certaines propriétés ou qualités de celui-ci (formes, couleurs, structure, etc.). Enfin, l'adhésion au dualisme opposant le monde des idées immuables, éternelles, et le monde des apparences sensibles, qui ne serait que le reflet ou l'ombre du premier, conduit Platon à considérer que le Vrai, le Juste, le Beau ont une existence en soi et que la tâche du philosophe et du savant est donc de dépasser le cadre du monde sensible pour accéder à celui des Idées. Cette orientation a pour conséquence en particulier de faire du Vrai, du Juste, du Beau, une réalité préexistante au travail du philosophe ou de l'artiste et de gommer ainsi le caractère construit de ces notions. En d'autres termes, on pourrait dire que Platon privilégie résolument une logique de la Vérité au détriment d'une logique du Savoir.

25. *Ibid.*, 605 a b c, p. 368.

Littérature et réalité sensible : voir ou créer ?

En établissant une hiérarchie entre la réalité du monde sensible et la réalité du monde des idées, Platon disqualifie ainsi à l'avance, de la part de l'artiste, toute tentative d'élucidation de la réalité de ce monde sensible, sous prétexte que ce monde, auquel seule l'expérience immédiate donne accès, n'est pas le vrai monde. Or, force est de constater que, depuis les origines de la littérature, bien nombreuses sont les œuvres qui témoignent de cet effort d'élucidation du réel, qu'il s'agisse du réel dans sa dimension matérielle (objets), dans sa dimension sociale (catégories sociales et antagonismes entre celles-ci), ou du réel dans sa dimension psychologique (peinture des passions). De l'*Iliade* à *Germinal*, de Balzac, Dickens, Flaubert, Tolstoï, Henri James, Tagore à Proust, Robbe-Grillet, Sarraute, Butor ou Gracq, nous constatons que toute une part de la littérature se développe, apparemment sans problème, en dehors de toute référence à une transcendance, sur l'acceptation de ce monde réel qui pour Platon n'avait guère plus de consistance qu'une ombre et que les écrivains se proposent de décrire. Bien sûr, d'un écrivain à l'autre, des divergences importantes se manifestent quant à la nature et au mode d'existence de ce réel. Pour les uns, celui-ci est constitué par le monde social, à travers sa stratification, ses conflits, son histoire ; pour d'autres, par la conscience d'un sujet intellectuel et psychologique : seul existe ce qui est senti et perçu ; pour d'autres enfin, par le langage qui seul rend possibles la constitution et la lecture du texte :

> la vraie vie, la vie enfin découverte et éclaircie, la seule vie par conséquent réellement vécue, c'est la littérature ; cette vie qui, en un sens, habite à chaque instant chez tous les hommes aussi bien que chez l'artiste. Mais ils ne la voient pas parce qu'ils ne cherchent pas à l'éclaircir[26].

26. Marcel Proust, *Le Temps retrouvé*, in *À la Recherche du temps perdu*, édition Pierre Clarac et André Ferré, Paris, Gallimard, coll. « La Pléiade », tome III, 1954, p. 895.

À cela s'ajoute aussi l'opposition que l'on peut établir entre les écrivains qui s'attachent à décrire une réalité présente et ceux qui se proposent de montrer le monde – social ou psychologique – tel qu'il devrait être[27]. Ces derniers peuvent apparaître comme renvoyant à une réalité idéale mais celle-ci n'en est pas moins une réalité dans la mesure où son avènement est considéré comme relevant du possible. C'est dans cette perspective qu'on peut situer le projet de réformation des mœurs, cher aux écrivains classiques et dont La Bruyère trace le paradigme dans la préface des *Caractères* :

> Il [le public] peut regarder avec loisir ce portrait que j'ai fait de lui d'après nature, et s'il se connaît quelques-uns des défauts que je touche, s'en corriger. C'est l'unique fin que l'on doit se proposer en écrivant, et le succès aussi que l'on doit moins se promettre ; mais comme les hommes ne se dégoûtent point du vice, il ne faut pas aussi se lasser de leur reprocher : ils seraient peut-être pires, s'ils venaient à manquer de censeurs et de critiques ; c'est ce qui fait que l'on prêche et que l'on écrit. L'orateur et l'écrivain ne sauraient vaincre la joie qu'ils ont d'être applaudis ; mais ils devraient rougir d'eux-mêmes s'ils n'avaient cherché par leurs discours ou par leurs écrits que des éloges ; outre que l'approbation la plus sûre et la moins équivoque est le changement de mœurs et la réformation de ceux qui les lisent ou qui les écoutent. On ne doit parler, on ne doit écrire que pour l'instruction[28].

Toutes proportions gardées, il en va de même dans le projet d'une littérature « engagée » visant à une transformation politique et sociale du monde, telle que la définit Sartre dans *Qu'est-ce que la littérature ?*

Cela dit, à un autre niveau, c'est-à-dire au-delà de la question portant sur la nature de la réalité – présente ou à

27. Parmi ceux-ci, on rangera bien évidemment les auteurs d'utopies : Thomas More, créateur du mot et du thème avec son *Utopia* (1516) ou Rabelais avec l'épisode de l'abbaye de Thélème dans *Gargantua* (1534).

28. La Bruyère, *Les Caractères* [1688], préface, Paris, Bookking International, 1993, p. 61.

venir – que l'œuvre littéraire est susceptible de figurer, le rapport que la littérature entretient avec le savoir peut être envisagé selon deux autres perspectives. La première concerne l'homologie qui peut être établie entre l'univers de l'œuvre et le monde, en partant du principe que l'écrivain – ou l'artiste – est un concurrent de Dieu qui, à son niveau et avec les moyens qui lui sont propres, construit une totalité signifiante. L'idée est ancienne : on le voit dans la façon dont les Grecs ont considéré très tôt et pendant des siècles l'œuvre d'Homère comme l'expression indépassable d'une certaine vision du monde au point d'en faire la base de la culture grecque : l'*Iliade*, l'*Odyssée* et, plus tard, les *Hymnes homériques* ont été considérés comme des textes contenant l'alpha et l'oméga concernant les passions, la guerre, le politique, sans oublier la forme même de la poésie. Ce qui s'affirme, dès cette époque, si lointaine pour nous, c'est l'idée que le poète – étymologiquement le « créateur » – dit le sens et la structure du monde.

Au XVIe siècle, les poètes et humanistes de la Renaissance insisteront à leur tour sur cette homologie que l'on va retrouver au cœur des grandes œuvres romantiques. Ainsi, Balzac, dans l'*Avant-propos* de *La Comédie humaine* tient à souligner à quel point son projet s'inscrit dans cette perspective de totalisation. Nourri de la lecture de Lamarck, Cuvier et Geoffroy Saint Hilaire, Balzac, en effet, fonde celui-ci sur l'idée que l'on peut établir « une comparaison entre l'Humanité et l'Animalité[29] ». En procédant ainsi, Balzac ne se contente pas de faire de la société une « sociodicée », comme dirait Bourdieu[30], qui ferait de celle-ci un absolu. Il va plus loin et se place véritablement dans la position de Dieu dans la mesure où il reconnaît à cette « humanité » une marge de liberté. Dépassant le déterminisme inspiré par les sciences de la

29. Balzac, *Avant-propos* [1842] de *La Comédie humaine*, in Balzac, *La Comédie humaine*, Paris, Seuil, 1965, tome I, p. 51.

30. Terme forgé par Pierre Bourdieu à partir du terme « théodicée » (justification des lois de Dieu). De même qu'il peut y avoir une justification des lois que Dieu impose aux hommes, il peut y avoir une « justification de la société, de l'ordre établi ». Cf. Pierre Bourdieu, *Méditations pascaliennes*, Paris, Seuil, 1997, p. 87 et 297.

nature, il affirme que le devenir de la société n'est pas totalement prévisible. À la logique scientifique, s'oppose la passion au sens le plus large du terme et celle-ci renvoie à la question du libre arbitre dont Dieu, bien évidemment, parce qu'il était Dieu, ne pouvait pas priver l'homme :

> Quand Buffon peignait le lion, il achevait la lionne en quelques phrases ; tandis que dans la Société la femme ne se trouve pas toujours être la femelle du mâle. Il peut y avoir deux êtres parfaitement dissemblables dans un ménage. La femme d'un marchand est quelquefois digne d'être celle d'un prince, et souvent celle d'un prince ne vaut pas celle d'un artiste. L'État social a des hasards que ne se permet pas la Nature, car il est la Nature plus la Société. La description des Espèces Sociales était donc au moins double de celle des Espèces Animales, à ne considérer que les deux sexes. Enfin, entre les animaux, il y a peu de drames, la confusion ne s'y met guère ; ils courent sus les uns aux autres. Les hommes courent bien aussi les uns sur les autres ; mais leur plus ou moins d'intelligence rend le combat autrement compliqué[31].

Conçue de la sorte, l'œuvre fonctionne ainsi à la manière du mythe dans la mesure où elle se veut explication de l'origine du monde présent dont nous avons l'expérience. Et cela, quel que soit le nom que l'on donne au principe qui en a constitué le premier mouvement : Dieu, pour le croyant, chute des atomes et *clinamen*, pour Lucrèce.

Microcosme et macrocosme

Mais l'œuvre peut apparaître aussi comme une tentative visant à exprimer à travers l'organisation que lui donne l'artiste la structure et le fonctionnement du monde. Cette homologie structurelle a fasciné de nombreux écrivains qui ont conçu leurs œuvres, de façon plus ou moins expli-

31. Balzac, *Avant-propos* de *La Comédie humaine*, *op. cit.*, p. 51.

cite, selon la logique du rapport entre microcosme et macrocosme. C'est cette perspective qu'illustre, par exemple, le long poème de Maurice Scève (1500?-1560?), intitulé justement *Microcosme*[32] dans lequel l'auteur se propose, en trois livres de 1000 vers chacun, clos par un tercet conclusif[33], de retracer l'histoire de l'humanité, respectivement à travers un récit de la Genèse, de la Chute et du meurtre d'Abel, un songe prophétique d'Adam, un récit de celui-ci à Ève. Le poème affirme notamment la dignité de l'homme comme être pensant et producteur du savoir totalisant inspiré des cadres de la connaissance médiévale[34] et, de la sorte, « l'Adam-microcosme renferme en lui, par son infinie puissance génératrice, la *complicatio* de l'humanité tout entière[35] ».

Cette visée a également marqué en profondeur le mouvement romantique dont la gravitation autour de la notion d'« Âme », impliquant une unité de l'Humanité dans le temps comme dans l'espace, répond à cette même ambition de totalisation. Comme l'écrit Léon Cellier,

> En héritant du siècle des Lumières la croyance au progrès, les romantiques français, épris d'unité, d'harmonie, de synthèse, n'ont pas cru qu'une philosophie progressiste impliquât une conception matérialiste de l'homme, mais au contraire ont voulu spiritualiser le progrès, donc unir spiritualisme et lumières. Parmi les conceptions typiquement romantiques, il en est une qui

32. Ce poème publié en 1562 a été probablement écrit entre 1555 et 1559.

33. Ce total de 1003 vers comme les 449 dizains de *Délie* (1544), formés eux-mêmes de vers de 10 syllabes, n'a pas manqué de susciter des commentaires sur le caractère symbolique de ces nombres.

34. Sur cet aspect et l'itinéraire de Maurice Scève, voir François Lestringant, « Scève Maurice », in J.-P. de Beaumarchais, Daniel Couty et Alain Rey, éd., *Dictionnaire des littératures de langue française*, Paris, Bordas, 1984, tome III, p. 2141-2144. Voir également sur le *Microcosme* de Scève l'analyse de A.-M. Schmidt, *La Poésie scientifique en France au seizième siècle*, *op. cit.*, p. 109-165.

35. François Lestringant, *op. cit.*, p. 2143. L'auteur définit le terme de *complicatio* comme « l'enveloppement […] de toutes choses en un point » (p. 2143). Celui-ci renvoyant donc à un principe unique, un « centre », Dieu. Le poème s'organise ainsi comme une *explicatio* de cette *complicatio* initiale.

> frappe par son audace, c'est l'analogie établie entre l'histoire de chaque homme et l'Histoire de l'Humanité. Ballanche, auteur du poème initiatique *Orphée*, grand semeur d'idées autour de 1830, paraphrase à plaisir cette analogie : « L'histoire de l'homme, c'est l'histoire d'un peuple, c'est l'histoire de tous les peuples, c'est enfin l'histoire du genre humain. Et l'histoire du genre humain lui-même, c'est l'histoire de chaque homme[36]. »

Cette ambition apparaît en particulier dans la structure de nombreuses œuvres romantiques. On le constate dans la place importante qu'occupe le genre épique tout au long du XIXe siècle qui se prête à l'expression, au lendemain de la période révolutionnaire, des grands mythes voués à la célébration de l'Humanité, perçue dans ses origines, son rapport au Créateur et son histoire : que ce soit chez Lamartine (1790-1869), avec *Jocelyn* (1836) et *La Chute d'un ange* (1838), Hugo (1802-1885), avec *La Légende des siècles* (1859, 1877 et 1883), *L'Âne* (1880), *La Fin de Satan* (1886), sans oublier *Les Misérables* (1862) ou *Les Travailleurs de la mer* (1866), Quinet (1803-1875), avec *Ahasvérus* (1833)[37].

On le constatera également dans la composition de maints recueils poétiques de cette époque. C'est le cas, par exemple, des *Contemplations* (1856). Dans l'introduction de la magnifique édition qu'il a donnée du chef-d'œuvre de Hugo, Léon Cellier a mis en évidence les plans successifs envisagés par le poète et souligné notamment comment celui-ci était parti d'une structure simpliste opposant, de part et d'autre de la mort de Léopoldine (1843), « Autrefois » et « Aujourd'hui » et avait abouti, à travers

36. Léon Cellier, « Le roman initiatique en France au temps du romantisme », in *Parcours initiatiques*, Neuchâtel, La Baconnière-Grenoble, Presses universitaires de Grenoble, 1977, p. 121. [1re publication, *Cahiers Internationaux du Symbolisme*, n° 4, 1964]. Ballanche (1776-1847) a publié *Orphée*, poème épique en prose, en 1829. Sur Ballanche, voir Léon Cellier, *L'Epopée humanitaire et les grands mythes romantiques*, Paris, SEDES, 1971, p. 105-138.

37. Sur l'importance de l'épopée à l'époque romantique, voir Léon Cellier, *L'Épopée humanitaire*, *op. cit.*

toute une série d'étapes et d'incertitudes, au plan définitif en 6 livres : « Aurore », « L'âme en fleur », « Les luttes et les rêves », « Pauca meae », « En marche », « Au bord de l'infini ». Le travail ainsi réalisé dépasse l'expression d'un lyrisme fondé sur la seule expérience. C'est pourquoi, il ne faut pas se méprendre sur la célèbre formule que le poète emploie dans sa préface pour caractériser son œuvre : « Les Mémoires d'une âme » et lire attentivement le commentaire qu'il en fait juste après :

> Ce sont, en effet, toutes les impressions, tous les souvenirs, toutes les réalités, tous les fantômes vagues, riants ou funèbres, que peut contenir une conscience, revenus ou rappelés, rayon à rayon, soupir à soupir, et mêlés dans la même nuée sombre. C'est l'existence humaine sortant de l'énigme du berceau et aboutissant à l'énigme du cercueil ; c'est un esprit qui marche de lueur en lueur en laissant derrière lui sa jeunesse, l'amour, l'illusion, le combat, le désespoir, et qui s'arrête éperdu « au bord de l'infini ». Cela commence par un sourire, continue par un sanglot, et finit par un bruit de clairon de l'abîme[38].

Le recueil est ainsi construit comme une initiation dont le poète serait le myste, « guidé par la fille métamorphosée en ange[39] » et au terme de laquelle s'opère la possibilité d'une renaissance :

> Après une longue lutte, car c'est le mage qui nous est montré en proie aux faiblesses de la chair comme au piège du doute, encouragé par la Nature qui rayonne et fait de la vie avec de la mort, le poète, par-delà les ténèbres, veut parvenir à la sérénité. Mourir, c'est naître ; la mort n'est pas noire, mais bleue ; l'histoire humaine est une marche vers l'azur ; le dernier mot est *spes*[40].

38. Victor Hugo, *Les Contemplations*, texte établi avec introduction, chronologie des *Contemplations* et de Victor Hugo, bibliographies, notes et variantes par Léon Cellier, Paris, Garnier, 1969, p. 3.

39. Léon Cellier, introduction aux *Contemplations*, *op. cit.*, p. XXIII.

40. *Ibid.*, p. XXIII. Léon Cellier fait ici allusion à deux poèmes du Livre VI : *Spes* (XXI) et *Cadaver* (XIII) dans lequel figure l'extraordinaire formule : « La mort est bleue » (v. 48).

Des remarques analogues pourraient être faites également à propos de la structure des *Fleurs du mal*. Dans un article destiné au *Pays*, mais que le journal ne publia pas, et écrit en juillet 1857 pour défendre Baudelaire à la veille du procès qui lui était intenté, Barbey d'Aurevilly soulignait qu'on ne pouvait accepter la méthode suivie par l'accusation lorsqu'elle isolait arbitrairement des vers ou des poèmes du recueil pour les porter à la charge du poète. Dans la dernière partie de ce long article, il notait en particulier :

> Nous ne pouvons ni ne voulons rien citer du recueil de poésies en question, et voici pourquoi : une pièce citée n'aurait que sa valeur individuelle, et il ne faut pas s'y méprendre, dans le livre de M. Baudelaire, chaque poésie a, de plus que la réussite des détails ou la fortune de la pensée, *une valeur très importante d'ensemble* et de situation qu'il ne faut pas lui faire perdre, en la détachant. Les artistes qui voient les lignes sous le luxe et l'efflorescence de la couleur percevront très bien qu'il y a ici *une architecture secrète*, un plan calculé par le poète, méditatif et volontaire[41].

Baudelaire, de son côté, reprend l'argument dans les notes qu'il réunit pour sa défense. Ainsi, en marge d'un article de Frédéric Dulamon paru dans *Le Présent* le 23 juillet 1857 et qui insistait sur le dualisme d'inspiration chrétienne des *Fleurs du mal*, il fait ce commentaire :

> C'est ce que j'ai fait dans mon livre d'une manière lumineuse ; plusieurs morceaux non incriminés réfutent les poèmes incriminés. Un livre de poésie doit être apprécié dans son ensemble et *par sa conclusion*[42].

Dans deux des notes destinées à son avocat, il revient sur cette idée :

> Le Livre doit être jugé *dans son ensemble*, et alors il en ressort une terrible moralité. Donc je n'ai à pas à me

41. Barbey d'Aurevilly, « *Les Fleurs du mal* par M. Charles Baudelaire » [24 juillet 1857], in Baudelaire, *Œuvres complètes*, tome I, *op. cit.*, p. 1196.

42. Baudelaire, *Œuvres complètes*, *op. cit.*, p. 193.

> louer de cette singulière indulgence qui n'incrimine que 13 morceaux sur 100. Cette indulgence m'est très funeste. C'est en pensant à ce *parfait ensemble* de mon livre, que je disais à M. le juge d'instruction : *mon unique tort a été de compter sur l'intelligence universelle, et de ne pas faire une préface où j'aurais posé mes principes littéraires et dégagé la question si importante de la Morale*. [...] À un blasphème j'opposerai des élancements vers le Ciel, à une obscénité, des fleurs platoniques. Depuis le commencement de la poésie, tous les volumes sont ainsi faits. Mais il était impossible de faire autrement un livre destiné à représenter L'AGITATION DE L'ESPRIT DANS LE MAL[43].

Que cette argumentation n'ait guère convaincu le tribunal, il n'y a là rien de bien étonnant quand on songe au climat d'ordre moral et de respectabilité bourgeoise que la justice entretenait alors en France.

En revanche, il est étonnant qu'une partie de la critique baudelairienne ait considéré qu'il ne fallait pas surestimer le caractère structuré des *Fleurs du mal*, cette « architecture secrète » que s'était plu à relever Barbey d'Aurevilly. Ainsi, Antoine Adam, dans l'introduction de son édition des *Fleurs du mal* estime que les travaux consacrés à cette question débouchent en général sur des « résultats [...] décevants » et « que, dans cette recherche de la signification générale du volume, la part des hypothèses est trop grande[44] ». Claude Pichois, quant à lui, voit essentiellement dans le thème de l'« architecture secrète » un « paratonnerre propre à écarter les foudres de la Justice[45] » et ajoute peu après : « Se proposer de déceler l'"*architecture secrète*" des *Fleurs*, ce serait vouloir expliquer Nerval par le tarot[46]. » Certes il reconnaît que l'ouvrage est un « livre » et non un « recueil », « un livre dont les divisions ont été choisies par Baudelaire et dont le cadre a été autant secrété par les poèmes déjà composés qu'il en a suscité

43. *Ibid*., p. 193-194 et 195.

44. Antoine Adam, *in* Baudelaire, *Les Fleurs du mal. Les Épaves, Bribes, Poèmes divers, Amoenitates belgicae*, introduction, relevé de variantes et notes par Antoine Adam, Paris, Garnier, 1959, p. XIV.

45. Baudelaire, *Œuvres complètes*, *op. cit*., p. 799.

46. *Ibid*., p. 799.

d'autres » mais le degré de composition lui paraît en définitive limité :

> *Les Fleurs du mal* ne résultent pas d'un *a priori :* la durée même de leur création et les desseins successifs du créateur interdisent une telle interprétation : elles n'ont pas été avant d'avoir existé. La conception même d'un poème comparable à *La Divine Comédie* est impossible au XIXe siècle[47].

Mais pourquoi faire des *Fleurs du mal* une œuvre à part dans le XIXe siècle et ne pas les lire tout simplement, en ce qui concerne leur structure et le projet du poète, comme un livre proche à bien des égards des *Contemplations*, parues un an avant la première édition des *Fleurs ?* Envisagé sous cet angle, l'ouvrage de Baudelaire révèle indéniablement l'importance que l'écrivain attachait à la structure de son recueil et à laquelle il apporte des modifications notables dans l'édition de 1861 en y ajoutant la section des *Tableaux parisiens*, aboutissant ainsi à un ensemble de 126 poèmes répartis en six sections : *Spleen et Idéal*, *Tableaux parisiens*, *Le Vin*, *Fleurs du mal*, *Révolte*, *La Mort*. Comme chez Hugo et conformément à la vision du monde qui est celle du Romantisme et dont Baudelaire est largement tributaire, il y a bien là une ambition de totalité.

Après avoir exposé, dans une perspective pascalienne, la double nature de l'homme déchiré entre l'aspiration à l'Idéal et l'expérience du Spleen[48], le poète organise son œuvre en examinant successivement les différentes tentatives déployées par l'homme pour échapper à sa condition : constitution d'une poésie de la modernité à partir d'une phénoménologie de la Ville, expérience des « paradis artificiels », recherche des satisfactions procurées par le sadisme et le masochisme, révolte contre le créateur exprimée notamment à travers l'évocation des figures tutélaires de Caïn et de Satan, la mort, suprême évasion.

47. *Ibid.*, p. 799-800.

48. Cette première section des *Fleurs du mal* qui est la plus longue – elle comprend 85 poèmes – fonctionne en chiasme avec le titre que lui a donné le poète puisque ce dernier a choisi de commencer par les poèmes traitant de l'Idéal. Le passage de l'Idéal au Spleen correspond au passage entre *L'Invitation au voyage* (LIII) et *L'Irréparable* (LIV).

De la sorte, le livre peut apparaître effectivement comme le récit d'un parcours de type initiatique que l'homme accomplit vers une révélation ultime : la mort. Mais, de l'édition de 1857 à celle de 1861, Baudelaire a infléchi singulièrement le sens de ce parcours. En 1857, le livre se terminait sur le sonnet *La Mort des artistes* qui soulignait la possibilité d'un espoir et d'une réconciliation de l'homme avec lui-même, dans l'espace d'une « vie antérieure » enfin retrouvée, car on peut croire

> Que la Mort, planant comme un soleil nouveau,
> Fera s'épanouir les fleurs de leur cerveau ![49]

En revanche, dans l'édition de 1861, le poète clôt son ouvrage avec le long poème *Le Voyage* qui fait éclater cette logique du parcours initiatique :

> Ô Mort, vieux capitaine, il est temps ! levons l'ancre !
> Ce pays nous ennuie, Ô Mort ! Appareillons !
> Si le ciel et la mer sont noirs comme de l'encre,
> Nos cœurs que tu connais sont remplis de rayons !
>
> Verse-nous ton poison pour qu'il nous réconforte !
> Nous voulons, tant ce feu nous brûle le cerveau,
> Plonger au fond du gouffre, Enfer ou Ciel, qu'importe ?
> Au fond de l'Inconnu pour trouver du *nouveau* ![50]

Ici, plus de « Bouche d'ombre » révélant à l'homme le sens de sa destinée : Baudelaire accepte le risque de l'Inconnu comme il avait accepté, dans le cours de son livre, à l'encontre du Psalmiste[51], l'idée que le monde pourrait être le reflet de l'Enfer, jetant ainsi les bases d'une « symbolique à rebours », pour reprendre la formule de L. J. Austin[52] :

49. Baudelaire, *La Mort des artistes*, in *Œuvres complètes*, *op. cit.*, p. 127.

50. Baudelaire, *Le Voyage*, in *Œuvres complètes*, *op. cit.*, p. 134.

51. Cf. le début du Psaume 18, « Les cieux racontent la gloire de Dieu », in *La Bible*, version complète d'après les textes originaux des moines de Maredsous, Braine-le-Comte, Editions de Maredsous-Zech et Fils, 1952, p. 559.

52. Cf. Lloyd James Austin, *L'Univers poétique de Baudelaire. Symbolisme et symbolique*, Paris, Mercure de France, 1956. 355 p.

Cieux déchirés comme des grèves,
En vous se mire mon orgueil,
Vos vastes nuages en deuil

Sont les corbillards de mes rêves,
Et vos lueurs sont le reflet
De l'Enfer où mon cœur se plaît[53].

Cette homologie entre la structure de l'œuvre et celle du monde, Mallarmé cherchera à son tour à l'établir. Dans un texte célèbre, *Autobiographie*, réponse à une enquête de Verlaine, il écrit :

> À part les morceaux de prose et les vers de ma jeunesse et la suite, qui y faisait écho, publiée un peu partout, chaque fois que paraissaient les premiers numéros d'une Revue Littéraire, j'ai toujours rêvé et tenté autre chose, avec une patience d'alchimiste, prêt à y sacrifier toute vanité et toute satisfaction, comme on brûlait jadis son mobilier et les poutres de son toit, pour alimenter le fourneau du Grand Œuvre. Quoi ? C'est difficile à dire : un livre, tout bonnement, en maints tomes, un livre qui soit un livre, architectural et prémédité, et non un recueil des inspirations de hasard fussent-elles merveilleuses… J'irai plus loin, je dirai : le Livre, persuadé qu'au fond il n'y en a qu'un, tenté à son insu par quiconque a écrit, même les Génies. L'explication orphique de la Terre, qui est le seul devoir du poète et le jeu littéraire par excellence : car le rythme même du livre, alors impersonnel et vivant, jusque dans sa pagination, se juxtapose aux équations de ce rêve, ou Ode[54].

Mallarmé ne réalisa qu'imparfaitement ce programme. Néanmoins on peut penser qu'*Un coup de dés jamais n'abolira le hasard*[55] et, peut-être plus encore, son projet

53. Baudelaire, *Horreur sympathique*, in *Œuvres complètes*, *op. cit.*, p. 78.

54. Mallarmé, *Autobiographie*, in *Œuvres complètes*, introduction, bibliographie, iconographie et notes par Henri Mondor et G. Jean-Aubry, Paris, Gallimard, coll. « La Pléiade », 1945, p. 662-663. Cette longue lettre à Verlaine date du 16 novembre 1885.

55. Ce poème a paru pour la première fois dans le numéro de mai 1897 de la revue *Cosmopolis* – Mallarmé est mort en 1898 – et sa pre-

du *Livre* ont tenté d'y répondre. En combinant, dans *Un coup de dés*, l'utilisation du langage et l'effet iconique résultant de la disposition des mots sur la page et des différents corps typographiques choisis pour ceux-ci, Mallarmé propose à son lecteur-spectateur une sorte de poème total – texte et tableau – qui est bien une image du monde, perçu dans une perspective qui vise à transcender l'intelligible et l'inintelligible puisqu'elle vise à réunir les concepts contradictoires de hasard et de loi. Dans une lettre du 14 mai 1897 adressée à André Gide, il précise quelle a été son intention, en soulignant notamment le caractère idéographique du *Coup de dés* :

> Le poème s'imprime, en ce moment, tel que je l'ai conçu ; quant à la pagination où est tout l'effet. Tel mot, en gros caractères, à lui seul, domine toute une page de blanc et je crois être sûr de l'effet. [...] La constellation y affectera, d'après des lois exactes et autant qu'il est permis à un texte imprimé, fatalement, une allure de constellation. Le vaisseau y donne de la bande, du haut d'une page au bas de l'autre, etc. : car, et c'est là tout le point de vue [...], le rythme d'une phrase au sujet d'un acte ou même d'un objet n'a de sens que s'il les imite et, figuré sur le papier, repris par les Lettres à l'estampe originelle, en doit rendre malgré tout quelque chose[56].

Quelques mois plus tard, dans une lettre à Camille Mauclair du 8 octobre 1897, il complète son commentaire sur un autre point, également essentiel :

> Je crois que toute phrase ou pensée, si elle a un rythme, doit le modeler sur l'objet qu'elle vise et reproduire, jetée à nu, immédiatement, comme jaillie en l'esprit, un peu de l'attitude de cet objet quant à tout. La litté-

---

mière édition en volume a paru en 1914 aux éditions de la *Nouvelle Revue Française*.

56. Mallarmé, *Correspondance complète 1862-1871* suivi de *Lettres sur la poésie 1872-1898*, avec des lettres inédites, préface d'Yves Bonnefoy, édition établie et annotée par Bertrand Marchal, Paris, Gallimard, coll. « Folio », 1995, p. 632.

> rature fait ainsi sa *preuve* : pas d'autre raison d'écrire sur du papier[57].

La « preuve » – mot au demeurant fréquent chez Mallarmé – que la littérature doit établir ne répond pas à un projet visant à reproduire de façon mimétique le monde réel, fût-ce par le biais de l'idéographie ou de calligrammes ; elle réside dans une capacité à fonder une réalité essentielle dont la valeur ne peut apparaître que dans une confrontation de cette réalité avec elle-même.

C'est à une réalité de ce type que songe Mallarmé lorsqu'il entreprend le « Livre » dont il conçoit l'idée en 1866 et auquel il devait travailler de façon presque continue, plus particulièrement de 1873 à 1885 et de 1892-1893 jusqu'à sa mort. Comme le note Jacques Scherer dans l'introduction de son édition des 202 feuillets écrits par Mallarmé en vue du « Livre »,

> Dans l'ordre littéraire, il est indispensable que le Livre montre sa réalité par une « preuve ». La notion de preuve est une conséquence immédiate de l'idée de confrontation ou de comparaison. À défaut de la comparaison externe qu'est la ressemblance, le Livre devra trouver en lui-même deux aspects qui se rejoignent ; s'ils se rejoignent, c'est qu'il y a quelque chose de réel dans ce jeu ; l'existence d'un point de jonction montrera l'objectivité de ce qui est en question. [...] Le Livre est réel dans toute la mesure où il est superposable à lui-même. Sinon, il n'est que fantaisie gratuite, jeu de hasard que la fonction première de la littérature est, très exactement, d'abolir[58].

Ainsi, ce que tente d'affirmer et de réaliser Mallarmé, c'est une sorte d'immanence absolue – et totalement objective – de l'œuvre : le Livre ne peut exister qu'à la double condition de ne rien devoir à la personnalité subjective de l'auteur – « l'œuvre pure implique

57. *Ibid.*, p. 635.

58. Jacques Scherer, *Le « Livre » de Mallarmé*, Paris, Gallimard, 1977, p. 91-92 et 94.

la disparition élocutoire du poète, qui cède l'initiative aux mots[59] » – et de « se délivrer complètement de la circonstance[60] ».

On voit par là ce qui sépare Mallarmé de Hugo ou de Baudelaire : l'homologie entre l'œuvre et le monde ne repose plus sur un rapport de ressemblance entre la représentation et l'objet de la représentation ni même sur un rapport de similitude entre la structure du microcosme et celle du macrocosme ; elle réside, plus fondamentalement, dans le fait que l'œuvre *est*, de même que le monde *est*. En ce sens, le « Livre » rêvé – et en partie écrit – par Mallarmé dépasse le projet que constituait le sonnet en -yx, dans la mesure où ce « sonnet allégorique de lui-même[61] » n'excluait pas cependant l'existence d'un lien entre les deux mondes, grâce au « miroir appendu au fond, avec sa réflexion, stellaire et incompréhensible, de la grande Ourse, qui relie au ciel seul ce logis abandonné du monde[62] ». Pour la même raison, il dépasse également la tentative que représentait *Un coup de dés*.

Savoir et totalité

Des dix poèmes parus le 12 mai 1866 dans *Le Parnasse contemporain* jusqu'aux feuillets écrits en vue du « Livre », l'entreprise de Mallarmé constitue un cas limite pour constituer l'œuvre comme totalité structurée, impliquant l'abolition de tout sujet de la création. L'œuvre devient ainsi « spectacle de la matière, ayant conscience

59. Mallarmé, *Crise de vers* [1886-1892-1896], in *Œuvres complètes*, op. cit., p. 366.

60. Jacques Scherer, *op. cit.*, p. 17.

61. Titre donné par Mallarmé à la première version de ce sonnet qui figure dans une lettre à Henri Cazalis du 13 juillet 1868 et expédiée d'Avignon. Cf. Mallarmé, *Correspondance*, *op. cit.*, p. 390-394.

62. Mallarmé, *Correspondance*, *op. cit.*, p. 392. Peu après, Mallarmé va dans le même sens et parle de son « œuvre [...] si bien préparé et hiérarchisé, représentant comme il le peut l'Univers » (p. 393).

d'elle, et, cependant, s'élançant forcenément dans le Rêve qu'elle sait n'être pas[63] » :

> Ma Pensée s'est pensée, et est arrivée à une Conception Pure. [...] Je suis maintenant impersonnel, et non plus Stéphane que tu as connu, – mais une aptitude qu'a l'Univers spirituel à se voir et à se développer, à travers ce qui fut moi[64].

Mais, comme le note Yves Bonnefoy, cette ambition de totalité a quelque chose qui, d'un certain côté, tient aux « grandes structures de la pensée archaïque[65] », telles qu'elles apparaissent en particulier dans la vision du monde médiévale. À cette époque, en effet, « le monde était accessible à l'esprit de par le dedans de ses manifestations. [...] Et pour peu qu'on approfondît cette lecture de signes, on pouvait donc déboucher sur une expérience d'unité sans quitter le plan des réalités sensibles : l'expérience même que Mallarmé dans ses premiers textes appellera une extase[66] ». Sans doute, Mallarmé a-t-il perçu très vite qu'il n'était plus possible de concevoir une « connaissance par le dedans » et qu'il fallait désormais « en passer par les catégories et les modes de la pensée de son siècle, pour laquelle la chose n'est plus qu'objet, matière à simple mesure[67] ».

Mais, tout en élaborant une conception matérialiste de la connaissance, Mallarmé n'a peut-être jamais totalement renoncé à l'idée que la finitude puisse être pensée sur le

63. Mallarmé, Lettre à Henri Cazalis du 28 avril 1866, in *Correspondance*, *op. cit.*, p. 298.

64. Mallarmé, Lettre à Henri Cazalis du 14 mai 1867, *ibid.*, p. 342-343.

65. Yves Bonnefoy, « La clef de la dernière cassette », in Mallarmé, *Poésies*, préface d'Yves Bonnefoy, édition établie et annotée par Bertrand Marchal, Paris, Gallimard, coll. « Poésie », 1992, p. VII.

66. *Ibid.*, p. VIII. Yves Bonnefoy fait ici en particulier allusion à *Symphonie littéraire* [1865] dans lequel Mallarmé, à travers trois variations sur Gautier, Baudelaire et Banville, développe effectivement une conception de la poésie dans la lignée de la ferveur médiévale et des *Correspondances* de Baudelaire. Pour le texte de *Symphonie littéraire*, cf. Mallarmé, *Œuvres complètes*, *op. cit.*, p. 261-265. Ce texte a paru pour la première fois dans *L'Artiste*, le 1er février 1865.

67. Yves Bonnefoy, *in* Mallarmé, *Poésies*, *op. cit.*, p. IX.

mode de ce que Baudelaire appelait « l'universelle analogie[68] », dans la mesure où l'élaboration de la forme pure et de l'essence de la rose, « l'absente de tous bouquets[69] », a bien pour point de départ une expérience sensible et l'insatisfaction éprouvée devant celle-ci. On n'est donc pas si éloigné qu'on pourrait le croire de la vision médiévale : « l'extase délivrait de la finitude ; mais la finitude était la voie vers l'extase[70] ». De plus, Mallarmé a cru, comme l'écrit encore Bonnefoy, que « la verbalisation de l'essence de l'univers demeurait possible, dans l'œuvre à venir de quelques poètes[71] ». À quoi s'ajoute l'ambition de la totalité.

Or la science moderne se constitue dans le refus de celle-ci, ou dans l'affirmation de son impossibilité. Certes, la critique littéraire ou artistique maintient volontiers l'idée qu'il puisse y avoir une homologie entre la structure de l'œuvre et celle du monde dont elle pourrait, de ce fait, être une élucidation. Mais il y a dans cette thèse une méconnaissance de la façon dont agit et progresse la science. Hermann Broch a souligné la différence entre les deux démarches :

> On peut appeler cette volonté qui réside dans la chose littéraire, lorsqu'elle se représente comme une fonction des efforts pour appréhender un espace étendu, une impatience de la connaissance, une course pour devancer la connaissance rationnelle qui ne va de l'avant que pas à pas et qui jamais, quand elle l'atteint, ne parvient à une pareille totalité[72].

Pour Broch, cette différence réside essentiellement dans le fait que l'écrivain ou l'artiste croit pouvoir apporter une réponse totale aux interrogations que formule l'homme

68. Baudelaire, « Victor Hugo », in *Œuvres complètes*, *op. cit.*, tome II, p. 133. Cet article a paru pour la première fois dans *La Revue fantaisiste* le 15 juin 1861.

69. Mallarmé, *Crise de vers*, in *Œuvres complètes*, *op. cit.*, p. 368.

70. Yves Bonnefoy, *in* Mallarmé, *Poésies*, *op. cit.*, p. XI.

71. *Ibid.*, p. XV.

72. Hermann Broch, *Création littéraire et connaissance*, traduit de l'allemand par Albert Kohn, édition et introduction de Hannah Arendt, Paris, Gallimard, 1966, p. 209.

sur sa destinée et sa place dans le monde. De la sorte, alors que la science demeure « éternellement un système inachevé, éternellement en progrès », l'art a

> l'avantage immense et presque magique non seulement de faire soupçonner mais de refléter cette grande totalité dans chacun de ses actes. Certes, l'art en tant que tel est lui aussi éternellement un système inachevé, mais toute œuvre d'art particulière est miroir de la totalité, est [...] miroir de ce grand « idéal » qui est l'idée du système tout entier[73].

Néanmoins – et quel que soit, à cet égard, le point de vue de Broch, qui n'est d'ailleurs pas évident – cette conception d'un savoir dont la visée serait totalisante a bien quelque chose de naïf ou d'« archaïque » pour reprendre le terme d'Yves Bonnefoy.

Mais cet archaïsme prend deux formes qu'il convient de distinguer. La première met l'accent sur la connaissance. C'est le cas de Claudel lorsque, dans son *Art poétique*, il tente d'établir une équivalence entre l'ordre du langage et celui du cosmos, dans la mesure où le langage, dans sa dimension analytique, agissant comme le prisme que traverse le rayon lumineux, opère une décomposition de celui-ci, laquelle renvoie à une sorte de liberté primordiale de l'homme qui, à l'image de son Créateur, a le pouvoir de nommer :

> Toute chose qui s'inscrit dans la durée est requise par la constitution ambiante et préalable de sa condition complémentaire et trouve hors d'elle-même sa *raison* d'être qui se parfait en l'engendrant. J'appelle très proprement connaissance oui cette nécessité pour tout d'être partie : d'abord. Cette partie secondement, la liberté pour l'homme de la *faire*, de créer sa position lui-même sur l'ensemble et troisièmement cette répercussion, qui est de savoir ce qu'il fait[74].

Mais cette liberté que Claudel reconnaît à l'homme reste subordonnée à un ordre du monde qui est déjà là et que

73. *Ibid.*, p. 347.
74. Paul Claudel, *Art poétique*, Paris, Mercure de France, 1907, p. 63.

l'acte d'énonciation a pour fonction de confirmer. Celui-ci montre tout d'abord que « chaque chose ne subsiste pas sur elle seule, mais dans un rapport infini avec toutes les autres[75] ». Il souligne également une permanence du sens :

> Lorsque je dis « le rat » ou « le soleil » je substitue au rongeur ou à l'astre, à tel rat jaillissant de l'ordure, à tel soleil de la ville ou de la campagne, sa valeur, le signe sous lequel nous rangeons toutes les impressions qu'il est capable de nous procurer. Je deviens maître, avec le mot, de l'objet qu'il représente, je puis le transporter où je veux avec moi, je puis faire comme s'il était là. Nommer une chose, c'est la répéter en court ; c'est substituer au temps qu'elle met à être celui que nous prenons à l'énoncer. Ce qui subsiste d'une chose dans ce signe qu'est d'elle un mot, c'est seulement son *sens*, son intention, ce qu'elle veut dire et que nous disons à sa place. C'est ce sens que nous adaptons au nôtre, que nous assimilons et qui devient la matière de notre *intelligence*. [...] Toute « proposition » est premièrement l'énonciation des rapports, de la balance que nous établissons entre la chose et nous, entre le sujet et l'objet, des effets sur nous-mêmes que nous lui reconnaissons, le geste par qui nous nous montrons les choses et nous montrons à elles. Mais nous pouvons faire plus. Le mot n'est pas seulement la formule de l'objet. Il est l'image de moi-même en tant qu'informé par cet objet. Quand je pense « le chien », ce que je fais, c'est moduler aussitôt, disposer les différentes images et impressions dont cet animal est le support. Quand je dis « le chien aboie » c'est le chien dans ma pensée qui aboie, ce chien assimilé à qui j'impartis mon énergie de sujet ; je répète en court l'action, j'en deviens moi-même l'auteur, l'acteur[76].

En ce sens, la connaissance telle que la conçoit Claudel est, à l'opposé de la vision pascalienne, une invitation adressée à l'homme pour re-jouer le jeu, primordial et éternel, du Créateur :

75. *Ibid.*, p. 52.
76. *Ibid.*, p. 132-133 et 134-135.

> Nous ne naissons pas seuls. Naître, pour tout, c'est co-naître. Toute naissance est une connaissance. Pour comprendre les choses, apprenons les mots qui en sont dans notre bouche l'image soluble. Ruminons la bouchée intelligible. La parenté est certaine qui relie dans les trois langues d'*acquérir par l'esprit* et de *surgir ; genoumai* et *gignôsko*, *nasci*, *gignere*, *novi*, *cognoscere*, *naître* et *connaître*. Jusqu'aux formes inchoatives et passives réparties entre les deux familles, tout, dans l'anatomie de ces verbes, veut dire[77].

À bien des égards, le surréalisme pose en définitive en des termes semblables la question de la relation susceptible d'exister entre littérature et connaissance. Critiquant le rationalisme de son temps qui, selon lui, ne donne qu'une image mutilée de la réalité parce qu'il n'en montre que la surface, Breton pense que la littérature peut faire accéder à une réalité supérieure ou, si l'on préfère, plus vraie :

> Nous vivons encore sous le règne de la logique. [...] Mais les procédés logiques, de nos jours, ne s'appliquent plus qu'à la résolution de problèmes d'intérêt secondaire. Le rationalisme absolu qui reste de mode ne permet de considérer que des faits relevant étroitement de notre expérience. Les fins logiques, par contre, nous échappent. Inutile d'ajouter que l'expérience même s'est vu assigner des limites. Elle tourne dans une cage d'où il est de plus en plus difficile de la faire sortir. Elle s'appuie, elle aussi, sur l'utilité immédiate, et elle est gardée par le bon sens. Sous couleur de civilisation, sous prétexte de progrès, on est parvenu à bannir de l'esprit tout ce qui se peut taxer à tort ou à raison de superstition, de chimère ; à proscrire tout mode de recherche de la vérité qui n'est pas conforme à l'usage[78].

Pour Breton, le monde a un sens, dès lors qu'on l'envisage « sur le plan analogique » : « Pour moi, la seule *évi-*

77. *Ibid.*, p. 62-63. Inchoatif : forme verbale impliquant une progression de l'action ou de l'être.

78. André Breton, *Manifestes du surréalisme*, Paris, Gallimard, coll. « Idées », 1966, p. 18-19. Ce texte est extrait du premier *Manifeste du Surréalisme*, paru en 1924.

dence au monde est commandée par le rapport spontané, extra-lucide, insolent qui s'établit, dans certaines conditions, entre telle chose et telle autre, que le sens commun retiendrait de confronter[79]. »

Comme « l'analogie mystique », « l'analogic poétique »

> transgresse ainsi les lois de la déduction pour faire appréhender à l'esprit l'interdépendance de deux objets de pensée situés sur des plans différents entre lesquels le fonctionnement logique de l'esprit n'est apte à jeter aucun pont et s'oppose *a priori* à ce que toute espèce de pont soit jeté[80].

Mais, à la différence de celle-ci, « tout empirique dans sa démarche », elle affirme fortement l'immanence de ce monde, considéré comme le seul susceptible d'exister, et « ne songe pas un instant à faire tourner ses conquêtes à la gloire d'un quelconque au-delà[81] ». On retrouve ainsi chez Breton cette ambition de totalité qui a marqué si fortement la pensée romantique, au point que Breton en arrive à reconnaître, dans *Arcane 17*, que

> l'ésotérisme, toutes réserves faites sur son principe même, offre au moins l'immense intérêt de maintenir à l'état dynamique le système de comparaison, de champ illimité, dont dispose l'homme, qui lui livre les rapports susceptibles de relier les objets en apparence les plus éloignés et lui découvre partiellement la mécanique du symbolisme universel[82].

Néanmoins, Breton hésite sur la nature de cette réalité du monde : celle-ci existe-t-elle en dehors du sujet qui la contemple ou l'analyse ? Ou, au contraire, n'existe-t-elle qu'à travers ce sujet ? À cet égard, on se souviendra de la référence, dans *Nadja*, à Berkeley et de la formule qui peut en être considérée comme un commentaire : « Qui vive ?

79. André Breton, *Signe ascendant*, Paris, Gallimard, coll. « Poésie », 1968, p. 7. Ce texte a été écrit en 1947.

80. *Ibid.*, p. 9.

81. *Ibid.*, p. 9.

82. André Breton, *Arcane 17*, enté d'*Ajours*, suivi de *André Breton ou la transparence* par Michel Beaujour, Paris, UGE, coll. « 10-18 », 1965, p. 105. [texte publié en 1947].

Est-ce vous, Nadja ? Est-il vrai que l'au-delà, tout l'au-delà soit dans cette vie ? Je ne vous entends pas. Qui vive ? Est-ce moi seul ? Est-ce moi-même[83] ? »

Parallèlement, cet archaïsme peut prendre une autre forme : celle de *l'encyclopédisme*. Dans cette perspective, le projet de l'écrivain n'est pas de mettre l'accent, à la façon de Claudel ou Breton, sur le processus de la connaissance dans son rapport avec l'ordre du monde mais, bien plutôt, d'essayer de produire une œuvre qui contiendrait la totalité des connaissances humaines.

C'est cette ambition que Flaubert prête à ses deux héros dans *Bouvard et Pécuchet*[84]. Ces derniers tentent en effet de parcourir la totalité du savoir de leur temps, conformément à la définition même du terme « encyclopédie[85] ». Le romancier les montre ainsi s'intéresser successivement à l'agriculture (chap. II), la chimie (chap. III), l'archéologie (chap. IV), la littérature et la langue (chap. V), la science politique (chap. VI), la gymnastique, la philosophie et le spiritisme (chap. VIII), la religion (chap. IX). La critique hésite sur le sens que l'écrivain entendait donner au parcours qu'il fait accomplir à ses deux personnages. Flaubert a-t-il voulu tourner en dérision une attitude naïve consistant à croire qu'il était possible de faire le tour des connaissances et dénoncer par là même la croyance béate au Progrès qui caractérise son époque ? Ou, au contraire, a-t-il cherché à figurer, dans une perspective en définitive tragique, l'impossibilité de toute connaissance véritable ? Flaubert n'ayant rédigé complètement que les dix chapitres correspondant à la première partie de son projet, il est difficile de répondre à ces questions. Néanmoins, on

83. André Breton, *Nadja*, Paris, Le Livre de Poche, 1964, p. 169.

84. Ce roman inachevé a été publié après la mort de Flaubert (8 mai 1880) en décembre 1880 dans *La Nouvelle Revue* et en volume chez Lemerre en 1881.

85. Étymologiquement, le terme attesté en français selon le Robert à partir de 1508 et que l'on trouve chez Rabelais en 1532 vient du grec « egkuklios paideia ». Il est construit sur la réunion des mots « kuklos » (cercle) et « paideia » (éducation). L'encyclopédie est un parcours des connaissances nécessaires, mais, bien évidemment, sous une forme réduite. Voir aussi Albert Dauzat, Jean Dubois et Henri Mitterand, *Nouveau Dictionnaire étymologique et historique*, Paris, Larousse, 1971.

peut noter que le scepticisme croissant de Bouvard et Pécuchet à l'égard de la science et l'ostracisme dont ils sont progressivement l'objet de la part de la société bourgeoise dans laquelle ils vivent les rend souvent proches de Flaubert lui-même :

> L'évidence de leur supériorité blessait. Comme ils soutenaient des thèses immorales, ils devaient être immoraux ; des calomnies furent inventées. Alors une faculté pitoyable se développa dans leur esprit, celle de voir la bêtise et de ne plus la tolérer. Des choses insignifiantes les attristaient : les réclames des journaux, le profil d'un bourgeois, une sotte réflexion entendue par hasard. En songeant à ce qu'on disait dans leur village, et qu'il y avait jusqu'aux antipodes d'autres Coulon, d'autres Marescot, d'autres Foureau, ils sentaient peser sur eux comme la lourdeur de toute la terre[86].

De plus, dans la mesure où les chapitres XI et XII auraient été constitués pour l'essentiel de ce que Flaubert appelle à maintes reprises la « copie » effectuée par les deux personnages de toutes les contradictions et stupidités relevées dans les lectures faites tout au long de leur parcours, il est difficile d'admettre que Bouvard et Pécuchet aient été dans l'esprit de Flaubert des personnages de pure dérision. En effet, cette deuxième partie du roman, qui devait être aussi importante que la première, aurait été fondée sur les dossiers préparés par Flaubert et qui, au moment de sa mort, comprenaient notamment, outre des scénarios très explicites, le *Sottisier*, *L'Album de la marquise*, *Le Dictionnaire des idées reçues*, *Le Catalogue des idées chic*[87]. Or, on a toute raison de penser, comme le montre en particulier la *Correspondance*, que ce travail anthologique, qui traque la bêtise du siècle, Flaubert entendait bien, sur le plan de la fiction, le présenter comme une réalisation de ses deux compères. D'ailleurs, dans la

86. Gustave Flaubert, *Bouvard et Pécuchet*, avec un choix des scénarios, du *Sottisier*, *L'Album de la marquise* et *Le Dictionnaire des idées reçues*, édition présentée et établie par Claudine Gothot-Mersch, Paris, Gallimard, coll. « Folio », 1979, p. 319.

87. Pour ces documents publiés après la mort de Flaubert, on se reportera à l'édition de *Bouvard et Pécuchet* par Claudine Gothot-Mersch, *op. cit.*, p. 410-557.

partie rédigée du roman, ce travail prend volontiers la forme de ce que Claudine Gothot-Mersch appelle « la juxtaposition antithétique », procédé par lequel

> Flaubert creuse l'écart entre les deux termes, empêche toute tentative de conciliation ; mais en même temps, ces deux termes sont présentés dans une stricte égalité, et deviennent identiques aux yeux du lecteur ; pas question, donc, de choisir – il ne reste qu'à tout rejeter : là est l'habileté du procédé. La juxtaposition sans commentaire et la nomenclature statistique qui en est la forme exacerbée laissent donc le lecteur sans guide. [...] Les deux bonshommes sont les doubles exacts de leur créateur, non seulement parce qu'ils deviennent ses porte-parole, mais dans leur activité même : comme lui, ils copient interminablement des sottises, et celles mêmes qu'a copiées Flaubert ; comme lui, ils écrivent un livre pour prouver que les livres ne valent rien. Nouveau et ultime paradoxe : si *Bouvard* est un échec, la thèse n'est pas confirmée ; s'il est une réussite, elle ne l'est pas non plus. Dans le dernier roman de Flaubert, le sens se retourne sur lui-même à l'infini[88].

Bouvard et Pécuchet constitue ainsi un cas limite de ce que l'on pourrait appeler l'athéisme encyclopédique, sans que l'on sache exactement si la défiance du romancier s'exerce sur le processus même de la connaissance ou les éléments positifs constituant celle-ci.

D'autres auteurs, en revanche, ont écarté d'emblée ce type de questionnement et ont cherché à produire, sans état d'âme particulier, des ouvrages de nature encyclopédique. C'est le cas, par exemple, de Daniel Defoe (1660-1731) dont le célèbre *Robinson Crusoé* (1719) peut être considéré comme le prototype de l'œuvre visant à exposer, sous la forme d'une expérience opérée dans un espace clos – celui de l'île – et un temps limité, l'élaboration du savoir humain, « la réinvention de toutes les techniques fondamentales, uniquement à partir du labeur individuel[89] », et

88. Claudine Gothot-Mersch, *in* Flaubert, *Bouvard et Pécuchet*, *op. cit.*, p. 38-39 et 42-43.

89. Pierre Macherey, *Pour une théorie de la production littéraire*, Paris, Maspero, 1970, p. 271.

la construction de la Société, à partir du moment où Robinson rencontre Vendredi.

Ou encore de Jules Verne (1828-1905) dont l'œuvre, à partir de sa rencontre avec Hetzel en 1862, prend la forme d'une exploration systématique des connaissances de son temps. Comme l'écrit l'éditeur dans un « Avertissement » placé en tête des *Voyages et aventures du capitaine Hatteras* (1866), l'œuvre parue et à paraître doit suivre un vaste plan d'ensemble :

> Les ouvrages parus et ceux à paraître embrasseront ainsi dans leur ensemble le plan que s'est proposé l'auteur, quand il a donné pour sous-titre à son œuvre celui de *Voyages dans les mondes connus et inconnus*. Son but est en effet de résumer toutes les connaissances *géographiques, géologiques, physiques, astronomiques* amassées par la science moderne, et de refaire, sous la forme attrayante et pittoresque qui lui est propre, l'histoire de l'univers[90].

Comme dans le *Robinson* de Defoe, la reconstitution du savoir humain et son exposition pour le lecteur s'opèrent selon le mode du voyage, c'est-à-dire du « tour ». Mais avec une différence qui mérite d'être soulignée : alors que Defoe pratique un encyclopédisme intensif, dans le cadre restreint de l'île déserte, où Robinson était singulièrement aidé, il est vrai, par les multiples ressources qu'il trouvait dans l'épave du navire naufragé, Jules Verne tend à pratiquer au contraire un encyclopédisme extensif, en faisant accomplir à ses héros de très longs voyages. Néanmoins, il semble peut-être avoir pris conscience qu'il lui fallait aussi, au-delà de l'exposé des connaissances positives de son temps, mettre en scène le processus même de la connaissance et de l'invention de la science. C'est à ce désir que tente très probablement de répondre *L'Île mystérieuse* (1874) qui est, comme le dit Michel Tournier, « *son* Robinson Crusoé [...], avec lequel il lance un défi au

90. Christian Robin, « Verne, Jules Gabriel (1828-1905) », *in* Jean-Pierre de Beaumarchais, Daniel Couty, Alain Rey, *Dictionnaire des littératures de langue française*, *op. cit.*, tome III, p. 2409.

héros de Daniel Defoe, né cent cinquante ans plus tôt[91] ». Le « défi » lancé par Jules Verne tient au fait que ses cinq héros naufragés – leur ballon s'est écrasé sur l'île –, à la différence de Robinson qui pouvait disposer des ressources de l'épave et d'une île verdoyante et giboyeuse, « n'ont droit qu'à un îlot rocheux battu par les flots ». Mais, parmi eux, il y a « Cyrus Smith[92], un ingénieur – un mot superbe où se mêlent le génie et l'ingéniosité –, héros julesvernien par excellence qui incarne le triomphe des sciences appliquées et des techniques[93] » et qui va transformer l'île en un véritable complexe industriel où l'on fabrique des matériaux de construction, extrait et transforme des minerais, produit de l'électricité, met au point toute une gamme de produits chimiques.

La perspective visant à exposer les connaissances sur le mode de l'encyclopédie apparaît encore de façon particulièrement significative dans le célèbre ouvrage de G. Bruno (1833-1923), *Le Tour de la France par deux enfants*, dont la première édition date de 1877[94]. Écrit dans le contexte de la défaite de 1871 et des débuts de la IIIe République, ce roman scolaire retrace, en 127 chapitres, le parcours qu'accomplissent deux frères orphelins, André et Julien, âgés respectivement de 14 et 7 ans, après avoir quitté leur ville de Phalsbourg, annexée par l'Allemagne. Ils émigrent pour rester français et essayer de retrouver leur oncle qui habite Marseille. Conformément aux règles

91. Michel Tournier, *Le Vent Paraclet*, Paris, Gallimard, 1977, p. 213.

92. La portée symbolique du nom est évidente : le terme signifie « forgeron » en anglais.

93. Michel Tournier, *op. cit.*, p. 214.

94. G. Bruno, *Le Tour de la France par deux enfants. Devoir et Patrie. Livre de lecture courante avec 212 gravures instructives pour les leçons de choses et 19 cartes géographiques. Cours moyen* [1877], Paris, Belin, 1974, 322 p. L'ouvrage qui en 1976 a été vendu à huit millions et demi d'exemplaires (trois millions en 1887 et six millions en 1901) a fait l'objet de plusieurs éditions. L'auteur a notamment élargi la dimension encyclopédique et, à partir de l'édition de 1881, laïcisé le contenu de son livre. L'édition de 1974 reprend celle de 1905. G. Bruno est le pseudonyme d'Augustine Thuillerie, épouse du philosophe Alfred Fouillée. Elle a commencé à écrire des ouvrages pédagogiques à partir de 1869.

du genre, les jeunes héros se trouvent confrontés à un certain nombre d'obstacles ou de personnes hostiles auxquels ils finissent toujours par échapper grâce à une bonne âme qui vient les sortir du danger. Comme l'écrit Marc Soriano, « la providence veille sur eux et leur envoie en temps utile le Zorro le plus adéquat[95] ». G. Bruno exploite ce ressort et ménage avec habileté l'intérêt de ses jeunes lecteurs qui, depuis plus d'un siècle, se sont identifiés à André et Julien, partageant les craintes, les joies, les erreurs de ces deux « enfants-adultes, chargés de vrais travaux, exposés à de vrais risques[96] ».

Mais le propos de l'auteur n'était pas d'écrire un roman d'aventures. Il s'agissait plutôt de montrer la constitution progressive du savoir dont André et Julien faisaient l'acquisition au fil de leur pérégrination, chapitre après chapitre. L'acte d'apprendre se fonde sur le parcours et l'itinéraire circulaire suivi par les deux héros reprend d'ailleurs celui des compagnons du tour de France qui accomplissaient leur voyage d'est en ouest. Cet apprentissage débouche sur un savoir que l'on pourrait qualifier de concret dans la mesure où l'observation et l'expérience jouent un rôle essentiel, conformément à la logique des « leçons de choses ». Néanmoins, une part importante de ce savoir est transmise aussi à partir de récits entendus par André et Julien : biographies de grands hommes, exposés sur des inventions, présentation d'une ville ou d'une région, explication de phénomènes naturels, descriptions de particularités géographiques, etc.

D'autre part, la forme encyclopédique adoptée par G. Bruno pour exposer ce savoir donne à celui-ci une caractéristique très particulière. En procédant ainsi, l'auteur, en effet, est amené à privilégier nettement la géographie par rapport à l'histoire et cette orientation répond de façon

95. Marc Soriano, *Guide de la littérature pour la jeunesse. Courants, problèmes, choix d'auteurs*, préface de Henri Wallon, Paris, Flammarion, 1975, p. 105. Cet ouvrage présenté sous forme de dictionnaire, avec pour entrées des auteurs des œuvres ou des notions, contient un article « Bruno (G) », p. 104-107.

96. Jacques et Mona Ozouf, « *Le Tour de la France par deux enfants.* Le petit livre rouge de la République », *in* Pierre Nora, éd., *Les Lieux de mémoire* : *I, La République*, Paris, Gallimard, 1984, p. 292.

efficace à une volonté de montrer comment les deux jeunes voyageurs s'approprient le territoire national de la France et en saisissent la profonde unité. Tout se passe comme si les grandes crises de l'histoire – au moment de la première édition, la Révolution a moins d'un siècle et la Commune est encore toute proche – devaient être écartées de l'attention des élèves au profit d'une vision qui met l'accent sur l'« éternité » de la France et la perfection de l'espace qui la constitue. La présence de l'histoire de France ne se manifeste ainsi qu'à travers

> les vies des hommes illustres qui la ponctuent : les biographies de Mme Fouillée sont les cadeaux qu'elle accroche à l'arbre de Noël national, scintillants mais détachables, sans autre rapport entre eux que l'éclat. [...] Si l'histoire du *Tour de la France*, réputée laïque, peut être la même qu'à l'école d'en face, ce n'est pas parce que Mme Fouillée a l'œil sur le chiffre de ses ventes : c'est qu'il s'agit pour elle non de raconter l'histoire, mais d'explorer les formes de l'héroïcité française. Les grandes figures ne s'ordonnent pas selon une perspective temporelle, mais font cercle autour de la France, dans un hommage rendu non à son histoire, mais à son éternité[97].

Dans cette perspective, les différences régionales que peuvent rencontrer les deux voyageurs n'ont qu'une importance relative car elles restent subordonnées à une unité politique qui est au cœur du projet républicain. Dans l'auberge provençale (chap. LXXVII), les deux enfants ne comprennent pas un mot de ce qui se dit car tout le monde parle « le patois du midi » et André se hâte de rassurer son jeune frère : « C'est que tous n'ont pas pu aller à l'école. Mais dans un petit nombre d'années il n'en sera plus ainsi, et par toute la France on saura parler la langue de la patrie[98]. » L'arrivée des enfants qui rentrent de l'école vient immédiatement confirmer la justesse de ses propos.

Parallèlement, le motif du parcours permet aux deux enfants de prendre conscience que la France n'est pas un

97. *Ibid.*, p. 298-299.
98. G. Bruno, *Le Tour de la France par deux enfants*, *op. cit.*, p. 161.

ensemble de terroirs, isolés dans leurs particularismes, linguistiques, vestimentaires, ethniques, mais un espace dont tous les points sont reliés par la route, le chemin de fer, le canal ou le fleuve :

> On peut relier l'une à l'autre toutes les régions françaises qui échangent du même coup leurs qualités et leurs produits. La Bretagne est bien loin, mais la vache bretonne est répandue à travers toute la France, Besançon donne l'heure à tous les Français. La démonstration que la France est faite d'une seule et même étoffe, où les lieux et les hommes se « tiennent », André et Julien la fournissent eux-mêmes en marchant[99].

Cet effet de réseau illustré par de nombreuses gravures représentant des ouvrages d'art, des navires, des chemins de fer – y compris le métro parisien dans l'édition de 1905 – se trouve d'autre part renforcé par ce qui est dit de l'unité administrative de la nation et du caractère universel de la loi. Ainsi, dans le chapitre LXXVII, après trois lignes consacrées à Mirabeau, l'auteur évoque son rival Portalis, l'un des rédacteurs du Code civil, et définit à cette occasion ce qu'est un code en précisant que « le code français est une des gloires de notre nation, et les autres peuples de l'Europe nous ont emprunté les plus importantes des lois qu'il renferme[100] ». En marge, une gravure représente l'École de Droit de Paris, dont la légende précise notamment qu'il existe en France « 13 facultés de droit ».

Le Tour de la France par deux enfants est ainsi une sorte de livre total qui, comme l'écrivent encore Jacques et Mona Ozouf,

> a réussi l'exploit d'être aussi goûté des adultes que des enfants ; étudié dans les écoles confessionnelles comme dans les écoles laïques et du reste susceptible d'être attaqué sur sa gauche et sur sa droite[101] ; capable

99. Jacques et Mona Ozouf, *op. cit.*, p. 297.
100. G. Bruno, *op. cit.*, p. 193.
101. D'un côté, on a reproché à Mme Fouillée de négliger l'histoire « chaude » de la France, en réduisant celle-ci à quelques biographies édifiantes de grands hommes et de donner de la France une image plus rurale qu'urbaine. De l'autre, on a critiqué la laïcisation du texte qui

> de mêler les registres et les genres, à la fois roman d'apprentissage, traité du bonheur, manuel pour remplir les papiers administratifs, soigner les vaches, se débrouiller à la poste. Texte à tout faire dont le livre du maître, qui redouble chaque chapitre d'un feu roulant de questions, accentue encore le caractère encyclopédique : car on peut, en interrogeant l'enfant à propos, user du *Tour de la France* comme manuel de géographie, précis de morale, livre de sciences naturelles, initiation élémentaire à cette loi française que nul n'est censé ignorer[102].

Ce livre contient tous les livres et il constitue à lui seul une bibliothèque, comme ce fut d'ailleurs souvent le cas pour bien des adultes qui n'avaient chez eux, comme seul livre transmis par l'école, que *Le Tour de la France par deux enfants*.

C'est pourquoi l'ouvrage ne se réduit pas à une simple accumulation des connaissances nécessaires aux Français de l'époque, enfermées dans les limites d'un livre. Partant d'une réflexion sur les différentes modalités de l'abréviation du savoir, G. Bruno a écrit une encyclopédie qui se développe sous la forme d'une fiction. Or, comme l'écrit Emmanuel Fraisse,

> la démarche encyclopédique s'inscrit dans cette tradition occidentale qui, depuis la Bible, met en regard, sur un mode circulaire, « le livre » et le « livre du monde ». La création se donne à lire sous ces deux faces qui se répondent indéfiniment : la parole de Dieu s'inscrit dans son livre en même temps qu'elle façonne l'univers. Saisir le livre pour comprendre le monde, interpréter l'univers pour y saisir le message divin, c'est tout un. Cette certitude, cette évidence d'une « lisibilité du monde », progressivement laïcisée à partir de la Renaissance, fait que le livre et le monde procèdent du même principe et peuvent par conséquent

---

aboutit par exemple à omettre toute référence aux manifestations de la religion : églises sans fidèles et sans prêtres, absence des pèlerinages, des fêtes religieuses, etc.

102. Jacques et Mona Ozouf, *op. cit.*, p. 292.

> entrer en concurrence : le livre peut devenir monde, comme le monde tenir dans un livre[103].

Le livre de G. Bruno fonctionne ainsi en faisant jouer constamment une homologie entre un microcosme et un macrocosme. Mais cette homologie, en dépit de l'option réaliste inhérente au genre du roman scolaire, n'est pas tout à fait de l'ordre de la mimésis. On le voit en particulier à travers le rôle que jouent dans *Le Tour de la France par deux enfants* les cartes de géographie. En effet, très fréquemment, lors de telle ou telle étape, André et Julien constatent que ce qu'ils observent se trouve confirmé par la carte ; à l'inverse, ils savent que ce que leur dit la carte sera nécessairement vérifié lorsqu'ils arriveront dans l'espace que celle-ci décrit. Ce mouvement incessant de l'esprit fait ainsi de la carte de géographie une réalité d'un type supérieur et un opérateur essentiel du processus d'apprentissage. La lecture de la carte permet de

> transformer l'expérience immédiate du regard en détour rationnel et abstrait, puis [de] se « reconnaître » sur le terrain. Ici encore, le passage du macrocosme au microcosme, de la représentation conventionnelle à la pratique vécue, du livre au monde s'inscrit dans le projet encyclopédique du roman scolaire. Dans un premier temps, la réalité sensible fait du relief un obstacle. [...] Vient ensuite le temps de l'abstraction théorique et de la ruse de la raison, qui établit alors un va et vient constant du paysage à la carte, de l'expérience vécue à l'itinéraire projeté et réalisé[104].

La carte est, de la sorte, « un des moteurs organisant la fiction et la transmission des connaissances. Mieux, elle devient principe narratif et esthétique[105] ». Et, par là même, elle introduit à une question philosophique d'importance concernant la nature de la « réalité » : celle-

103. Emmanuel Fraisse, « Encyclopédie, livre, carte et voyage circulaire : *Le Tour de la France par deux enfants* », in *Cahiers Robinson*, n° 3, 1998, p. 32-33.

104. Emmanuel Fraisse, *op. cit.*, p. 44.

105. *Ibid.*, p. 46.

ci existant en définitive plus dans le livre et les représentations géographiques qu'il offre que dans la perception immédiate du monde sensible par les deux enfants. Avec en plus, cette idée que la France représente un espace idéal : elle unit le Nord et le Sud, l'Est et l'Ouest, elle est baignée par la mer du Nord, la Manche, l'Atlantique et la Méditerranée, elle réunit en son sein des productions diverses et complémentaires, la cuisine à l'huile et la cuisine au beurre, ses « grands hommes » viennent de toutes les anciennes provinces, elle présente une forme géométrique quasi parfaite, comme si la Providence avait, depuis toujours veillé sur son essor. Et c'est probablement le sens qu'il faut donner à l'épisode sur lequel se clôt le roman et qui évoque le phalanstère qui s'installe dans la ferme de la Grand'Lande, compendium de toutes les vertus de la Nation. Contrairement à ce qu'on pourrait penser de prime abord, Mme Fouillée est en définitive assez proche de Claudel, réfléchissant dans son *Art poétique* sur la nature du signe et son rapport au réel. C'est là sans doute un des paradoxes du *Tour de la France par deux enfants*. Elle le montre tout simplement en insérant, juste après les dernières lignes du roman, une carte de la France qui permet de récapituler le parcours des deux héros et dans laquelle la dénomination des anciennes provinces est préférée à celles des départements, au demeurant largement évoqués dans le corps du texte. Par là, elle souligne ainsi que la France est d'abord une idée, et, plus encore, un idéal, avec ce que le terme implique sur le plan moral comme sur le plan épistémologique. Car ce qui se donne alors à voir, à ce stade ultime de la lecture, c'est en définitive une problématique renvoyant au processus à travers lequel ce qui est diversité peut devenir unité.

Les éclats du savoir

Paul Valéry (1871-1945) a insisté à maintes reprises sur la nécessité de prendre en compte la dimension langagière de l'œuvre littéraire. Ainsi, il écrit dans le premier volume de *Tel quel* : « SUPERSTITIONS LITTÉRAIRES. J'appelle ainsi toutes croyances qui ont de commun l'oubli de la condition verbale de la littérature[106]. » Dans un passage du second volume, il formule la célèbre définition : « Le poème – cette hésitation prolongée entre le son et le sens[107]. » Peu après, il tire de ces réflexions une considération générale concernant l'évolution de la littérature, constamment partagée, depuis ses premières manifestations, entre deux pôles opposés :

> La littérature, aussi, se meut entre le réalisme et le nominalisme – entre la croyance à la description exacte, à la création d'objets par les mots – et le libre jeu des mots. Jamais contact plus étroit que lorsque Zola et Banville vivaient à deux quarts d'heure l'un de l'autre. Rue de l'Éperon, rue de Douai[108].

Bien que sa thèse soit nuancée, car on ne peut placer sur le même plan le « son » et le « nominalisme », Valéry pose ici le problème du sens de l'œuvre littéraire et met en doute l'idée que celle-ci puisse être porteuse d'un contenu conceptuel.

Par là même, il amorce une interrogation sur la nature de l'objet auquel nous sommes confrontés lorsque nous nous trouvons en présence de l'œuvre littéraire. Pour ne prendre qu'un exemple, de quoi s'agit-il dans le poème de Hugo, qui clôt la série *Soleils couchants* des *Feuilles d'automne* ?

> Le soleil s'est couché ce soir dans les nuées.
> Demain viendra l'orage, et le soir, et la nuit ;
> Puis l'aube, et ses clartés de vapeurs obstruées ;
> Puis les nuits, puis les jours, pas du temps qui s'enfuit.
>
> Tous ces jours passeront ; ils passeront en foule
> Sur la face des mers, sur la face des monts,
> Sur les fleuves d'argent, sur les forêts où roule
> Comme un hymne confus des morts que nous aimons.

106. Paul Valéry, *Tel quel*, tome I [1941], Paris, Gallimard, coll. « Idées », 1971, p. 220.
107. Paul Valéry, *Tel quel*, tome II [1943], Paris, Gallimard, coll. « Idées », p. 63.
108. *Ibid.*, p. 66.

Et la face des eaux, et le front des montagnes,
Ridés et non vieillis, et les bois toujours verts
S'iront rajeunissant ; le fleuve des campagnes
Prendra sans cesse aux monts le flot qu'il donne
[aux mers.

Mais moi, sous chaque jour courbant plus bas ma tête,
Je passe, et, refroidi sous ce soleil joyeux,
Je m'en irais bientôt, au milieu de la fête,
Sans que rien manque au monde immense et joyeux[109].

On peut toujours, bien entendu, constater que le poète reprend, à travers toute une série de parallélismes, le thème rebattu de l'opposition entre l'éternité de la nature et la brièveté de la vie humaine, inéluctablement condamnée à la vieillesse et à la mort. Mais, si, dépassant une attitude de commentateur, on lit véritablement ce poème, c'est-à-dire à voix haute, pour soi ou pour autrui, on découvrira que tout, dans ce texte, est fait pour aboutir au grandiose éclat des cuivres du dernier vers. À ce stade, le poème a-t-il encore un *sens*, réductible à un contenu intellectuel ? On est en fait entré complètement dans le monde de Berlioz.

Ceci dit, parce qu'elle est « hésitation prolongée entre le son et le sens », l'œuvre littéraire, en dehors de certaines expériences qui, comme la poésie lettriste, tentent de ne manipuler que le signifiant, ne peut exclure complètement de sa visée l'expression d'un savoir[110]. Mais il s'agit là d'un autre savoir que celui qui se manifeste de façon explicite dans une perspective totalisante, en établissant une homologie entre l'œuvre et le monde, ou encyclopédique, en cherchant à faire de l'œuvre une somme des connaissances humaines. En effet, au-delà ou en dépit de ces formes examinées précédemment, l'œuvre littéraire peut encore, à travers un certain nombre d'énon-

109. Victor Hugo, *Soleils couchants*, VI, *Les Feuilles d'automne* [1832], in *Œuvres poétiques complètes*, réunies et présentées par Francis Bouvet, Paris, J.-J. Pauvert, 1961, p. 157.

110. Le caractère de ce savoir étant plus ou moins achevé, bien entendu, et l'œuvre peut « faire sens » ou « exprimer » quelque chose sans que le contenu en question soit nécessairement un savoir positif.

cés dont le statut pose problème car on ne peut les réduire au didactisme, être le lieu de production d'un savoir, éclaté, fragmenté, qui ne s'inscrit dans aucun projet de systématisation.

Quelques exemples pourront illustrer ce processus qui nous paraît essentiel dans cette question de la relation entre littérature et savoir. Ainsi, Baudelaire, dans son poème *Les Foules*, écrit :

> Multitude, solitude : termes égaux et convertibles par le poète actif et fécond. Qui ne sait pas peupler sa solitude, ne sait pas non plus être seul dans une foule affairée. Le poète jouit de cet incomparable privilège, qu'il peut à sa guise être lui-même et autrui. Comme ces âmes errantes qui cherchent un corps, il entre, quand il le veut, dans le personnage de chacun. Pour lui seul, tout est vacant ; et si de certaines places paraissent lui être fermées, c'est qu'à ses yeux elles ne valent pas la peine d'être visitées[111].

Nous avons affaire ici à un texte qui, visiblement, refuse les caractères habituellement reconnus à la poésie (images, même si celles-ci ne sont pas absentes, rythme, lexique spécifique) et adopte le ton de la prose utilisée dans un essai, voire un traité. On ne peut manquer d'être frappé par la façon dont Baudelaire tient à dégager en quelque sorte une *loi* concernant la capacité psychique et intellectuelle du poète qui a le pouvoir de convertir et de rendre équivalentes des notions en principe opposées et d'être à la fois lui-même et autrui. On objectera que cette « loi » n'est peut-être en définitive qu'une affirmation, puisque, à la différence des lois dégagées par la science à propos du monde physique ou social, elle ne s'appuie sur aucune procédure de vérification expérimentale. Mais ce n'est pas si sûr, car le reste du recueil, comme au demeurant *Les Fleurs du mal*, « démontre » d'une certaine façon, dans maints poèmes, ce qui est déclaré concernant la multiplicité de la personnalité de l'artiste et la nécessité

111. Baudelaire, *Petits Poèmes en prose* (*Le Spleen de Paris*) [1869], édition présentée, établie et annotée par Robert Kopp, Paris, Gallimard, coll. « Poésie », 1973, p. 45.

de cette constante multiplicité comme condition de toute activité artistique[112].

Dans un bref passage de *L'Idiot*, Dostoievski (1821-1881) faisant le point sur l'état de santé de son héros, note :

> La crise qu'il avait eue la veille avait été légère ; en dehors de l'hypocondrie, et d'une certaine lourdeur dans la tête et d'une douleur dans les membres, il n'éprouvait aucun autre dérangement. Son cerveau fonctionnait assez distinctement, si son âme était malade[113].

Apparemment, Dostoievski ne cherche pas ici, contrairement à Baudelaire, à dégager une loi générale. Le propos est celui d'un romancier omniscient qui, de façon toute classique, nous informe de ce qui se passe à l'intérieur de son personnage. Mais, à partir de ce cas particulier, l'écrivain ouvre à la pensée une perspective particulièrement féconde. En effet, l'opposition entre les deux niveaux où peut se situer la maladie, le « cerveau » et l'« âme », débouche sur toute une réflexion concernant la nature et l'étiologie de la maladie mentale, dans la mesure où se trouve très nettement affirmée la distinction entre ce qui relève de la neurologie – ici l'épilepsie – et ce qui relève de la psychopathologie. Deux formes de maladie, celle du cerveau et celle de l'âme, deux formes spécifiques de souffrance d'un sujet : en quelques lignes, Dostoïevski dessine toute la problématique de la maladie mentale, telle qu'elle apparaît tout au long de l'histoire de la médecine, depuis l'Antiquité grecque ou orientale jusqu'à Freud, ses successeurs, ses adversaires, dans cette suspension indéfinie de l'interprétation et de la thérapie entre le modèle psychique et le modèle organiciste.

Joë Bousquet (1897-1950) a décrit à plusieurs reprises l'événement tragique qui, au cours de la Première Guerre

112. À quoi s'ajoute la question de l'innovation que représente dans l'histoire de la poésie l'adoption de cette écriture empruntée à la prose de l'essai ou du traité, annoncé dès le titre, « Les foules », très différent de « Enivrez-vous » ou « La belle Dorothée ».

113. Dostoïevski, F. M., *L'Idiot* [1868], traduction, introduction et notes de Pierre Pascal, Paris, Garnier, 1977, p. 725.

mondiale, le 27 mai 1918, avait fait de lui un poète. Il en a écrit le récit notamment dans une des *Lettres à Poisson d'Or* :

> Traversé par une balle de part en part, je n'ai été immobilisé que par raccroc, et la lésion nerveuse elle-même a entraîné une affection rénale. [...] J'avais vécu avec l'illusion qu'il me fallait mourir avant quarante ans. J'efface cette pensée : l'homme qui est né en moi le jour de ma blessure a aujourd'hui une vingtaine d'années. C'est lui qui est né pour te comprendre, pour partager ta vie. J'ai retrouvé ce magnifique penchant à la joie, si vif dans ma jeunesse et qui veut être entretenu par les précautions les plus jalouses concernant ma santé[114].

Atteint par une balle à la moelle épinière, Joë Bousquet devait rester paralysé des membres inférieurs jusqu'à la fin de sa vie et ne plus quitter sa chambre de la rue de Verdun – quel symbole ! – à Carcassonne. Mais cette mort physique et probablement psychique annoncée par la médecine à un jeune homme de 19 ans, Bousquet la transforma en une extraordinaire renaissance. Cet homme privé de son corps et en proie à de constantes douleurs qu'il tentait d'atténuer avec l'opium écrivit tout d'abord une œuvre immense qui est sans doute une des plus importantes du XXe siècle[115]. Il fut aussi, dans le prolongement de

114. Joë Bousquet, *Lettres à Poisson d'Or* [1967], préface de Jean Paulhan, Paris, Gallimard, coll. « L'Imaginaire », 1988, p. 86-87. Cette lettre a été écrite au début du mois d'octobre 1937.

115. Bousquet a publié de nombreux textes de son vivant. Un certain nombre de volumes, comme *Voie libre* (Paris, Au Sans Pareil, 1930), *Traduit du silence* (Paris, Gallimard, 1941), *Le Médisant par bonté* (Paris, Gallimard, 1945), *La Connaissance du soir* (Paris, Éditions du Raisin, 1945, et Gallimard, 1947), ainsi que de très nombreux articles, notamment dans *Les Cahiers du Sud*. Il a laissé après sa mort tout un ensemble d'essais, de cahiers personnels, de textes narratifs, de textes poétiques, sans oublier une immense correspondance. Gallimard, Rougerie, Albin Michel, sous l'impulsion de René Nelli, ont contribué à l'édition de ces textes. Mais, mis à part l'entreprise de René Nelli pour *L'Œuvre romanesque complète* en 4 volumes chez Albin Michel, il n'existe pas, à ce jour, de plan d'ensemble coordonné pour l'édition de l'œuvre de Bousquet. Rappelons que le troisième volume de L'*Œuvre romanesque complète* (Paris, Albin Michel, 1981) comporte une bibliographie très complète de l'œuvre de Joë Bousquet, p. 527-535.

l'Occitanie du « grand siècle[116] », rythmée par la dialectique entre *falsa amor* et *fina amor*, entre *trobar leu*, *trobar clus* et *trobar ric*[117], un amoureux fervent de femmes imaginaires et de femmes réelles comme, justement, celle qu'il surnomma Poisson d'Or et qui marqua profondément les douze dernières années de sa vie.

L'expérience que relate ici Bousquet à son amie n'a rien à voir avec une quelconque attitude visant à sanctifier la souffrance, dans une perspective chrétienne ou stoïcienne. Ce récit parle de tout autre chose en posant tout d'abord le problème de la relation susceptible d'exister entre corps et conscience, entre corps et amour. Pas de spiritualisme ici : l'intégrité physique est une condition de la vie intellectuelle comme de la vie affective. La privation du corps n'a pourtant pas empêché leur essor, sous une forme et avec une intensité que le jeune homme n'avait jusqu'alors jamais connues. Parallèlement, le texte développe toute une réflexion sur la question de la frontière séparant la vie et la mort en posant cette double question, fondamentale : à quel moment peut-on dire véritablement que l'on naît et que l'on meurt ? Pourquoi, dans certains cas, comme l'a *vécu* Bousquet lui-même, la mort se transforme-t-elle en renaissance ?

Dans un long poème du livre V des *Contemplations*, *Les Malheureux*, Victor Hugo reconstitue l'attitude d'Adam et Ève, juste après le meurtre d'Abel, sous les coups de son frère Caïn. Il écrit :

> Ils songeaient, et, rêveurs, sans entendre, sans voir,
> Sourds aux rumeurs des mers d'où l'ouragan s'élance,
> Toute la nuit, dans l'ombre, ils pleuraient en silence ;

116. Formule empruntée à Robert Lafont et Christian Anatole, *Nouvelle Histoire de la littérature occitane*, Paris, PUF, 1970, p. 35 sq., et qui désigne le XIIe siècle (1100-1208).

117. Ces termes de la lyrique occitane renvoient à trois conceptions du discours poétique : le premier définit un discours ouvert, d'accès facile ; le deuxième, un discours fermé, d'interprétation difficile et de structure souvent très savante et complexe ; le troisième correspond à une « sorte d'adaptation aristocratique des règles du *trobar clus* à la liberté d'expression des grands seigneurs » (Jean Rouquette, *La Littérature d'oc* [1963], Paris, PUF, 1968, p. 25) et il représente dans une certaine mesure une orientation « mondaine ».

> Ils pleuraient tous les deux, aïeux du genre humain,
> Le père sur Abel, la mère sur Caïn[118].

Là encore, nous avons un exemple significatif de la façon dont un bref énoncé peut ouvrir sur une problématique particulièrement riche. Le poète décrit l'accablement des deux parents primordiaux, écrasés à la fois par la mort d'un de leurs enfants et par le crime commis par l'un d'eux. L'épisode est tragique et Hugo, toujours fasciné par le crime et le châtiment, met en balance ces deux aspects de leur souffrance. Mais le dernier vers nous fait accéder à tout autre chose : le père pleure « sur Abel », la victime, la mère « sur Caïn », le meurtrier. En établissant ce partage entre l'attitude de l'homme et de la femme, Hugo souligne de la sorte une ligne de fracture qui traverse la Société, depuis ses origines les plus lointaines : l'homme, parce qu'il est le père, s'est attribué la prérogative d'incarner et de dire la Loi ; mais la femme, parce qu'elle est la mère, sait que le criminel est aussi un malheureux. On notera, d'autre part, que la force de ces vers est d'autant plus efficace que Hugo adopte une formulation qui ne permet pas de décider à coup sûr s'il se livre à un constat concernant les rôles respectifs de l'homme et de la femme dans les sociétés humaines ou si, au contraire, il exprime un souhait à ce sujet.

Ces quelques cas, auxquels bien d'autres auraient pu évidemment être ajoutés, montrent ainsi comment le texte littéraire peut exprimer un savoir selon une modalité sensiblement différente de celle qui est en jeu dans les œuvres marquées par une ambition de totalité ou subordonnées à un projet encyclopédique. Ici, le savoir se manifeste en règle générale sous la forme d'énoncés brefs, de façon discontinue, même si, au niveau de l'œuvre tout entière, la structure de celle-ci peut également être considérée aussi comme l'expression d'un savoir[119]. C'est pourquoi il semble qu'on peut parler d'un savoir en éclats, fragmenté,

118. Victor Hugo, *Les Contemplations*, édition Léon Cellier, *op. cit.*, V, XXVI, v. 372-376, 332.

119. Pour ne prendre qu'un exemple, *Illusions perdues* s'organise à partir du trajet qu'accomplit Lucien d'Angoulême à Paris et de Paris à Angoulême et qui donne au roman sa structure. Mais le « sens » de

par opposition à une forme d'expression qui privilégierait le continu, le discursif, voire la thèse.

Ce savoir en éclats présente d'autre part un certain nombre de particularités. Sa formulation, tout d'abord, tend à prendre sa source dans une expérience existentielle. Peu importe à vrai dire qu'il s'agisse d'une expérience vécue par un auteur ou de celle que celui-ci prête à tel ou tel de ses personnages. Ce qui compte en définitive, c'est le processus à travers lequel un sujet passe du vivre au connaître et qui permet l'élaboration d'un autre *cogito* que celui des philosophes et des savants. C'est ce problème que pointe Michel Serres dans *Le Tiers-insruit* :

> Deux soleils universels : la raison et la douleur. [...] La science n'a pas encore appris la langue de ce sanglot. À ce lieu tragique commence la raison tiers-instruite. [...] D'où deux *cogitos*. Nous pensons et savons. Je souffre. [...] Nous connaissons par le pathétique[120] et la raison, inséparables, tous deux universels. L'un au foyer de la science et l'autre à celui des cultures. Nous pensons parce que je souffre et que cela est[121].

La littérature exprime ainsi un universel d'un autre type, fondé sur une expérience particulière qui ne prend tout son sens que dans la mesure où le sujet qui la formule prend conscience de la dimension anthropologique de celle-ci et se trouve ainsi conduit à dépasser le stade de l'imaginaire pour accéder au niveau du symbolique. Dans cette per-

---

celle-ci n'est pas donné explicitement par le romancier et l'on est en fait largement dans le discontinu. De ce point de vue, on pourrait opposer au roman de Balzac celui de Paul Bourget (1852-1935), *Le Disciple* [1889], ou celui de Barrès (1862-1923), *Les Déracinés* [1897], qui veulent à tout prix donner du sens, développer une « thèse », et privilégient le continu sur le discontinu. En procédant ainsi, ces deux romanciers, à la différence de Balzac, tournent complètement le dos à la logique du montage cinématographique.

120. Le terme de « pathétique » est à prendre ici dans son sens étymologique. Il est formé à partir du verbe grec « pascho » (infinitif aoriste : « pathein ») qui signifie : faire l'expérience de quelque chose. Michel Serres se souvient évidemment du principe formulé par les Stoïciens, « mathein to pathein » : apprendre à partir de l'expérience.

121. Michel Serres, *Le Tiers-instruit*, Paris, François Bourrin, 1991, p. 114-116.

spective, en effet, le sujet cesse de se percevoir dans une sorte d'unicité absolue et de percevoir l'Autre, non tel qu'il voudrait qu'il soit, mais dans ce qu'il peut avoir de commun avec lui, dans une appartenance partagée à l'Humanité envisagée dans ce qui la constitue : la culture. Ce caractère universel du savoir en éclats tend donc à tourner le dos au principe de la logique identitaire. Par là, il est aussi une résistance au discours que toute société produit sur elle-même et à la *doxa* qu'elle tente d'imposer à ses membres. Il explique aussi sans doute pourquoi un lecteur peut entrer dans une œuvre produite dans un tout autre temps et dans une tout autre société que les siens.

Ce savoir en éclats, d'autre part, ne prend guère la forme de l'expression d'une vérité définitive. Comme on a pu le voir dans les exemples précédents, il apparaît essentiellement à travers des énoncés réunissant des notions considérées habituellement comme contradictoires et refusant toute synthèse ou tout moyen terme. Ce caractère permet déjà de repérer un premier paradoxe : l'œuvre littéraire produit un savoir à partir de l'expérience, à partir de ce que Michel Serres appelle le « pathétique » ; mais, dès le départ, cette expérience tend à se dissocier de celle du sens commun, notamment en ce qui concerne l'expérience du temps. Bachelard (1884-1962) a souligné ce phénomène dans *L'Intuition de l'instant* :

> En tout vrai poème, on peut […] trouver les éléments d'un temps arrêté, d'un temps qui ne suit pas la mesure, d'un temps que nous appellerons *vertical* pour le distinguer du sens commun qui fuit horizontalement avec l'eau du fleuve, avec le vent qui passe. D'où un paradoxe qu'il faut énoncer clairement : alors que le temps de la prosodie est horizontal, le temps de la poésie est vertical. […] Mais toutes les règles prosodiques ne sont que des moyens, de vieux moyens. Le but, c'est la *verticalité*, la profondeur ou la hauteur ; c'est l'instant stabilisé où les simultanéités, en s'ordonnant, prouvent que l'instant poétique a une perspective métaphysique[122].

122. Gaston Bachelard, « Instant poétique et instant métaphysique » [1939], in *L'Intuition de l'instant* [1932], suivi de « Introduction à la poétique de Bachelard » par Jean Lescure, Paris, Gonthier, 1966, p. 104.

Ce refus de l'expérience commune du temps, cette accentuation mise sur la « verticalité » conduisent le poète à faire en sorte que « les antithèses se contractent en ambivalence[123] », car le poète, recherchant « l'instant poétique [...], sans accepter le temps du monde qui ramènerait l'ambivalence à l'antithèse, le simultané au successif, [...] vit en un instant les deux termes de ses antithèses[124] ». S'appuyant notamment sur le vers du sonnet de Baudelaire, *Recueillement*,

> Surgir du fond des eaux le Regret souriant[125],

Bachelard note à ce sujet :

> Le sourire regrette et le regret sourit, le regret console. Aucun des temps exprimés successivement n'est la cause de l'autre, c'est donc la preuve qu'ils sont mal exprimés dans le temps successif, dans le temps horizontal[126].

En procédant de la sorte, l'écrivain met ainsi en place le cadre même d'une problématique puisqu'il s'attache à réunir dans une co-présence des notions ou des concepts habituellement disjoints ou opposés en vertu du principe de contradiction. Ce nouveau caractère montre que la distance entre l'énoncé littéraire, lorsqu'il se manifeste sous la forme de ce savoir en éclats, recoupe plus qu'on ne pourrait le penser de prime abord l'énoncé scientifique ou philosophique. Car c'est bien cette opération visant à rendre co-présents des termes antagonistes qui est la condition du progrès de la connaissance, parce qu'elle permet justement, comme l'écrit Bergson (1859-1941) dans *La Pensée et le mouvant* [1934], de dépasser le stade de l'expérience sensible :

> Poser le problème n'est pas simplement découvrir, c'est inventer. La découverte porte sur ce qui existe

123. *Ibid.*, p. 104.
124. *Ibid.*, p. 104-105.
125. Baudelaire, *Œuvres complètes*, tome I, *op. cit.*, p. 123. *Recueillement* n'a pas été retenu par Baudelaire pour l'édition des *Fleurs du mal* de 1861.
126. Bachelard, *op. cit.*, p. 108.

> déjà, actuellement ou virtuellement ; elle était donc sûre de venir tôt ou tard. L'invention donne l'être à ce qui n'était pas, elle aurait pu ne venir jamais. Déjà en mathématiques, à plus forte raison en métaphysique, l'effort d'invention consiste le plus souvent à susciter le problème, à créer les termes en lesquels il se posera. Position et solution du problème sont bien près ici de s'équivaloir : les vrais grands problèmes ne sont posés que lorsqu'ils sont résolus[127].

On pourrait donc parler d'une valeur heuristique de la disjonction qui est au cœur de toute problématique véritable.

Parallèlement, ce savoir en éclats peut souvent prendre la forme d'une démarche hypothético-déductive, dans la mesure où l'écrivain choisit de donner un sens précis à tel ou tel terme de son lexique et en tire un certain nombre de conséquences logiques. On le voit, par exemple, chez Mallarmé pour qui le terme d'« azur » ou celui de « fenêtre » ne renvoient pas à l'usage du sens commun : l'inaccessibilité de l'azur, éprouvée, dans les premiers poèmes permet d'aboutir à une conception de l'acte poétique qui tourne rapidement le dos à la transcendance ; quant au terme de « fenêtre », il est d'abord perçu par le poète, comme l'a montré Charles Mauron (1899-1966) dans son *Introduction à la psychanalyse de Mallarmé*[128], à travers l'homologie qu'on peut établir entre la forme de la fenêtre et celle de la dalle du tombeau qui « ne représente pas autre chose que la dalle du sépulcre devenue

127. Henri Bergson, *La Pensée et le mouvant* [1934], in *Œuvres*, édition du Centenaire, textes annotés par André Robinet, introduction par Henri Gouhier, Paris, PUF, 1959, p. 1293. On se souviendra également de ce qu'écrit Bergson sur le lien entre « émotion » et « pensée » dans *Les Deux Sources* : « Il y a des émotions qui sont génératrices de pensée ; et l'invention, quoique d'ordre intellectuel, peut avoir de la sensibilité pour substance », car il existe une « différence entre l'intelligence qui comprend, discute, accepte ou rejette, s'en tient enfin à la critique, et celle qui invente. » (Bergson, *Les Deux Sources de la morale et de la religion* [1932], Paris, PUF, coll. « Quadrige », 1982, p. 40 et 42.

128. Charles Mauron, *Introduction à la psychanalyse de Mallarmé, suivi de Mallarmé et le Tao et Le Livre*, Neuchâtel, La Baconnière-Paris, Payot, 1968, 258 p.

transparente[129] ». De même, la lecture d'un poème comme *Brise marine* montre que, pour Mallarmé, à la différence de Baudelaire, le « steamer balançant sa mâture » n'est pas conçu pour conduire vers des paradis exotiques, mais vers le naufrage. Dans un autre registre, on pourrait également opposer la façon dont Marcel Proust construit son œuvre à partir de la double notion de « recherche du temps perdu » et de « temps retrouvé » et la perspective qui est celle de Claude Mauriac dans l'œuvre qu'il choisit d'intituler au contraire « Le temps immobile ». À cet égard, l'utilisation des termes dans les énoncés à travers lesquels s'exprime ce savoir en éclats demeure en définitive proche de ce que Pascal (1623-1662) appelait la « définition géométrique », et qui consiste à décider de donner à une chose « un nom que l'on destitue de tout autre sens, s'il en a, pour lui donner celui de la chose désignée[130] ». Dès lors, on doit admettre que l'écrivain n'est pas nécessairement tenu d'utiliser les termes dans l'acception que leur donnent les autres hommes :

> D'où il paraît que les définitions sont très libres, et qu'elles ne sont jamais sujettes à être contredites : car il n'y a rien de plus permis que de donner à une chose qu'on a clairement désignée un nom tel qu'on voudra. Il faut seulement prendre garde qu'on n'abuse de la liberté qu'on a d'imposer des noms, en donnant le même à deux choses différentes[131].

On voit donc que ce qui compte, et doit en particulier retenir l'attention du lecteur, c'est bien cette question de la définition donnée initialement par l'écrivain, de façon évidemment plus ou moins explicite, aux termes qu'il emploie ainsi que sa capacité à maintenir une logique interne à son propre texte.

La production de ce type d'énoncés, ouverts sur une problématique, mettant en évidence ce qui pourrait apparaître

129. *Ibid.*, p. 88.
130. Pascal, *De l'esprit géométrique* [1658], in *Pensées et opuscules* publiés avec une introduction, des notices, des notes par Léon Brunschvicg [1897], Paris, Hachette, 1923, p. 166.
131. *Ibid.*, p. 166.

immédiatement comme une faille ou une contradiction, révèle enfin une autre propriété du texte littéraire. En effet, ce savoir en éclats tend à mettre l'accent, non sur le monde, physique ou social, envisagé d'emblée comme une totalité signifiante, mais plutôt sur des *relations* entre des éléments. Là encore, un recoupement peut être fait avec la démarche scientifique, comme le suggère bien cette réflexion du mathématicien Henri Poincaré [1854-1912] :

> La science [...] est avant tout une classification, une façon de rapprocher des faits que les apparences séparaient, bien qu'ils fussent liés par quelque parenté naturelle et cachée. La science, en d'autres termes, est un système de relations. Or [...], c'est dans les relations seulement que l'objectivité doit être cherchée ; il serait vain de la chercher dans les êtres considérés comme isolés les uns des autres[132].

Poincaré songeait bien sûr uniquement au développement de la science. Mais son propos présente aussi pour nous le grand intérêt de définir l'exigence à laquelle la littérature doit répondre pour pouvoir produire un savoir : il lui faut renoncer à toute perspective essentialiste et substituer à celle-ci une vision qui mette sans cesse en lumière de nouvelles relations entre les êtres et les choses. Car ce qui est en jeu ici, c'est la question du *sens* dont le monde est susceptible d'être porteur : celui-ci réside-t-il, une fois pour toutes, dans des propriétés inhérentes à la réalité extérieure et, par conséquent, dans une « objectivité » qui ne saurait être mise en doute, ou, au contraire, dans l'activité d'un sujet qui le construit à travers ses interrogations et ses approximations successives ?

132. Henri Poincaré, *La Valeur de la science*, Paris, Flammarion, 1917, p. 265-266.

« Savoir » : verbe ou substantif ?

Au terme de cette réflexion, au cours de laquelle bien d'autres voies auraient mérité d'être suivies, quelques points peuvent plus spécialement retenir l'attention. On notera tout d'abord que l'affirmation de l'autotélie de l'œuvre littéraire (et artistique), telle que la formulent Baudelaire ou Flaubert au tournant des années 1850 et qui va devenir un des caractères marquants du discours de la modernité, est loin d'avoir été acceptée sans restriction. En particulier, la condamnation portée contre « l'enseignement » ne semble guère avoir eu d'effet sur un très large secteur de la production romanesque qui, de Zola à Sartre, de Romain Rolland à Camus, de Malraux à Alejo Carpentier, s'est souvent assigné comme tâche l'élucidation du réel et la définition de choix et de valeurs dans le domaine politique ou social.

Mais cette condamnation, justement, n'était pas dépourvue d'ambiguïté. Baudelaire, en l'exprimant, songeait aux œuvres littéraires de son temps qui visaient à défendre explicitement, de façon manichéenne, des thèses politiques, sociales, religieuses, que celles-ci soient conservatrices ou progressistes. En procédant ainsi, en rejetant aussi bien Louis Veuillot que George Sand, il tendait à laisser de côté un des faits majeurs du XIXe et du XXe siècle : le développement du roman et la question de son rapport au réel. Or, rien ne prouve que la volonté de représenter le réel doive se confondre avec la volonté de développer une thèse.

Dans la lignée de Baudelaire et de Flaubert, le « nouveau roman », entre 1950 et 1970, a disqualifié toute ambition romanesque visant à une représentation et une élucidation du réel ainsi qu'un enseignement sur celui-ci. Pourtant, on ne peut nier que celle ou celui qui lit un roman de Tolstoï, Dos Passos, Barbusse, Zweig, Malraux, Tagore acquiert des informations sur les univers construits par ces écrivains et dans lesquels on peut repérer un découpage historique ou spatial, des catégories sociales, des événements spécifiques. Faut-il condamner, sous prétexte de naïveté, cette lecture de type référentiel, comme y invite en règle générale la critique universitaire ? Pour ma part, je ne le pense pas car la critique qui prétend si souvent être scientifique ne peut que se renier si elle commence par ignorer et disqualifier les pratiques effectives de lecture.

En outre, le point de vue développé par Baudelaire a été repris après lui à l'intérieur d'un secteur relativement restreint du champ littéraire : celui des avant-gardes du monde occidental. Or, là encore, il est difficile d'accepter totalement un principe qui n'a pas beaucoup de sens pour les autres littératures du monde, notamment celles qui se sont développées dans le cadre des anciens territoires coloniaux. Quel sens pouvait avoir la notion d'autotélie pour les écrivains d'Afrique et d'Asie qui ont commencé à produire à partir de la fin du XIXe siècle et dans des conditions très différentes de celles de leurs homologues occidentaux ? Faute de s'être posé cette question, les critiques du monde occidental ont eu tendance à considérer que la revendication politique et culturelle, la dénonciation de la colonisation, l'engagement que les écrivains s'assignaient comme règle ne permettaient pas de mettre ces littératures au même niveau que les littératures de la modernité. Mais, en procédant ainsi, ils commettaient une grave erreur d'interprétation : en effet, quelle que soit la place qu'y occupe la volonté de dénoncer la colonisation et de défendre les cultures dominées, de dévoiler la réalité, ces littératures sont nées aussi – et surtout – du désir de substituer au discours du colonisateur celui du colonisé. Cette concurrence dans l'appropriation du discours légitime témoigne ainsi, à qui l'oublierait, de la condition verbale de ces littératures.

À la différence de ce que tend à dire trop souvent la critique, l'observation de sa pratique effective révèle que la lecture est appropriation de connaissances, immersion dans un univers jusqu'alors inconnu du lecteur. Les récits de vie et les autobiographies témoignent largement de ce processus de découverte, notamment sur le plan de la relation interculturelle. Lire *Le Dernier Jour d'un condamné* de Victor Hugo, c'est aussi entrer dans le monde de la prison et de la pénalité au XIXe siècle. Lire *Le Premier Homme* de Camus, c'est probablement comprendre pourquoi l'Algérie n'est jamais devenue une véritable société. Lire *La Maison et le monde* de Tagore, c'est accéder à l'histoire de la lutte du nationalisme Bengali, à la fin du XIXᵉ, contre la domination britannique, mais c'est également entrer dans la problématique du conflit entre nationalisme et valeurs universelles.

Se pose cependant la question de la nature de ce savoir positif présent dans les œuvres littéraires et auquel le lecteur va avoir accès par une immersion plus ou moins profonde. À cet égard, nous l'avons vu tout au long de ce chapitre, il convient de bien se souvenir que le terme de « savoir » a deux sens. Le terme peut d'abord être employé comme substantif et, dans ce cas, il désigne une connaissance positive, déjà constituée : une personne fait preuve de savoir, un livre contient un savoir dans tel ou tel domaine. Le terme peut aussi être employé en référence à sa forme verbale et, dans ce deuxième cas, il désignera le procès à travers lequel s'opère progressivement la constitution de ce savoir positif.

Cette distinction est essentielle, car elle permet en définitive de repérer les deux grands types de savoirs qui peuvent être présents dans une œuvre et qu'un lecteur est susceptible de s'approprier. Certaines œuvres nous apprendront surtout des faits et nous apporteront un savoir positif, sur tel ou tel domaine. D'autres, au contraire, développeront en nous le procès qui rend possible la constitution de ce savoir positif. Les unes mettent l'accent sur des contenus, les autres sur des processus de questionnement et d'interprétation. Ainsi, il est intéressant de voir comment Marcel Griaule (1898-1956) et Hampâté Bâ (v.1900-1991) ont différé profondément sur cette question. Griaule a conçu son œuvre d'ethnologue en pensant qu'il lui fallait s'approcher toujours plus de l'« africanité véritable », pour atteindre une sorte de noyau dur primordial – en l'occurrence le monde dogon –, et, en procédant ainsi, il assignait comme but à son œuvre l'expression de contenus : la recherche anthropologique consistait en somme, de façon quelque peu naïve, à mettre au jour un trésor enfoui[133].

133. Voir en particulier *Dieu d'eau. Entretiens avec Ogotemmêli* [1948], avant-propos de Geneviève Calame-Griaule, 1985, Paris,

L'écrivain malien Hampâté Bâ, en revanche, tout en connaissant parfaitement les sociétés de l'Ouest africain, n'a cessé de penser que la seule réalité qui méritait d'être appréhendée était la parole, faisant de la sorte de celle-ci et du processus d'interprétation l'objet principal de sa recherche[134]. De même, on pourrait opposer tel ou tel roman de Zola, où le savoir en tant que contenu est fortement marqué, découpé, dénommé, et un ouvrage comme *Les Nourritures terrestres* où, au contraire, l'accent est mis d'emblée sur le questionnement.

Sans aucun doute, il y a là par rapport à cette question deux grands types d'œuvres, selon que l'accent est mis sur des contenus déjà constitués ou, au contraire, sur un procès. Ces propriétés ne sont cependant pas totalement inhérentes aux œuvres elles-mêmes, dans la mesure où l'acte de lecture peut conduire à accentuer du côté du procès ce qui était de l'ordre du contenu et du côté du contenu ce qui était de l'ordre du procès.

Fayard, 223 p. Ces entretiens recueillis par Griaule, qui s'efface ainsi complètement devant la parole africaine, exposent ce que l'anthropologue considère comme l'africanité la plus profonde.

134. Cette perspective apparaît notamment dans les différentes versions de *Kaïdara* : *Kaïdara*, récit initiatique peul rapporté par Amadou Hampâté Bâ, édité par Amadou Hampâté Bâ et Lilyan Kesteloot, Paris, Julliard, coll. « Classiques Africains », 1968, 183 p,. et *Kaïdara*, illustrations de F. Hanes, Dakar, Nouvelles Éditions africaines, 1978, 96 p. Voir également le célèbre récit : *L'Étrange Destin de Wangrin ou les roueries d'un interprète africain* [1973], Paris, UGE, 1992, coll. « 10-18 », 459 p. Sur le rapport de Hampâté Bâ à Griaule et sur la façon dont Hampâté Bâ met l'accent sur le procès de la parole plus que sur les contenus véhiculés par celle-ci, fût-elle « traditionnelle », voir Kusum Aggarwal, *Amadou Hampâté Bâ et l'africanisme. De la recherche anthropologique à l'exercice de la fonction auctoriale*, Paris, L'Harmattan-Montréal, L'Harmattan Inc., 1999, 266 p.

CHAPITRE 4

Lire, lire l'autre

Lire, voilà sans aucun doute la pratique la plus immédiate, la plus fréquente et la plus partagée de la littérature. Les écrivains, même les plus grands, les critiques, même les plus savants, ont été (et restent bien souvent) de « simples » lecteurs. Cette universalité fait naturellement de l'acte de lecture un des fondements de la théorie de la littérature, et du lecteur une des instances majeures du processus d'interprétation des textes. Sans avoir jamais été véritablement remise en cause, une telle évidence est restée pourtant relativement sous-estimée en Occident, étant donné la place centrale conférée à l'auteur au cours des trois derniers siècles. Le couple auteur-lecteur est donc resté longtemps inégal. Généralement défini comme récepteur passif, le lecteur pouvait n'apparaître à une large partie des critiques que comme un acteur de second ordre, et souvent abstrait, du processus littéraire. C'est peut-être d'ailleurs cette abstraction – qu'est-ce que le public ? « le » lecteur existe-t-il ou faut-il au contraire chercher « des » lecteurs ? où trouver des traces objectives de la lecture ? – qui a constitué, et constitue toujours, le principal obstacle à la prise en compte de la lecture et de sa sociologie, dans la recherche littéraire.

Avènement du lecteur, consécration de la lecture

Toutefois, depuis une trentaine d'années au moins, la tendance s'est notablement infléchie et la part de la « fonction lecteur » (pour plagier Michel Foucault parlant de la « fonction auteur ») dans le fait littéraire n'a cessé d'être affirmée et reconnue, voire proclamée. D'une certaine manière, il faut voir dans cette inflexion un effet de l'influence du structuralisme au cours des années soixante. Dans le cadre d'une pensée totalisante et systématique, le structuralisme s'opposait en effet à toute forme de centration impériale ou naïve sur le sujet et le cogito omniscients de la philosophie traditionnelle. Dans l'ordre de la critique littéraire, soucieux de dénoncer l'illusion dominante – on parlait alors de l'*idéologie* et de la *doxa* – du « grand » écrivain qui « veut nous dire » ceci ou cela, les structuralistes ont donc été conduits à promouvoir le lecteur au détriment de l'auteur. Et c'est par exemple Barthes (1915-1980) qui, tout occupé à désacraliser l'auteur et à rappeler sa « mort », conclut en 1968 sans trop s'encombrer de nuances :

> Nous savons que, pour rendre à l'écriture son avenir, il faut en inverser le mythe : la naissance du lecteur doit se payer de la mort de l'auteur[1].

Pour Barthes, la valorisation du lecteur et de la lecture n'a de sens que comme conséquence d'une théorie du texte, dont on a vu (chap. « L'œuvre et ses limites ») qu'il ne se définit pas comme objet matériel, mais doit être considéré comme production, processus de « signifiance » (et non simple produit d'un message, d'une signification univoque) :

> La théorie du texte amène la promotion d'un nouvel objet épistémologique : la *lecture* (objet à peu près dédaigné par la critique classique, qui s'est intéressée essentiellement soit à la personne de l'auteur, soit aux règles de fabrication de l'ouvrage, et qui n'a jamais conçu que très médiocrement le lecteur, dont le lien à l'œuvre, pensait-on, était de simple *projection*)[2].

Parallèlement à ce rééquilibrage des deux pôles constitutifs de la production et de la transmission littéraires,

1. Roland Barthes, « La mort de l'auteur », [*Manteia*, 1968], in *Essais critiques IV. Le Bruissement de la langue*, Paris, Seuil, 1984, p. 61-67, p. 67.

2. Roland Barthes, « Texte (théorie du) », [1973], in *Encyclopædia Universalis*, Paris, Encyclopædia universalis éd., 1968-1975 ; nouv. éd., 1989, t. 22, p. 370-374, p. 373, col. 3.

l'acte de lecture, pris au sens large, a fait dans un passé récent l'objet d'études extrêmement stimulantes fondées sur des méthodologies renouvelées, et dans des secteurs très divers des sciences humaines[3]. Tel est tout particulièrement le cas des approches anthropologiques, sociologiques et historiques. Au-delà de leur diversité de propos, ces sciences de l'homme partagent la conviction que les objets de la lecture (listes, imprimés, livres, cahiers, journaux, manuscrits, etc.) doivent être interrogés à la lumière des pratiques qu'ils induisent. À partir des années soixante-dix, les travaux des historiens du livre et de l'édition, des spécialistes de la bibliographie se sont ainsi progressivement ouverts à des approches socio-historiques, passant ainsi de la traditionnelle « histoire du livre » à une histoire parallèle des lecteurs et de leurs manières de faire face à l'écrit[4]. Étudiant conjointement les modifications et l'évolution des dispositifs éditoriaux et les modes de circulation et de socialisation de l'écrit et de l'imprimé, ils ont, contrairement au projet initial des structuralistes, été conduits à réhabiliter, en partie tout au moins, la notion d'intentionnalité : l'auteur, l'éditeur poursuivent un but précis, attesté dans l'écriture et la forme éditoriale elles-mêmes. Accordant une place éminente à l'étude de la matérialité de ces objets, ils voient dans leurs variations autant de traces de l'évolution de la lecture d'une œuvre à travers le temps.

Recoupant les préoccupations des historiens des mentalités, voire des anthropologues, les sociologues – et singulièrement les sociologues de la culture – ont également apporté de solides éléments de réflexion dans ce domaine.

3. En témoignent par ailleurs les travaux des spécialistes de la psychologie cognitive et des pédagogues se penchant, en liaison avec des linguistes, sur les processus d'apprentissage et de fonctionnement de la lecture comme reconnaissance et déchiffrement de sens. Voir Jean-Pierre Jaffré, Liliane Sprenger-Charolles, Michel Fayol (dir.), *Lecture-écriture : acquisition*, Les Actes de la Villette, Paris, Nathan, 1993.

4. Roger Chartier (dir.), *Pratiques de la lecture*, Marseille, Rivages, 1985 ; nouv. éd. Payot, 1993. *L'Ordre des livres, lecteurs, auteurs et bibliothèques en Europe entre XIVe et XVIIe siècles*, Aix-en-Provence, Alinea, 1992 ; nouv. éd., *Culture écrite et société. L'Ordre des livres (XIVe-XVIIIe siècles)*, Paris, Albin Michel, 1996.

Alors qu'hier encore, le grand écrivain, le critique de renom (qu'on peignait ou qu'on photographiait volontiers dans le sanctuaire de leur bureau transformé en bibliothèque) faisaient figure de références et de modèles, on assiste donc à la naissance d'un nouvel objet d'étude : la « lecture ordinaire[5] ». Il s'agit là d'une conséquence de la notion de « pratiques culturelles » apparue au cours des années 1970 notamment sous l'impulsion d'Augustin Girard[6], de Pierre Bourdieu[7] et de Michel de Certeau (1925-1986). Rendre compte des pratiques, c'est en définitive inventer un sujet, celui-là même que Michel de Certeau appelle « l'homme ordinaire » :

> Cet essai est dédié à l'homme ordinaire. Héros commun. Personnage disséminé, marcheur innombrable. [...] Ce héros anonyme vient de très loin. C'est le murmure des sociétés. De tout temps, il prévient les textes. Il ne les attend même pas. Il s'en moque. Mais dans les représentations scripturaires, il progresse. Peu à peu il occupe le centre de nos scènes scientifiques. Les projecteurs ont abandonné les acteurs possesseurs de noms propres et de blasons sociaux pour se tourner vers le chœur des figurants massés sur les côtés, puis se fixer enfin sur la foule du public[8].

5. Martine Poulain (dir.), *Lire en France aujourd'hui*, Paris, Le Cercle de la librairie, 1993.

6. Dans les années 1970, Augustin Girard a été le premier directeur des études au ministère de la Culture. Voir ministère de la Culture, *Pratiques culturelles des Français, description socio-démographique, évolution 1973-1981*, Paris, Dalloz, 1982. Régulièrement réactualisées, ces enquêtes du Département des études et de la prospective du ministère de la Culture constituent un observatoire exceptionnel dans ce domaine. Voir Olivier Donnat et Denis Cogneau, *Les Pratiques culturelles des Français, 1973-1989*, Paris, La Découverte-La Documentation française, 1990. Olivier Donnat, *Les Pratiques culturelles des Français. Enquête 1997*, Paris, ministère de la Culture et de la Communication-La Documentation française, 1998.

7. Pierre Bourdieu, *Esquisse d'une théorie de la pratique, précédée de Trois Études d'ethnologie kabyle*, Genève, Droz, 1972 ; nouv. éd., Paris, Seuil, 2000, coll. « Points Essais ».

8. Michel de Certeau, *L'Invention du quotidien. 1 : Arts de faire*, Paris, Gallimard, 1980 ; nouv. éd. établie et commentée par Luce Giard, 1990, coll. « Folio Essais », p. 11.

Qu'elles soient centrées sur les cadres institutionnels de la lecture que constituent la famille[9], l'école, l'édition, les bibliothèques[10], qu'elles prennent la forme d'études plus monographiques, s'attachant à une population donnée – jeunes travailleurs[11], cheminots, retraités, prisonniers[12], étudiants ou enseignants[13] –, ou qu'elles rendent compte d'un phénomène complexe et diffus comme l'illettrisme[14], les approches sociologiques de la lecture ont fait preuve d'une indiscutable vitalité au cours des vingt dernières années[15]. Et la tendance n'est évidemment pas exclusive à la France, mais concerne le monde occidental pris dans son ensemble.

Loin d'être absents de cette réflexion, les littéraires, qu'ils soient linguistes ou spécialistes de littérature, ont

9. Un sociologue de la famille comme François de Singly a été ainsi conduit à étudier les pratiques de lecture. *Les Jeunes et la lecture*, ministère de l'Éducation nationale et de la Culture, Direction de l'évaluation et de la prospective, Les Dossiers Éducation et Formations, n° 24, janvier 1993.

10. Voir Martine Poulain (dir.), *Histoire des bibliothèques françaises*, t. 4 : *Les Bibliothèques au XXe siècle*, Paris, Promodis-Le Cercle de la Librairie, 1992 ; Max Butlen, Madeleine Couet et Lucie Desailly, *Savoir lire avec les bibliothèques centres documentaires*, Préface de Jean Hébrard, Créteil, CRDP, 1996 ; Daniel Renoult (dir), *Les Bibliothèques dans l'université*, Paris, Le Cercle de la librairie, 1994.

11. Voir Nicole Robine, *Les Jeunes Travailleurs et la lecture*, Paris, La Documentation française, 1984.

12. Voir Michel Peroni, *Histoires de lire : lectures et parcours biographiques*, Paris, Bibliothèque publique d'information, 1988.

13. Voir Emmanuel Fraisse (dir), *Les Étudiants et la lecture*, Paris, PUF, 1993.

14. Voir Béatrice Fraenkel (dir.), *Illettrismes, variations historiques et anthropologiques*, Paris, Bibliothèque publique d'information, 1993 ; Jean-Claude Pompougnac, *Illettrisme, tourner la page ?*, Paris, Hachette, 1996.

15. Voir Bernadette Seibel, « Trente ans de recherche sur la lecture en France, 1955-1995 : quelques repères », in Bernadette Seibel (dir.) *Lire, faire lire. Des usages de l'écrit aux politiques de lecture*, Paris, Le Monde éditions, 1995, p. 15-27. Pour une synthèse d'envergure prenant en compte les éléments les plus récents, voir les chap. XXV-XXVII de la dernière édition des *Discours sur la lecture*. Anne-Marie Chartier et Jean Hébrard, *Discours sur la lecture, 1880-1980*, avec la collaboration de Emmanuel Fraisse, Martine Poulain, Jean-Claude Pompougnac, Paris, BPI-Centre Georges-Pompidou, 1989 ; nouv. éd. augm., *Discours sur la lecture (1800-2000)*, Paris, BPI-Centre Georges-Pompidou, Fayard, 2000.

pu emprunter un certain nombre de problématiques aux autres sciences humaines, tout en construisant des outils qui leur soient adaptés. C'est notamment le cas de la notion de « réception », avec deux grandes lignes de force : la réception comme processus socio-historique, liée à un « horizon d'attente » culturellement défini (Hans Robert Jauss[16]) ; la réception comme processus d'anticipation fondé sur les structures de la langue et « l'encyclopédie personnelle » du lecteur débouchant sur le phénomène de l'interprétation, à la croisée de l'intention de l'œuvre de l'intention de l'auteur et de l'intention du lecteur (Umberto Eco[17]). Dans tous les cas, ces démarches tiennent compte du fait que les textes ne cessent de se répondre, de se recouper et de renvoyer leurs échos de multiples façons tout au long de l'histoire de la littérature et de la culture. C'est rencontrer là une notion devenue familière, celle d'intertextualité, ou de transtextualité, telle qu'elle a pu être définie par Gérard Genette au début des années quatre-vingt :

> Je dirais aujourd'hui, plus largement, que cet objet, est la transtextualité, ou transcendance textuelle du texte que je définissais déjà [dans *Introduction à l'architexte*, paru trois ans plus tôt], grossièrement, par « tout ce qui le met en relation, manifeste ou secrète, avec d'autres textes[18] ».

16. Voir Hans Robert Jauss, *Kleine Apologie der ästhetischen Erfahrung*, Constance, Verlaganstalt, 1972 ; *Rezeptionsästhetik*, Munich, Wilhelm Fink Verlag, 1975 ; *Literaturgeschichte als Provokation*, Francfort, Suhrkampf, 1974 ; rassemblés dans *Pour une esthétique de la réception*, trad. par Claude Maillard, Préface de Jean Starobinski, Paris, Gallimard, 1978 ; nouv. éd., coll. « Tel », 1990. Voir également Wolfgang Iser, *Der Akt des Lesens*, Munich, Wilhelm Fink Verlag, 1976 ; *L'Acte de lecture : Théorie de l'effet esthétique*, trad. par Évelyne Sznicer, Bruxelles, Mardaga, 1985.

17. Umberto Eco, *Lector in fabula*, Milan, Bompiani, 1979, trad. par Myriem Bouzaher, Paris, Grasset, 1985 ; nouv. éd., Paris, LGF, coll. « Biblio essais », 1993 ; *I Limitti dell'interpretazione*, Milan, Gruppo Editoriale Fabbri, Bompiani, Sonzogno, Etas S.p.A, 1990 ; *Les Limites de l'interprétation*, trad. par Myriem Bouzaher, Paris, Grasset & Fasquelle, 1990 ; nouv. éd., Paris, LGF, coll. « Biblio essais », 1994.

18. Gérard Genette, *Palimpsestes. La littérature au second degré*, Paris, Seuil, 1982 ; nouv. éd., coll. « Points Essais », 1992.

Comment saisir une réception individuelle et généralement silencieuse ? Comment fixer ce qui est par nature labile et évanescent, toujours changeant et destiné à l'oubli ? Avec leurs homologues des autres sciences humaines, les littéraires se heurtent aux difficultés inhérentes à toute approche de la lecture dont le sociologue Jean-Claude Passeron rappelle en outre qu'elle constitue, « le plus polymorphe » de tous les actes culturels[19]. Acte d'un individu, elle subit des déterminations collectives et historiques : les littéraires se doivent donc, eux aussi, de prendre en compte et de chercher les traces de ces déterminations. Mais pour des raisons matérielles aisément compréhensibles, il est relativement moins difficile de dresser le portait de l'écrivain en lecteur que celui du lecteur ordinaire. Non seulement, on dispose de ces produits « achevés » que sont les œuvres publiées, mais, au moins pour les deux derniers siècles, on a conservé ou rassemblé les documents et écrits de nombreux écrivains de renom[20]. La confrontation des œuvres et de ces matériaux bruts que sont les brouillons, ébauches, avant-textes, manuscrits, correspondances donne une idée des lectures et, mieux encore, du devenir des lectures, de l'écrivain. Ce qu'on a longtemps appelé un peu naïvement « les sources » devient, grâce à la critique génétique, une observation des modes d'assimilation des lectures et de leur prolongement dans l'écriture.

Quant à l'analyse rétrospective de la critique et de l'histoire éditoriale, elle contribue, notamment lorsqu'elle peut être croisée avec des écrits intimes et privés ou des documents officiels[21], à définir l'horizon d'attente des lecteurs ordinaires d'une période, d'une société ou d'une classe données :

19. Jean-Claude Passeron, « Le plus ingénument populaire des actes culturels. Figures et contestations de la culture », in *Le Raisonnement sociologique*, Paris, Nathan, 1991.

20. Voir Pierre-Marc de Biasi, *La Génétique des textes*, Paris, Nathan, 2000, coll. « 128 Littérature ».

21. Qu'on pense par exemple aux réquisitoires prononcés contre Baudelaire ou Flaubert lors des procès intentés à la suite de la publication des *Fleurs du mal* et de *Madame Bovary*. Voir Yvan Leclerc, *Crimes écrits. La littérature en procès au* XIX*e siècle*, Paris, Plon, 1991.

> La reconstitution de l'horizon d'attente tel qu'il se présentait au moment où jadis une œuvre a été créée et reçue permet en outre de poser des questions auxquelles l'œuvre répondait, et de découvrir ainsi comment le lecteur du temps peut l'avoir vue et comprise. En adoptant cette démarche, on élimine l'influence presque toujours inconsciente qu'exercent sur le jugement esthétique les normes d'une conception classique ou moderniste de l'art, et l'on s'épargne la démarche circulaire qui consiste à recourir à « l'esprit du temps[22] ».

Écriture et lecture sont deux processus indissociables certes, mais inégaux, puisque l'un est fixé et limité alors que l'autre demeure bien souvent indéfinissable, virtuel et sans bornes. C'est finalement grâce à la stabilité de l'écrit (qu'il émane des créateurs, des critiques ou des lecteurs « ordinaires ») que nous rencontrons le plus d'enseignements sur la lecture, tel est le paradoxe de la théorie et de la sociologie de la lecture. Et toute analyse de la réception se heurte presque nécessairement à cette limite : elle ne peut en définitive s'appuyer sur la mouvante et babillante rumeur de l'échange oral et de la sociabilité que lorsque cette dernière se fige et se transmet dans un écrit. La « critique des salons » chère à Thibaudet (1874-1936)[23] n'a survécu, en dehors des journaux intimes et la correspondance, que dans les feuilletons et des chroniques journalistiques imprimées. Aujourd'hui encore, il ne reste pour ainsi dire pas de traces (quel particulier irait systématiquement enregistrer les émissions littéraires de la télévision ou de la radio ?) de cette critique immédiate, périssable et mondaine qui fait vivre l'actualité littéraire principalement à travers les visages et les réactions des auteurs invités. Seuls peut-être les forums de discussion sur Internet sont susceptibles de donner une nouvelle dimension et une certaine durabilité à cette critique des lecteurs ordinaires.

22. Hans Robert Jauss, « L'histoire de la littérature, un défi à la théorie littéraire », in *Pour une esthétique de la réception*, *op. cit.*, p. 58.
23. Albert Thibaudet, *Physiologie de la critique*, Paris, Éditions de la Nouvelle Revue critique, 1930 ; nouv. éd., Paris, Nizet, 1973.

Pour être désormais reconnue comme objet légitime, la lecture est loin de constituer un concept stabilisé et clairement déterminé dans l'ordre de la critique littéraire. C'est qu'en réalité, il en va un peu de la notion de lecture comme de celle de littérature. Rien n'est plus familier, et rien n'est finalement moins défini. Sans doute à l'imitation du vocabulaire technique du théâtre puis des pratiques interprétatives de la psychanalyse et de la critique anglo-saxonne on a, avant même les années soixante-dix, parlé de « lectures ». Alors que l'expression, apparue en France dans les années soixante-dix, ne s'impose véritablement que dans le courant des années quatre-vingt-dix, on parle désormais (et l'on croit parfois avoir toujours agi de la sorte[24]) de « lecture littéraire », visant à la fois le caractère littéraire des textes lus et la méthodologie critique adoptée. Peut-être est-ce là une marque des changements culturels les plus importants : échappant rapidement à la visibilité institutionnelle, ils s'imposent à nous avec la force de l'évidence. On constate un jour que les continents se sont déplacés plus qu'on a enregistré leur lente dérive.

En 1971, Armand Colin inaugure, sous la direction de Philippe Sellier, alors maître de conférences à l'Université de Paris V, une série de la collection « U2 » intitulée « Lectures ». Présentant en première page l'esprit et le projet de cette nouvelle collection qui se veut un nouvel objet, l'éditeur montre par l'utilisation systématique des guillemets la relative nouveauté du terme appliqué à la réception et à la critique littéraires :

> Cette nouvelle série se propose donc de :
> 1) Retracer l'odyssée de l'œuvre d'un écrivain à travers des générations successives [...]. Les « lectures » de la critique savante sont replacées parmi les autres :

24. Dans leur polémique du milieu des années soixante, Raymond Picard, tout comme Roland Barthes ou Serge Doubrovsky, n'emploie tout naturellement que les termes de « critique » ou de « nouvelle critique ». R. Picard, *Nouvelle Critique ou Nouvelle Imposture* ?, Paris, Jean-Jacques Pauvert, 1965 ; R. Barthes, *Critique et vérité*, Paris, Seuil, 1966 ; S. Doubrovsky, *Pourquoi la nouvelle critique. Critique et objectivité*, Paris, Mercure de France, 1966. Vingt ans après, Michel Picard (dir.) publie *La Lecture littéraire* [Actes du colloque de Reims, 1984], Paris, Clancier-Guénaud, 1987.

> correspondances, mises en scène, jeu d'acteurs, adaptations diverses.
> 2) Fournir une riche documentation en reproduisant les textes essentiels de chaque « lecture », textes souvent difficiles d'accès.
> 3) Faire apparaître et s'il se peut expliquer l'évolution de ces « lectures », liées aux changements des mentalités, à certains événements historiques, à l'essor des sciences humaines.
> 4) Assurer un traitement privilégié aux « lectures » et familiariser, ainsi, avec les diverses méthodes de la critique contemporaine. [...][25]

Quelque trente ans après, Michèle Touret invite plusieurs auteurs à donner ce même titre de *Lectures* à des ouvrages critiques de la collection « Didact Français » qu'elle dirige aux Presses universitaires de Rennes[26]. *Lectures de La Rochefoucauld*, *des Rêveries*, *de La Route des Flandres*, *de Ronsard*, etc. constituent autant d'anthologies de textes critiques communiquant diverses lectures, soit autant de réactions, d'explications et de commentaires portant sur les œuvres ou les écrivains mentionnés. Dans *Lectures de Beckett* [27] dont elle assure elle-même la mise en œuvre, point n'est besoin aux yeux de Michèle Touret, de justifier son projet éditorial ou de recourir aux guillemets pour en préciser le sens. Ses lecteurs (qui ne sont guère différents de ceux à qui s'adressait la série de Philippe Sellier) savent évidemment tous ce qu'est, dans le cadre des études universitaires de lettres, une ou des lecture(s). Il s'agit, comme le rappelle simplement la quatrième partie de cet ouvrage (« Lectures et interprétations »), d'une interprétation ou, plus généralement, d'un faisceau d'interprétations.

De son côté, l'édition de 1978 du *Grand Robert* [28] relève huit entrées à l'article « Lecture », dont aucune ne renvoie

25. Avant-propos in Maurice Laugaa, *Lectures de Madame de Lafayette*, Paris, Armand Colin, 1971, p. 2.

26. C'est d'ailleurs dans la même collection qu'Annie Rouxel a publié en 1987 *Enseigner la lecture littéraire*.

27. Michèle Touret, *Lectures de Beckett*, Rennes, PUR, 1998.

28. Paul Robert, *Dictionnaire alphabétique et analogique de la langue française. Les Mots et les associations d'idées*, Paris, Société du Nouveau Littré Le Robert, 1953 ; nouv. éd., 1978.

explicitement à l'interprétation critique des écrits pas plus qu'elle ne mentionne une éventuelle pluralité du terme « lectures »[29]. Certes à l'article « Lire », Robert mentionne très rapidement un sens particulier (« *Professeur qui lit un texte, un auteur à ses élèves* [V. Expliquer, interpréter]. »), mais, tout comme le *Lexis*, il insiste plus sur le sens métaphorique qui conduit à relier l'acte de lire à une herméneutique :

> 5° *Par métaph.* et *fig.* Déchiffrer, *comprendre* (ce qui est caché) par un signe extérieur. *Celui qui sait lire dans l'histoire de l'humanité* (cit. 10). *Lire dans les cieux* (cit. 12), *les astres* (Cf. Astrologue, cit. 1). *Lire l'horoscope* (cit. 3, 4 et 5), *l'avenir* de quelqu'un dans les lignes de sa main, le marc de café, les astres… Savoir lire dans les fleurs*, connaître le langage des fleurs*. (Cf. cit. 3). – *Lire les lignes de la main.* […]
> – *Fig.* Discerner, reconnaître comme par un signe. V. **Découvrir** (5°) **discerner**, **pénétrer**. *Lire dans un regard.*

Ce faisant, le dictionnaire rappelle d'ailleurs l'ancienneté et la fréquence de la métaphore du livre du monde, ou du livre de la nature, et de ses modes de déchiffrement à travers les signes disposés dans l'univers[30]. Ce dont

29. Lecture : 1. Action matérielle de lire ; 2. Action de prendre connaissance du contenu d'un écrit (Littré), puis cet écrit lui-même ; 3. Instruction qui résulte de la lecture ; 4. Fait de savoir lire, l'art de lire ; 5. Action de lire à haute voix ; 6. Action de lire devant une assemblée délibérante un document officiel ; 7. Les textes lus ou chantés dans l'exercice religieux par un seul ; 8. Première phrase de la reproduction des sons enregistrés.

30. Voir à ce propos Hans Robert Curtius, « Le symbolisme du livre », in *Europäische Literatur und lateinisches Mittelalter* [Bonn, 1948], *La Littérature européenne et le Moyen Âge latin*, trad. par Jean Bréjoux, Préface par Alain Michel, Paris, PUF, 1956 ; nouv. éd., Paris, Presses-Pocket, 1991, p. 471-542 ; Hans Blumenberg, *Die Lesbarkeit der Welt* [*La Lisibilité du monde*], Francfort-sur-le-Main, Suhrkampf, 1981 ; Alberto Manguel, « Métaphores de la lecture », in *A History of Reading*, Toronto, Knopf Canada, Londres, Harper Collins, New York, Viking, 1996 ; *Une histoire de la lecture*, essai traduit de l'anglais par Christine Le Bœuf, Aix-en-Provence, Actes Sud, 1998, p. 199-210.

témoigne parmi beaucoup d'autres Sir Thomas Browne dans sa *Religio Medici* de 1643 :

> Ainsi, il y a deux livres où je puise ma théologie : outre les écrits concernant Dieu, il en existe un autre, celui de sa servante, la Nature, ce manuscrit universel et ouvert à tous, qui se trouve étalé sous les yeux de tous. Ceux qui n'ont jamais vu Dieu dans l'un, l'ont découvert dans l'autre ; ce dernier constituait les Saintes Écritures et la théologie des païens… À coup sûr, les païens savaient mieux unir et lire les lettres mystiques que nous autres, chrétiens, qui jetons un regard plus négligent sur ces hiéroglyphes ordinaires et dédaignons de nous nourrir de théologie en suçant les fleurs de la nature[31].

La chaîne des glissements qui conduisent de la perception, du déchiffrement et de l'oralisation des signes à l'interprétation critique et théorique est aisément explicable. Mais elle montre en même temps à quel point la lecture est susceptible de devenir un lieu de croisement, un carrefour interdisciplinaire.

Modes de la lecture

L'allégorie, ou figuration, constitue un des modes de lecture interprétative les plus importants de la tradition occidentale, et elle concerne tout autant le monde païen que la chrétienté. Hans Robert Curtius (1886-1956) rappelle qu'une des contradictions intellectuelles les plus pressantes qu'aient dû affronter les hommes de l'Antiquité tenait à la lutte entre philosophie et littérature (voir chap. « Littérature et savoir »). N'ayant pas de théologie à proprement parler ni de véritable classe sacerdotale, les Grecs avaient fait d'Homère l'image idéale de leur propre Antiquité et la référence fondamentale de leur culture et de

31. Cité par Hans Robert Curtius, *La Littérature européenne et le Moyen Âge latin*, *op. cit.*, p. 503-504.

sa tradition. Mais à partir du moment où il est établi que le poète n'est pas nécessairement porteur de vérité, de moralité et de savoir scientifique, mérite-t-il d'être reconnu dans la cité ? Que faire d'Homère quand ses héros et ses dieux sont animés de sentiments immoraux et vulgaires alors même que son poème constitue la référence de base de la transmission scolaire ? Telles sont les questions que Platon (v. 427-347 av. J.-C.) pose avec véhémence dans *La République* :

> Voici des choses encore dont il ne faut pas que nous croyions, dont il ne faut pas que nous autorisions le récit : que Thésée, fils de Poséidôn, et Pirithoos, fils de Zeus, se soient comme on le dit lancés dans des rapts abominables ; et non plus que tel autre enfant de Dieu ou Héros ait pu avoir l'audace de commettre abominations et sacrilèges, dans le goût des histoires calomnieuses qu'on débite aujourd'hui sur leur compte ! Obligeons plutôt les poètes à déclarer ou bien que ce ne fut pas l'œuvre de ces héros, ou bien qu'ils n'étaient pas enfants de Dieux. Mais empêchons-les de dire les deux à la fois ; empêchons-les aussi de persuader à notre jeunesse que les Dieux donnent naissance à du mal et que les héros ne valent en rien mieux que des hommes[32].

Pour sauver à la fois la morale et l'amour du beau, la science et la tradition, les Grecs ont donc imaginé le compromis de la lecture allégorique : une réalité supérieure peut être cachée, mais déjà suggérée, sous une enveloppe imparfaite. Et c'est au lecteur interprète de la mettre au jour en levant le voile. Cette conception de l'interprétation comme décryptage, très compatible avec la sensibilité antique aux prophéties et aux oracles, l'Antiquité romaine tardive l'a étendue par la suite à Virgile, puis à Ovide, puis à l'ensemble des grands auteurs « païens », à mesure des progrès de la christianisation. Et elle est demeurée vivace, jusqu'au milieu du siècle des Lumières. Voilà pourquoi Homère peut rester, aux yeux d'un pion-

32. Platon, *La République*, III, 391, c-d, in *Œuvres complètes*, traduction nouvelle et notes par Léon Robin, avec la collaboration de M.-J. Moreau, Paris, Gallimard, 1950, coll. « La Pléiade », p. 942.

nier de l'archéologie et de l'histoire de l'art classiques comme Winckelmann (1717-1768), « le plus grand professeur de la sagesse » :

> Son *Iliade* devait être un manuel à l'usage des rois et des régents, son *Odyssée* un manuel de la vie domestique. La colère d'Achille et les aventures d'Ulysse ne sont que le tissu de ce déguisement. Homère transformait en images sensibles ses considérations sur la sagesse et les passions humaines, donnant ainsi à ses idées un corps auquel il prêtait vie et grâce à des images attrayantes[33].

Il en est allé de même de la conception chrétienne de la lecture de la Bible. Issue de l'application de la lecture allégorique à l'intérieur même de la partie juive de la Bible (« L'Ancien Testament » des chrétiens[34]) par Philon, un juif hellénisé d'Alexandrie (v. 20-54)[35], cette herméneutique, transposée dans l'optique chrétienne, a naturellement fait du « Nouveau Testament » l'accomplissement des promesses allégoriques contenues dans l'Ancien. L'effet principal de la lecture allégorique, dont on a vu que l'influence dépasse largement les bornes temporelles de l'Antiquité et du Moyen Âge et qu'on s'est contenté ici d'évoquer dans sa dimension la plus simple, est d'instituer la lecture comme interprétation et de lui adjoindre nécessairement l'activité de commentaire. La seconde conséquence de la lecture allégorique est d'unifier des textes et des œuvres profondément hétérogènes : la distinction entre le profane et le sacré, mais aussi entre l'ancien et le contemporain est abolie, puisque tous les textes en définitive se doivent de renvoyer à la même réalité qu'ils figurent.

33. Johann Joachim Wickelmann, *Versuch einer Allegorie*, [*Recherche d'une allégorie*, 1766], cité par H.-R. Curtius, *La Littérature européenne au Moyen Âge*, *op. cit.*, p. 330-331.

34. « Alliance » ou mieux encore « Pacte » traduirait plus clairement le terme de « Testament ». Voir Jean-Marc Babut, *Lire la Bible en traduction*, Paris, Les Éditions du Cerf, 1997, 167 p.

35. Philon, *Legum allegoriae* [*Commentaire allégorique des saintes lois*], édition et traduction par Claude Mondésert, Paris, Les Éditions du Cerf, 1962, coll. « Les Œuvres de Philon d'Alexandrie ».

Longtemps, les manuels de morceaux choisis de littérature française ont rappelé les quelques pages que Descartes (1596-1650) consacre à la lecture dans le début du *Discours de la méthode*. À leur manière, elles montrent à quel point le système totalisant de l'allégorie est devenu inopérant et qu'à la fusion de tous les textes, de tous les temps et de tous les modes de lecture, se sont substitués d'autres catégories de genres et d'autres types d'arts de lire. Évoquant sa formation initiale, Descartes définit la lecture profane, celle des textes de l'Antiquité notamment, « actions mémorables des histoires » et « gentillesse des fables »[36]. Lire, c'est converser avec autrui (voir chap. « La communication littéraire ») ; c'est aussi voyager[37] et s'instruire, dans le temps comme dans l'espace :

> Car c'est quasi le même de converser avec ceux des autres siècles que de voyager. Il est bon de savoir quelque chose des mœurs des divers peuples, afin de juger plus sainement, et que nous ne pensions pas que tout ce qui est contre nos modes soit ridicule, et contre raison, ainsi qu'ont coutume de faire ceux qui n'ont rien vu[38].

Cette liberté dans la lecture saisie comme « conversation » et « voyage » fait bien apparaître l'existence de deux types de lecture, liés à deux ordres de textes opposés et impliquant des protocoles distincts. D'un côté une lecture extensive, vagabonde, exploration sans contrainte et sans méthode particulière, mêlant curiosité, enseignements et agrément ; de l'autre une lecture appliquée, lente et répétée. Lecture du roman et de la poésie, lecture de l'ouvrage sérieux. Certes Descartes propose que l'ouvrage de philosophie soit d'abord parcouru « comme un roman ». Mais ensuite, il s'agit d'en relever les obscurités (sans hésiter à

36. René Descartes, *Discours de la méthode pour bien conduire sa raison et chercher la vérité dans les sciences*, Première partie, [1637], chronologie et préface par Geneviève Rodis-Lewis, Paris, Garnier-Flammarion, 1966, p. 35 et sq.

37. Voir Christine Montalbetti, *Le Voyage, le monde et la bibliothèque*, Paris, PUF, 1997, coll. « Écriture ».

38. Descartes, *Discours de la méthode*, *op. cit.*, p. 36.

marquer le livre) et de les lever, grâce à une série de relectures, complètes ou partielles :

> J'aurais aussi un mot d'avis touchant la façon de lire ce livre, qui est qu'on le parcourût d'abord comme un roman, sans forcer beaucoup son attention ni s'arrêter aux difficultés qu'on y peut rencontrer, afin seulement de savoir en gros quelles sont les matières dont j'ai traité ; et qu'après cela, si on trouve qu'elles méritent d'être examinées et qu'on ait la curiosité d'en connaître les causes, on le pût lire une seconde fois pour remarquer la suite de mes raisons ; mais qu'il ne se faut pas derechef rebuter si on ne la peut assez connaître partout, ou qu'on ne les entende pas toutes, il faut seulement marquer d'un trait de plume les lieux où l'on trouvera de la difficulté et continuer de lire jusqu'à la fin ; puis, si on reprend le livre pour une troisième fois, j'ose croire qu'on trouvera la solution de la plupart des difficultés qu'on aura marquées auparavant ; et que s'il en reste encore quelques-unes, on en trouvera la solution en relisant[39].

Demeure aux yeux de Descartes le risque, régulièrement dénoncé jusqu'à une époque très récente tant par les églises que par l'école républicaine[40], d'un égarement du lecteur que des lectures trop nombreuses, non sélectionnées et sans recul, conduisent à sa perte[41]. Chez Descartes l'ombre du quichottisme[42] (dont le bovarysme n'est qu'une version moderne et féminisée) plane donc sur cet acte si difficilement contrôlable qu'il risquerait de plonger

39. Descartes, *Lettre à celui qui a traduit ce livre laquelle peut servir de préface* in *Les Principes de la philosophie* ; Première partie, traduction française de Picot et approuvée par l'auteur [1647], éd. avec introduction et appréciations philosophiques par H. Joly, Paris, Delalain frères, 1885, p. 6-7.

40. Voir Anne-Marie Chartier et Jean Hébrard, *Discours sur la lecture, 1880-2000*, *op. cit.*

41. Alberto Manguel (« Le fou des livres » in *Une histoire de la lecture*, *op. cit.*, p. 343-360) rappelle d'ailleurs que dans la *Nef des fous* de Sebastian Brandt [Strasbourg, 1494] le frontispice de Dürer était consacré au *Büchernarr* (le fou des livres).

42. Cervantès a publié la première partie du *Don Quichotte* en 1605, la seconde en 1615. Les premières traductions françaises furent publiées respectivement en 1614 et 1618.

dans la folie le boulimique qui s'y adonne sans mesure, et à tout le moins de l'éloigner du vraisemblable et de le rejeter hors de la norme sociale :

> Mais lorsqu'on emploie trop de temps à voyager, on devient enfin étranger en son pays ; et lorsqu'on est trop curieux des choses qui se pratiquaient aux siècles passés, on demeure ordinairement fort ignorant de celles qui se passent en celui-ci. Outre que les fables font imaginer plusieurs événements comme possibles qui ne le sont point ; et que même les histoires les plus fidèles, si elles ne changent ni n'augmentent la valeur des choses, pour les rendre plus dignes d'être lues, au moins en omettent-elles presque toujours les plus basses et moins illustres circonstances : d'où vient que le reste ne paraît pas tel qu'il est, et que ceux qui règlent leurs mœurs sur les exemples qu'ils en tirent, sont sujets à tomber dans les extravagances des paladins de nos romans, et à concevoir des desseins qui passent leurs forces[43].

Le projet cartésien, on le voit, n'accorde en définitive qu'une place médiocre à la lecture. Certes, il reconnaît sa valeur, mais elle reste limitée puisque c'est finalement de l'exercice radical de la pensée que doit naître la révolution qu'il entend conduire.

Il en va tout autrement de Spinoza (1632-1677) qui, trente ans plus tard, expose largement les fondements d'une herméneutique moderne et en voie de laïcisation dans son *Traité théologico-politique*. L'objectif du *Traité* est bien, en définissant les règles d'un examen historique et critique des textes bibliques, d'établir les fondements de la liberté de penser dans un État juste. Or une telle définition suppose une série d'approches théoriques et philologiques qui nous apparaissent aujourd'hui essentielles. Spinoza, avec prudence et conviction sans doute, ne conteste pas le caractère sacré des Écritures, mais affirme qu'elles peuvent être interprétées sur la base de la « Lumière Naturelle », par opposition à la « Lumière

43. Descartes, *Discours de la méthode*, *op. cit.*, p. 36-37.

Surnaturelle »[44]. C'est déjà desserrer le cercle de l'allégorie, et dire que le texte sacré n'est pas fermé sur lui-même puisqu'il peut être traité avec les outils intellectuels et linguistiques identiques à ceux qu'on utilise pour les textes profanes.

Ayant rappelé que le salut individuel passe par la foi et les œuvres, et non par la science des Écritures, Spinoza suggère clairement – en affirmant que le livre n'a pas de valeur magique – que le statut du texte écrit dépend du lecteur et de ses dispositions. Selon ces dernières, il peut être reçu comme sacré, impie ou simplement profane :

> Si donc on lit des récits de l'Écriture sacrée et qu'on y ait foi sans avoir égard à la doctrine qu'elle s'est proposée d'enseigner par leur moyen et sans corriger sa vie, c'est exactement comme si on lisait le Coran ou des poèmes dramatiques ou du moins des chroniques ordinaires dans le même esprit que le vulgaire a accoutumé d'apporter à ses lectures[45].

Corollairement à cette variabilité du texte en fonction de l'état d'esprit ou de la situation du lecteur, ce dernier a besoin d'être informé de l'identité des auteurs – et par conséquent apte à juger quelles pouvaient être leurs intentions. Spinoza rappelle ainsi que tout commentaire passe par une prise en compte de l'autorité. Parce que les projets et les capacités du lecteur sont variables, mais aussi parce que des textes de caractère et de visée divergents peuvent proposer « des histoires très semblables » :

> Très souvent, il arrive que nous lisions des histoires très semblables dans des livres différents et que nous

44. [Baruch Spinoza], *Tractatus theologico-politicus* [Hambourg, 1670], *Traité théologico-politique, contenant quelques dissertations où l'on fait voir que la liberté de philosopher non seulement peut être accordée sans danger pour la piété et la paix de l'État, mais même qu'on ne peut la détruire sans détruire en même temps la paix de l'État et la piété elle-même.* Présentation, traduction et notes par Charles Appuhn, Paris Garnier Frères, Garnier-Flammarion, 1965 ; nouv. éd. 1998. chap. 7, « De l'interprétation de l'écriture », p. 153-157.

45. Spinoza, *Traité théologico-politique*, *op. cit.*, chap. 5, « De la raison pour laquelle des cérémonies ont été instruites et de la foi aux histoires ; pour quelles raisons et à quels hommes elle est nécessaire », p. 112.

> en jugions très diversement par suite de la diversité des opinions que nous avons des auteurs. Je sais avoir lu dans un certain livre qu'un homme portant le nom de Roland furieux avait accoutumé de monter un monstre ailé dans l'air, de voler par toutes les régions à sa guise, de massacrer à lui seul un très grand nombre d'hommes et de géants, et autres choses fantastiques du même genre que l'esprit ne perçoit en aucune façon. J'avais lu dans Ovide une histoire très semblable se rapportant à Persée, et une autre enfin dans les livres des Juges et des Rois, sur Samson (qui, seul et sans armes, massacra mille hommes) et sur Élie qui volait dans les airs et finit par gagner le ciel avec des chevaux et un char de feu. Ces histoires dis-je sont très semblables ; cependant nous portons sur chacune d'elle un jugement bien différent : le premier auteur n'a voulu dire que des frivolités ; le second, des choses ayant un intérêt politique ; le troisième, des choses sacrées. Nous ne nous persuadons cela qu'en raison de l'opinion que nous avons des auteurs. Il est ainsi établi que la connaissance des auteurs qui ont écrit des choses obscures ou inintelligibles est nécessaire avant tout pour l'interprétation de leurs écrits[46].

Il n'y a guère d'originalité à souligner l'importance de la prise en compte de l'intention de l'auteur et du genre dans la recherche de l'intention et de l'effet de l'œuvre. Spinoza ne fait là que rappeler la tradition de l'Antiquité tardive reprise au Moyen Âge sur laquelle s'appuie Dante (1265-1321) en proposant une sorte d'« auto-exégèse » dans sa dédicace accompagnant le *Paradis* :

> Au début de chaque *doctrinale opus*, il faut s'enquérir de six choses, à savoir du sujet, de l'auteur, de la forme, du but, du titre et du domaine philosophique[47].

46. Spinoza, *Traité théologico-politique*, *op. cit.*, chap. 7, « De l'interprétation de l'écriture », p. 151. On s'interroge avec Charles Appuhn sur le caractère politique que Spinoza attribue aux *Métamorphoses*.

47. Cité par H. R. Curtius, *La Littérature européenne et le Moyen Âge latin*, *op. cit.*, p. 355. Curtius notait juste auparavant que le commentaire de l'*Énéide* du grammairien Servius (IVe siècle après Jésus-Christ) posait comme principes de l'interprétation : 1. La vie de l'auteur ; 2. Le

La Renaissance avait en outre contribué à mettre en place et valoriser la démarche philologique d'établissement des textes anciens – profanes et sacrés – comme base de l'herméneutique. En suggérant que les pratiques de la philologie critique (notamment pour établir qui a pu être l'auteur ou les auteurs des divers textes constituant la Bible, et fixer leur chronologie) sont extensibles à l'ensemble des textes écrits, Spinoza s'inscrit dans la tradition qui, depuis la Renaissance, met progressivement en cause le dispositif de la lecture allégorique. Naguère, tout texte profane ou sacré tendait à annoncer la perfection du message divin. Désormais, tous les textes peuvent être également interrogés selon les procédures de la critique historique et philologique. Au-delà de ce bouleversement dans la hiérarchie des textes, Spinoza, presque malgré lui, ouvre la voie à d'autres modifications de la perspective critique. Il est ainsi conduit à mettre en évidence un phénomène central de notre point de vue : la nature d'un texte dépend pour partie du regard de son lecteur et des circonstances de sa communication. Et, bien que Spinoza s'en défende personnellement, l'Histoire sainte peut être lue comme un recueil d'histoires.

Sur le plan de la théorie littéraire, un tel déplacement suggère en outre que la typologie des textes ne saurait constituer l'horizon indépassable de la critique : la lecture est susceptible de modifier le statut (ou le genre) du texte qu'on croyait intangible une fois que la tradition l'avait adopté et classé. À l'intention de l'auteur et à celle de l'œuvre vient s'ajouter l'intention du lecteur. On tend ainsi à passer d'une lecture exégétique, ou du rêve d'une lecture exégétique, à une réception et une interprétation plus subjective, personnelle et à coup sûr dépendante des circonstances dans lesquelles est plongé le lecteur devenu critique.

---

titre de l'ouvrage ; 3. Le genre poétique ; 4. L'intention de l'auteur ; 5. Le nombre de livres ; 6. Leur ordonnance ; 7. L'explication proprement dite. *Ibid.*, p. 353-354.

Portrait du critique en lecteur

Albert Thibaudet distinguait trois ordres de critiques. Outre celle des salons évoquée plus haut, celle des professionnels et enfin celle des maîtres. Pour le dire autrement : la critique spontanée et mondaine, la critique de la chaire – issue du savoir savant, du sermon et de l'université –, la critique des écrivains et des créateurs. Cette division initiale a certes un caractère opératoire, mais elle ne rend pas compte de ce que partagent ces trois sortes de critique ni surtout des combinaisons possibles de leurs caractères spécifiques. Par exemple, comment classer Michel Butor quand il écrit des ouvrages critiques aussi ouverts et achevés que les cinq volumes de *Répertoires*[48] ou ses *Essais sur les essais*[49], ses *Essais sur les modernes*[50] ou ses *Improvisations sur Balzac*[51] ? Critique créatrice ? – À n'en pas douter. Mais aussi critique de professionnel, de professeur, même si l'Université française a jadis refusé de le compter parmi les siens. Au-delà de leurs différences, ces formes de la critique ont en commun de partir d'une lecture, de transmettre cette expérience en ayant valeur de recommandation. Ce peut être sous la forme du partage de l'amour (j'ai aimé ceci, lisez-le, nous l'aimerons ensemble), de la prescription dogmatique ou professorale (ce texte est important pour telle et telle raison, il faut le connaître et savoir pourquoi il compte), de la transmission de l'expérience créatrice (au nom d'une certaine idée de la littérature, voici comment cette œuvre résonne en moi quand j'écris à mon tour).

À l'évidence, la critique est réaction à partir d'une lec-

48. Michel Butor, *Répertoire, 1948-1959, Études et conférences*, Paris, Minuit, 1960 ; *Répertoire 2, 1959-1963, Études et conférences*, Paris, Minuit, 1964 ; *Répertoire 3*, Paris, Minuit, 1968 ; *Répertoire 4*, Paris, Minuit, 1974 ; *Répertoire 5*, Paris, Minuit, 1982.

49. Michel Butor, *Essais sur les Essais*, Paris, Gallimard, 1988.

50. Michel Butor, *Essais sur les modernes*, Paris, Gallimard, 1992.

51. Michel Butor, *Improvisations sur Balzac*, t. 1 : *Le Marchand et le Génie*, Paris, Éditions de la Différence, 1998 ; t. 2 : *Paris à vol d'archange* ; t. 3 : *Scènes de la vie féminine*.

ture, et le plus souvent écriture d'une lecture. Émile Faguet (1847-1916), titulaire de la chaire de poésie française à la Sorbonne à partir de 1906, ajoute dans l'*Art de lire* que la critique est bien médiation, prescription tout d'abord, mais aussi interprétation et qu'il lui revient de guider le lecteur :

> À quoi sert donc le critique ? À faire lire l'auteur *à un certain point de vue*. [...] Pour parler comme Bonald qui voyait tout par trois et dans chaque triade un médiateur, la lecture se compose de trois personnages : l'auteur, le lecteur et le médiateur ; et le critique est ce médiateur[52].

Dans cette perspective, le modèle des lecteurs (sinon le lecteur modèle), c'est bien Montaigne (1533-1592), tel que Faguet ou Alain (1868-1951) le présentent :

> Montaigne est négligent. Il s'amuse à copier les poètes et les commente paresseusement jusqu'au point où quelque difficulté le prend à la gorge. C'est alors qu'il est vif et violent ; il étonne, il traverse. Ceux qui le lisent prennent le même pas, et soudain le même élan[53].

Et c'est sans doute pour avoir paru lier, à des titres divers, les trois types de critique, celle du lecteur, celle du créateur, celle du familier des grands textes que Montaigne a pu être inscrit dans la tradition française, et notamment dans celle de l'école républicaine, comme le prototype et le parangon des critiques. Et ce d'autant plus que sa pratique de la citation et son rapport à la politique, à la sagesse et à la liberté – « aux guelfes je suis gibelin, aux gibelins guelfe » – en font aussi un modèle, sinon un idéal, de mobilité et de plasticité autorisant des interprétations et des réinvestissements très divers. Or, à bien des égards, Montaigne lecteur (« c'est un lecteur, un admirable lecteur » rappelait Thibaudet[54]) ne peut que surprendre l'observateur. Car ce « gentilhomme campagnard du temps d'Henri III », pour reprendre l'expression suggestive et bien anachronique de

52. Émile Faguet, *L'Art de lire*, Paris, Hachette, 1911 ; nouv. éd., Paris, Armand Colin, coll. « L'Ancien et le nouveau », 1992.
53. Alain, *Propos de littérature*, Paris, Hartmann, 1934, p. 111.
54. Albert Thibaudet, *Physiologie de la critique*, *op. cit.*, p. 160.

Voltaire[55], s'oppose au modèle savant du lecteur et impose une figure d'amateur qui fixe les contours d'un individualisme distingué et tempéré de la lecture[56]. Tel est l'objet du chapitre 10 du livre second des *Essais* (« Des livres ») où il dresse son portrait en lecteur[57]. Tout d'abord, se définir comme non professionnel, et refuser de faire de la lecture un absolu ou une vocation :

> Je ne fais point de doute qu'il ne m'advienne souvent de parler des choses qui sont ailleurs plus richement traitées chez les maîtres du métier, et plus véritablement. [...] Qui sera en cherche de science, si la pêche où elle se loge : il n'est rien de quoi je fasse moins de profession. [...]
> Je souhaiterais bien avoir plus parfaite intelligence des choses, mais je ne la veux pas acheter si cher qu'elle coûte. Mon dessein est de passer doucement, et non laborieusement, ce qui me reste de vie. Il n'est rien pour quoi je me veuille rompre la tête, non pas pour la science même, de quelque grand prix qu'elle soit.
> Je ne cherche aux livres qu'à m'y donner du plaisir par un honnête amusement ; ou si j'étudie, je ne cherche que la science qui traite de la connaissance de moi-même et qui m'instruise à bien mourir et à bien vivre[58].

55. Voltaire, *Lettres philosophiques* [1734], « Sur les pensées de M. Pascal », XXV [éd. de 1748, Dresde, George Conrad Walter, *Mélanges de littérature et de philosophie*, vol. 2], in *Mélanges*, texte établi et annoté par Jacques Van den Heuvel, préface d'Emmanuel Berl, Paris, Gallimard, 1965, coll. « La Pléiade », p. 1400.

56. Voir Francis Marcoin, « Qualités de lecteurs, lecteurs de qualité », in Martine Poulain (dir.), *Lire en France aujourd'hui*, Paris, Le Cercle de la librairie, 1993, p. 31-45.

57. Tout comme les lectures de Descartes, celles de Montaigne ont longtemps été un passage obligé des manuels de morceaux choisis. Depuis « Lagarde et Michard » (1948-1965), on ne conserve en général sur ce thème que des extraits du chapitre 3 du livre III.

58. Montaigne, « Des livres », *Essais*, Livre II, chap. 10, publiés d'après l'édition de 1588 avec les variantes de 1595 et une notice, des notes, un glossaire et un index par H. Motheaux et D. Jouaust, Paris, Librairie des Bibliophiles, Flammarion successeurs, s. d. [1895], 7 vol., t. 3, p. 117-118 et 120-121. On a systématiquement pris la version de l'édition de 1595 et, comme pour toutes les autres citations de ce chapitre, respecté la grammaire et modernisé l'orthographe.

De cette recherche du « plaisir », de la « gaieté » et de ce refus d'une application « laborieuse » découle un art de lire fondé sur l'élimination des livres trop ardus ou résistants :

> Les difficultés, si j'en rencontre en lisant, je n'en ronge pas mes ongles ; je les laisse là, après leur avoir fait une charge ou deux. Si je m'y plantais, je m'y perdrais, et le temps : car j'ai un esprit primesautier ; ce que je ne vois de la première charge, je le vois moins en m'y obstinant. Je ne fais rien sans gaieté, et la continuation éblouit mon jugement, l'attriste et le lasse. [...]
> Si ce livre me fâche, j'en prends un autre, et ne m'y adonne qu'aux heures où l'ennui de rien faire commence à me saisir[59].

Montaigne en vient ensuite à donner le contenu, et presque le catalogue, de sa bibliothèque de référence, de ces livres qui définissent en creux le portrait de leur utilisateur. Il s'agit bien là d'une mise en ordre, particulièrement intéressante du point de vue de l'histoire du livre, de la théorie littéraire et des mentalités. Montaigne opère un classement qui oppose « les livres simplement plaisants[60] » et « mon autre leçon, qui mêle un peu plus de fruit au plaisir[61] ». La première catégorie, celle de la pure distraction, renvoie pour l'essentiel à la poésie latine ou néo-latine (mais aussi à des nouvelles comme le *Décaméron* et à Rabelais) et fait apparaître, dans l'énumération comme dans le commentaire, une préférence pour les textes anciens sur les nouveaux. Le refus des romans et de la littérature fabuleuse est clairement exprimé : *Amadis de Gaule* (le type de ces romans qui perdront Don Quichotte peu d'années après la publication des *Essais*), Le *Roland furieux*, et même les *Métamorphoses* d'Ovide tant aimées dans l'enfance[62] sont mis de côté. Inversement, la biblio-

59. Montaigne, « Des livres », *Essais*, Livre II, chap. 10, *op. cit.*, p. 121-122.

60. *Idem, ibid.*, p. 122.

61. *Idem, ibid.*, p. 121-128.

62. « Le premier goût que j'eus aux livres, il me vint du plaisir des fables de la *Métamorphose* d'Ovide. Car, environ l'âge de sept ou huit ans, je me dérobais de tout autre plaisir pour les lire : d'autant que cette langue était la mienne maternelle [Montaigne rapporte que son père

thèque idéale de Montaigne réserve une place de choix à Virgile, Lucrèce, Catulle, Horace, Phèdre, Lucain qui lui servent d'autant de points d'appui pour condamner les excès « non seulement des fantastiques élévations espagnoles et pétrarquistes mais des pointes même plus douces et plus retenues, qui sont l'ornement de tous les ouvrages poétiques des siècles suivants[63] ».

Dans le second ordre de lecture, viennent tout d'abord Plutarque (« depuis qu'il est français[64] ») et Sénèque. N'aimant guère Cicéron, Montaigne fait l'éloge des historiens (« ils sont plaisants et aisés ») et de la vérité psychologique et humaine de la biographie (« voilà pourquoi, en toutes sortes, c'est mon homme que Plutarque ») puis dresse ensuite la liste de ceux qu'il préfère, commençant par ceux de l'Antiquité latine pour finir par les historiens récents ou contemporains d'Italie ou de France. Et, au terme de cette ouverture de sa bibliothèque idéale, Montaigne donne en critique les avis et annotations qu'il a portés en marge de ses propres volumes, comme dans un journal intime :

> En mon Philippe de Commines[65], il y a ceci : « Vous y trouverez le langage doux et agréable d'une naïve simplicité. […] »
> Sur les *Mémoires* de monsieur Du Bellay[66] : « C'est toujours plaisir de voir les choses écrites par ceux qui ont essayé comme il faut les conduire. […] »

---

avait institué le latin comme langue exclusive de communication domestique], et que c'était le livre le plus aisé que je connusse, et le plus accommodé à la faiblesse de mon âge à cause de la matière. Car des Lancelots du Lac, des Amadis, des Huons de Bordeaux, et tel fatras de livres à quoi l'enfance s'amuse je n'en connaissais pas seulement le nom ni ne fais encore le corps, tant exacte était ma discipline. » Montaigne, « De l'institution des enfants », *Essais*, Livre I, chap. 26, *op. cit.*, p. 71. Dès le début de ce chapitre, Montaigne affirme ses goûts : « L'histoire, c'est mon gibier en matière de livres, ou la poésie que j'aime d'une particulière inclination […]. », *ibid.*, p. 21.

63. Montaigne, « Des livres », *Essais*, Livre II, chap. 10, *op. cit.*, p. 126.

64. Montaigne ne lit pas le grec. La traduction de la *Vie des hommes illustres* par Amyot (1513-1593) date de 1558 ; celle des *Œuvres morales* de 1572.

65. Publiées pour la première fois en 1524 et 1528, les *Mémoires* posthumes de Commynes (1447-1511) ont connu une édition critique en 1552.

Ce passage de l'intimité close de la lecture privée à la publicité de la lecture critique caractérise bien l'originalité du propos de Montaigne. Originalité dans les choix de lecture également, comme dans la posture de lecteur, ainsi que le montre le chapitre 3 du livre III, « De trois commerces ». Montaigne confirme que la lecture, si importante soit-elle à ses yeux, passe après ces autres commerces que sont l'amitié et la fréquentation des femmes. La singularité, on est tenté de dire la modernité, de Montaigne lecteur consiste sans doute dans les variations d'intensité de la lecture. Il y a chez lui alternance de périodes lisantes et non lectrices, mais le livre doit être là, en tous lieux, toujours disponible :

> Je ne m'en sers, en effet, quasi non plus que ceux qui ne les connaissent point. J'en jouis, comme les avaricieux des trésors, pour savoir que j'en jouirai quand il me plaira : mon âme se rassasie et se contente de ce droit possession. Je ne voyage sans livres ni en paix ni en guerre. Toutefois il se passera plusieurs jours, et des mois, sans que je m'y emploie[67].

Évoquant sa lecture au château, Montaigne donne une description fort connue de sa « librairie », lieu d'intimité, asile dominant l'ensemble de la demeure, offrant ainsi un des premiers moments peut-être où est théorisée l'importance de la « chambre à soi » qui sera chère à Virginia Woolf[68] :

> Misérable à mon gré qui n'a chez soi où être à soi, où se faire particulièrement la cour, où se cacher ! L'ambition paye bien ses gens de les tenir toujours en montre, comme la statue d'un marché : « *magna servitus est magna fortuna* » ! Ils n'ont même pas leur retrait pour retraite[69].

66. Les *Mémoires* de Guillaume et Martin Du Bellay, frères du cardinal Jean Du Bellay et oncles de Joachim Du Bellay, sont parus en 1569.
67. Montaigne, « De trois commerces », *Essais*, Livre III, chap. 3, *op. cit.*, t. 5, p. 228.
68. Virginia Woolf (1882-1941), *A Room of One's Own*, Londres-New York, Hogarth Press-Harcourt Brace, 1929 ; *Une chambre à soi*, trad. par Clara Malraux [1977], Paris, UGE, coll. « 10-18 », 1996.
69. Montaigne, « De trois commerces », *Essais*, Livre III, chap. 3, *op. cit.*, p. 230.

D'autres caractéristiques marquent la distance qui sépare la figure de Montaigne lecteur de celle du savant traditionnel. Outre que sa lecture n'est pas nécessairement intensive, elle est souvent coupée de promenades, elle ne se déroule jamais la nuit, elle ne débouche pas sur l'esprit de collection et d'achats systématiques. Bref Montaigne est bien à l'opposé du « Büchernarr », du fou des livres que sa boulimie enferme et retranche du monde. En ce sens-là aussi, il peut apparaître comme un modèle d'équilibre, réconciliant l'idéal aristocratique du loisir et de la liberté et la pratique démocratique de la connaissance et de l'application. Par définition, il échappe au soupçon de pédantisme, d'aveuglement et surtout de fermeture au monde et à la vie, qui pèse toujours sur les lecteurs de profession, ces « assis » en qui Sartre lui-même voyait des nécrophages et dont il disait :

> Il faut se rappeler que la plupart des critiques sont des hommes qui n'ont pas eu de chance et qui, au moment où ils allaient désespérer, ont trouvé une petite place tranquille de gardien de cimetière. Dieu sait si les cimetières sont paisibles et il n'en n'est pas de plus plaisant qu'une bibliothèque. [...] Il s'en échappe une légère odeur de cave et une étrange opération commence, qu'il [le critique] a décidé de nommer la lecture[70].

Une fois Montaigne intronisé patron des lecteurs et des critiques, reste la question essentielle : quelle est la part du texte d'autrui dans sa création ? Ces citations qui émaillent les *Essais*, puisqu'il s'agit aussi d'un journal de lectures (ou plutôt d'un journal recomposé à partir des lectures), ces « fleurs étrangères » sont finalement ambiguës, et à coup sûr moins simples qu'on ne l'imagine. Comme il revendiquait pour ainsi dire le droit de ne pas lire[71], Montaigne proclame son exigence d'être soi en citant les autres :

70. Jean-Paul Sartre, *Qu'est-ce que la littérature ?*, [*Les Temps modernes*, 1947] in *Situations II*, Paris, Gallimard, 1948 ; nouv. éd., 1992, coll. « Folio essais », p. 35-36.

71. Tel est l'un des droits du lecteur affirmé par Daniel Pennac dans *Comme un roman*, Paris, Gallimard, 1992.

> Comme quelqu'un pourrait dire de moi, que j'ai seulement fait ici un amas de fleurs étrangères, n'y ayant fourni du mien que le filet à les lier.
> Certes j'ai donné à l'opinion publique que ces parements empruntés m'accompagnent. Mais je n'entends pas qu'ils me couvrent, et qu'ils me cachent : c'est le rebours de mon dessein, qui ne veux faire montre que du mien, et de ce qui est mien par nature ; et si je m'en fusse cru, à tout hasard, j'eusse parlé tout fin seul[72].

Montaigne ne cesse de réaffirmer sa dette envers ceux qu'il considère comme ses modèles, Socrate, Plutarque. Mais c'est aussi pour affirmer que sa lecture débouche sur une création. Ce qu'avait saisi Voltaire, dont on peut se demander si, comme beaucoup de lecteurs de Montaigne (Gide, Butor par exemple), il ne se décrit pas à travers « cet homme charmant » :

> Quelle injustice criante de dire que Montaigne n'a fait que commenter les anciens ! Il les cite à propos, et c'est ce que les commentateurs ne font pas. Il pense, et ces messieurs ne pensent point. Il appuie ses pensées de celles de tous les grands hommes de l'antiquité ; il les juge, il les combat, il converse avec eux, avec son lecteur, avec lui-même ; toujours original dans la manière dont il présente les objets, toujours plein d'imagination, toujours peintre et, ce que j'aime, toujours sachant douter[73].

Le doute, c'est bien là l'origine, ou plutôt une conséquence, de l'activité de la critique. Car juger – selon le sens étymologique de critique – suppose qu'on examine, qu'on interroge et qu'on mette en cause. Ainsi la critique ne peut s'instituer qu'à partir d'une lecture, d'une interprétation et de la constitution d'un sens. Bien avant Valéry

72. Montaigne, « De la Physionomie », in *Essais*, Livre III, chap. 12, *op. cit.*, t. 6, p. 299.
73. Voltaire, lettre au comte de Tressan, 21 août 1746, in *Correspondance*, vol. 2, janvier 1734-décembre 1748, texte établi et annoté par Theodore Besterman, Paris, Gallimard, 1965, coll. « La Pléiade », p. 989.

affirmant qu'il n'y a « pas de vrai sens d'un texte »[74], Montaigne rappelait cette dimension de la lecture, susceptible de solliciter un sens venu du hasard (la fortune) ou de la fureur (l'inspiration) :

> Les saillies poétiques qui emportent leur auteur et le ravissent hors de soi, pourquoi les attribuerons nous à son bonheur, puisqu'il confesse lui-même qu'elles surpassent sa suffisance et ses forces, et les reconnaît venir d'ailleurs que de soi et ne les avoir aucunement en sa puissance. [...] Mais la fortune montre bien encore plus évidemment la part qu'elle a en tous ces ouvrages, par les grâces et beautés qui s'y trouvent, non seulement sans l'intention, mais sans la connaissance même de l'ouvrier. Un suffisant lecteur découvre souvent ès écrits des perfections autres que celles que l'auteur y a mises et aperçues, et y prête des sens et des visages plus riches[75].

L'enquête du lecteur

L'importance du roman policier – de ce que Poe (1809-1849) appelait les « nouvelles de ratiocination » – dans la littérature moderne[76] ne doit pas être considérée comme simple phénomène anecdotique (il est à la périphérie de la

74. « Quant à l'interprétation de la *lettre*, je me suis déjà expliqué ailleurs sur ce point ; mais on n'y insistera jamais assez : *il n'y a pas de vrai sens d'un texte*. Pas d'autorité de l'auteur. Quoi qu'il ait voulu dire, il a écrit ce qu'il a écrit. Une fois publié, un texte est comme un appareil dont chacun peut se servir à sa guise et selon ses moyens : il n'est pas sûr que le constructeur en use mieux qu'un autre. Du reste, s'il sait bien ce qu'il voulut faire, cette connaissance trouble toujours en lui la perception de ce qu'il a fait. » Paul Valéry, « Au sujet du *Cimetière marin* », *NRF*, n° 234, mars 1933, p. 399-411 ; in *Œuvres*, t. 1, Introduction bibliographique par Agathe Rouart-Valéry, édition établie et annotée par Jean Hytier, Paris, Gallimard, 1957, coll. « La Pléiade », p. 1496-1507, p.1506-1507.

75. Montaigne, « Divers événements de même conseil », *Essais*, Livre I, chap. 24, *op. cit.*, t. 1, p. 181-182.

76. Voir Jacques Dubois, *Le Roman policier ou la modernité*, Paris, Nathan, 1996, coll. « Le texte à l'œuvre ».

littérature) ou réduite à sa dimension quantitative (regardons les rayons d'une maison de la presse ou d'un « Relay[77] » dans les gares de France). Fondée sur l'attente et l'enquête, elle répond en réalité à des pôles d'intérêt très profondément ancrés chez les lecteurs et révèle, avec plus d'acuité que beaucoup d'autres types de textes littéraires, l'importance de la place du lecteur dans la réception et la constitution de l'œuvre.

En attente, le lecteur est confronté à la combinaison d'éléments qu'il se doit de conjecturer, et qui sont en définitive toujours surprenants. Suivant l'enquête, généralement à travers un personnage, il est soumis à l'alternance des lenteurs du cheminement, des impasses du raisonnement et des raccourcis parfois fulgurants de la logique déductive, des associations les plus ténues ou les moins attendues. Pour parler comme Umberto Eco, qui lui même s'est illustré avec succès dans le roman d'énigme en écrivant *Le Nom de la rose*[78], l'enjeu est bien celui du « lector in fabula » et de la manière dont le texte présuppose et appelle un « Lecteur Modèle » :

> Le Lecteur Modèle de l'*Œdipe* [de Sophocle] est appelé à accomplir coopérativement les mêmes opérations de reconnaissance des relations qu'Œdipe, en tant que personnage, est invité à accomplir – et qu'il accomplit avec quelque retard. En ce sens, certains textes narratifs, en racontant l'histoire d'un personnage, fournissent en même temps des instructions sémantico-pragmatiques à leur Lecteur Modèle dont ils racontent l'histoire. Il est légitime de penser que cela se passe plus ou moins ainsi dans tout texte narratif et peut-être dans beaucoup d'autres textes non narratifs. *De te fabula narratur*[79].

77. Tel est désormais le nom des anciens « Relais H », eux-mêmes issus des ventes ambulantes puis des bibliothèques de gare instituées par Hachette à partir du Second Empire. Voir Jean-Yves Mollier, *Louis Hachette (1800-1864), le fondateur d'un empire*, Paris, Fayard, 1999.

78. Umberto Eco, *Il Nome della rosa*, Milan, Gruppo Editoriale Fabbri-Bompiani, 1980 ; *Le Nom de la rose*, trad. par Jean-Noël Schifano, Grasset & Fasquelle, 1980 ; nouv. éd., Paris, Le livre de Poche, 1982.

79. Umberto Eco, *Lector in fabula*, *op. cit.*, p. 235.

Par contrat tacite, le lecteur du roman policier a une claire conscience de deux éléments : il sera incapable de trouver la solution, et il doit tout faire pour la chercher, à la suite de l'enquêteur ou des victimes, selon les cas. Il y a en outre dans la littérature policière une dimension ludique affirmée : il s'agit de jouer le jeu et de tenter (en vain) de reconstituer un puzzle, de sortir d'un labyrinthe, de résoudre une énigme, sans que sa propre vie soit engagée bien sûr, puisqu'il s'agit d'un jeu, mais non sans émotions, puisqu'il est difficile d'échapper à toute forme de projection[80]. Dimension ludique encore dans la fascination de la littérature policière pour la révélation du secret, de l'énigme, de la devinette, des « jeux de l'esprit », comme on appelait au XIXe siècle tous les amusements liés à la manipulation des mots et du langage.

La montée en puissance des sciences de l'homme, et notamment de la psychanalyse en tant que discours d'interprétation préalable à la connaissance (et à la thérapie), a considérablement validé les procédures de l'enquête et souligné l'attention qu'il convient d'apporter à l'ambiguïté du langage et aux associations qu'il implique. Dans ces conditions, il n'est guère étonnant que la littérature policière ait été l'occasion de croisements particulièrement féconds entre littérature et psychanalyse[81]. Ainsi Jacques Lacan (1901-1981) a construit l'une de ses plus célèbres études à partir de *La Lettre volée* d'Edgar Poe[82]. Inversement, et peut-être de manière plus surprenante, c'est un « littéraire » comme Pierre Bayard qui entend,

80. Voir Boileau-Narcejac, *Le Roman policier*, Paris, Payot, 1964, coll. « Science de l'homme ».

81. Rapports inaugurés par Freud lui-même à partir de *Gradiva* [1903] de Wilhelm Jensen (1837-1911). Il ne s'agit pas d'un roman policier, mais la dimension d'enquête et de révélation est essentielle dans ce récit. Sigmund Freud, *Der Wahn und die Traüme in W. Jensens « Gradiva »*, Vienne et Leipzig, Deuticke, 1907 ; *Le Délire et les rêves dans la « Gradiva » de Jensen*, précédé de *Gradiva, fantaisie pompéienne*, trad. par Paule Arheix, Rose-Marie Zeitlin et Jean Bellemin-Noël, Préface de J.-B. Pontalis, Paris, Gallimard, « Folio Essais », 296 p.

82. Jacques Lacan, « Séminaire sur *La Lettre volée* », in *Écrits*, Paris, Seuil, 1966 ; nouv. éd., 1971, *Écrits I*, coll. « Points », p. 19-75.

par exemple à la lecture d'Agatha Christie[83], « appliquer » la littérature à la psychanalyse. Il s'agit pour lui de montrer que le texte littéraire permet de comprendre, voire d'enrichir, certaines notions clés de la démarche psychanalytique. Ceci vaut particulièrement pour le caractère indécidable de l'interprétation. Pourquoi donc se contenter des seules conclusions du détective, qui sont loin d'épuiser la pluralité des hypothèses que les informations et la logique du texte autorisent à formuler ? Une lecture sans préjugés du *Meurtre de Roger Ackroyd* laisse apparaître l'existence de trois coupables potentiels là où Poirot n'en désigne qu'un seul, à savoir le narrateur. C'est bien rappeler que, par définition tout texte, résiste à l'interprétation et que le devoir du lecteur est d'observer les dispositifs de cette résistance.

L'ambiguïté de la logique du langage, qui dit et masque en même temps, fonde la légitimité de l'interprète et la nécessité de son activité. C'est vrai pour le rêve[84], l'énigme et leurs dérivés, l'oracle, le jeu de mots, le mot d'esprit[85], la devinette. Car même face à l'anodine « devinette », il y a besoin d'un devin, obscur par nature, et nécessité d'une interprétation qui viendra naturellement trop tard. La devinette rejoint ainsi le fonctionnement de la figuration, assurant que ce qui apparaît impossible le deviendra, à condition que les termes de la prophétie soient convenablement interprétés. « Nul né de la femme ne peut nuire à Macbeth » assure une apparition au courageux général régicide et félon. « Macbeth ne sera vaincu jusqu'au jour où la grande forêt de Birnam, gravissant Dunsinane, marchera contre lui[86] », ajoute une autre apparition. L'oracle se doit

83. Pierre Bayard, *Qui a tué Roger Ackroyd ?*, Paris, Minuit, 1998.

84. Sigmund Freud, *Die Traumdeutung*, Leipzig et Vienne, Deuticke, 1900 ; *L'Interprétation du rêve*, traduction par Ignace Meyerson, révisée par Denise Berger, Paris, PUF, 1987.

85. Sigmund Freud, *Der Witz und seine Beziehung zum Unbewussten*, Leipzig et Vienne, Deuticke, 1905 ; *Le Mot d'esprit et sa relation à l'inconscient*, traduction par Denis Messier, préface par Jean-Claude Lavie, Paris, Gallimard, 1998, coll. « Folio Essais ».

86. Shakespeare, *Macbeth*, Acte IV, sc. 1, traduction par Maurice Maeterlinck, in *Œuvres complètes*, t. 2, Comédies II, tragédies, présentation par Henri Fluchères, Paris, Gallimard, 1959, coll. « La Pléiade », p. 990.

d'être accompli : encerclé dans sa forteresse de Dunsinane, Macbeth, que les prophéties des sorcières avaient conduit à s'emparer du trône d'Écosse, verra les troupes ennemies avancer masquées par des branchages avant que Macduff, né avant terme et arraché au sein maternel, ne le tue en combat singulier. Ainsi Macbeth a été perdu par l'oracle qui, l'assurant d'une illusoire protection, l'a conduit à la plus extrême imprudence. Dans des termes différents, il en est allé de même pour Œdipe, Julien l'hospitalier, et pour la plupart de ceux qui, avertis d'un sort malheureux, se précipitent vers son accomplissement en croyant lui échapper. C'est, comme le montre Clément Rosset, que la réalité est unique et non double :

> L'événement attendu vient coïncider avec lui-même, d'où précisément la surprise : car on attendait quelque chose de différent, quoique voisin, la même chose mais pas précisément de cette façon. [...] L'événement qu'on attendait s'est produit mais on s'aperçoit alors que ce qu'on attendait n'était pas cet événement-ci, mais un même événement sous une forme différente. On croyait attendre le même, mais en réalité on attendait l'autre[87].

Qui saurait dans les faits proposer une interprétation pertinente et univoque, sinon celui qui a construit l'énigme[88] ? Du point de vue de la construction littéraire, la devinette, comme le roman policier qui en est l'expansion, repose sur un mode d'élaboration rétrospectif dont Edgar Poe avait défini les grandes lignes dans un article de 1846 traduit par Baudelaire sous le titre *Genèse d'un poème* :

> S'il est une chose évidente, c'est qu'un plan quelconque, digne du nom de plan, doit avoir été soigneusement élaboré en vue du dénouement, avant que la

87. Voir Clément Rosset, *Le Réel et son double, Essai sur l'illusion*, Paris, Gallimard, 1976, p. 39-40.

88. C'est précisément cette univocité que conteste Pierre Bayard, à partir du texte lui-même : non, à la lecture d'Agatha Christie, il n'est pas exact de dire que le narrateur du *Meurtre de Roger Ackroyd* en est nécessairement l'auteur, comme le « démontre » Hercule Poirot en proie au délire d'interprétation et à la pulsion meurtrière qui l'accompagne.

> plume attaque le papier. Ce n'est qu'en ayant sans cesse la pensée du dénouement devant les yeux que nous pouvons donner à un plan son indispensable physionomie de logique et de causalité – en faisant que tous les incidents, et particulièrement le ton général, tendent vers le développement de l'intention.

Et, constatant « une erreur radicale dans la méthode généralement usitée pour construire un conte », Poe dénonce la pratique de la plupart des écrivains qui se contentent de choisir un sujet sans prendre en compte, dès le stade de l'élaboration du plan, la nécessité de définir « un effet à produire » :

> Ayant toujours en vue l'originalité (car il est traître envers lui-même celui qui risque de se passer d'un moyen d'intérêt aussi évident et aussi facile), je me dis avant tout : Parmi les innombrables effets ou impressions que l'intelligence ou, pour parler plus généralement, l'âme est susceptible de recevoir, quel est l'unique *effet* que je dois choisir dans le cas présent[89] ?

Construire le texte en fonction de l'effet à produire, c'est bien inscrire le lecteur dans le projet d'écriture. Au-delà du débat sur l'inconscient de l'écrivain[90] ou sur la notion plus récente et plus productive d'« inconscient du texte[91] », le propre de la littérature oraculaire, énigmatique ou policière et, finalement, la caractéristique de la littérature dans son ensemble est bien de rappeler que chaque œuvre littéraire reste un mécanisme tout tendu vers sa réception.

89. Edgar Allan Poe, « The Philosophy of Composition », *The Graham's Magazine*, avril 1846. Traduit par Baudelaire « La Genèse d'un poème », *La Revue française*, 20 avril 1859. Poe, *Œuvres en prose*, trad. par Charles Baudelaire, édition établie et annotée par Y.-G. Le Dantec, Paris, Gallimard, 1951, coll. « La Pléiade », p. 979-997, p. 984-985.

90. Poe a justement été l'objet d'une des premières « applications » de la psychanalyse à la littérature dans les années trente par Marie Bonaparte. Aujourd'hui très contesté pour sa naïveté, le monumental ouvrage de Marie Bonaparte (*Edgar Poe, études psychanalytiques*, Paris, Denoël et Steele, 1933, 2 vol.) demeure un moment important de l'évolution de la critique littéraire.

91. Jean Bellemin-Noël, *Vers l'inconscient du texte*, Paris, PUF, 1979 ; nouv. éd., 1997, coll. « Quadriges ».

Analysant et reproduisant *Un drame bien parisien*, brève fantaisie loufoque d'Alphonse Allais (1855-1905) parue dans *Le Chat noir* en 1890, Umberto Eco montre le caractère exemplaire des dispositions de cette œuvre, qui suppose chez chacun d'entre nous au moins deux lectures, et deux lecteurs successifs. Le premier, nécessairement naïf – quelles que soient son intelligence et sa culture – est destiné à être égaré, trompé, parce que le texte d'Alphonse Allais l'induit sans cesse à se perdre lui-même en ajoutant des informations de son cru destinées à assurer la lisibilité du récit. Le second lecteur (celui de la relecture) trouvera son plaisir dans l'analyse des erreurs interprétatives du premier et dans la mise au jour de la véritable cohérence d'un *Drame bien parisien* comme dans sa capacité à créer illusions et pièges logiques. Et il connaîtra un redoublement de jouissance ambiguë lorsqu'il sera, à son tour, gentiment puni par Umberto Eco pour « excès de coopération » :

> En réalité, il [*Un drame bien parisien*] appartient à un club raffiné, présidé, selon nous, par Tristram Shandy : le club des textes qui racontent des histoires sur la manière dont les histoires se font. Et ce sont des textes beaucoup moins inoffensifs qu'il n'y paraît : leur objet critique, c'est la machine de la culture, celle-là même qui permet la manipulation des croyances, qui produit les idéologies et titille la fausse conscience qui permet de nourrir sans s'en apercevoir des opinions contradictoires. C'est la machine qui produit et fait circuler les *endoxa*, celle qui permet aux discours persuasifs de manier, par exemple, le topos de qualité en même temps que le topos de la quantité, sans jamais laisser entrevoir le caractère contradictoire de son procédé : ce que fait d'habitude toute publicité dont le discours profond est toujours : « Tout le monde emploie ce produit. Venez tous faire partie de ce groupe restreint d'élus[92]. »

92. Umberto Eco, *Lector in fabula*, *op. cit.*, p. 284-285. Eco fait ici allusion au roman de Laurence Sterne (1713-1768), *The Life and Opinions of Tristram Shandy, Gentleman* [Londres, 1759-1767, trad. par Frénais, York et Paris, 1776-1785], *Vie et opinions de Tristram Shandy, gentilhomme*, trad. par Charles Mauron, Paris, Robert Laffont, 1946 ; nouv. éd., Préface, bibliographie, chronologie et notes de Serge Soupel, Paris, Garnier-Flammarion, 1982.

Ces capacités de développement de l'attitude critique que la littérature provoque chez son lecteur ne se limitent pas aux textes d'humour auxquels fait allusion Umberto Eco. Ainsi un récit comme *L'Image dans le tapis*[93] de Henry James (1843-1916) expose-t-il admirablement les enjeux de la lecture et de la critique et, au-delà, de la littérature elle-même.

Le narrateur de ce court récit est un jeune critique littéraire anglais, doué et bien introduit, qui échoue à saisir le sens de l'œuvre d'un écrivain au sommet de sa gloire, Hugh Vereker. Sollicité par son ami George Corvick, lui aussi critique, pour écrire un article sur le dernier livre de Vereker, il est invité à rencontrer le grand homme lors d'une réception mondaine. L'émotion du débutant qui espère avoir « percé à jour » Vereker (telle était la tâche que lui avait assignée Corvick) tourne vite à la déception quand ce dernier affirme, sans savoir que l'auteur de l'article est à la même table, qu'il s'agit là non pas d'un « dévoilement » mais des « balivernes habituelles ». Apprenant peu après l'identité du narrateur, Vereker cherche à l'apaiser, le suit dans sa chambre et, le traitant « d'égal à égal », lui rappelle qu'il est « passé à côté » et lui confie pour tâche de faire partie du nombre des « initiés » en exhibant la cohérence secrète de l'œuvre prise dans son ensemble :

> Il y a dans mon œuvre une idée sans laquelle je n'aurais jamais éprouvé le moindre intérêt pour ce travail. C'est le dessein le plus subtil, le plus abouti de tous, et je crois que son exécution a demandé des trésors de patience, d'ingéniosité. Je devrais laisser quelqu'un d'autre le dire ; mais le fait que personne ne le dise est précisément ce dont nous parlons. Elle s'étend, ma petite ruse, de livre en livre, et tout le reste en comparaison n'est qu'en surface. L'ordre, la forme, la texture de mes livres en constitueront peut-être un jour pour les initiés une représentation parfaite. Aussi est-ce tout naturelle-

93. Selon le titre donné traditionnellement en France. Henry James, *The Figure in the Carpet* [1896] ; *Le Motif dans le tapis*, trad. par Élodie Vialleton, Lecture de Jacques Leenhardt, Arles, Actes Sud, 1997.

> ment ce que les critiques doivent rechercher. Cela me semble même être, ajouta mon visiteur en souriant, ce que les critiques doivent trouver[94].

La conversation se prolonge et finalement Vereker conseille au jeune homme d'« abandonner ». Commence alors, une quête conjointe du narrateur, de Corvick et sa fiancée Gwendolen, une enquête (une chasse au « tuyau ») au cours le laquelle le narrateur rencontre une fois encore Vereker qui lui conseille de nouveau d'abandonner :

> À n'en pas douter, ce qui nous déconcertait était pour lui d'une évidence éclatante. C'était, je l'imaginais, quelque chose qui avait à voir avec le plan original ; comme un motif complexe dans un tapis persan. Il approuva pleinement cette image lorsque je l'utilisai, et il en utilisa lui-même une autre : « Il s'agit du fil même sur lequel mes perles sont enfilées[95]. »

Dans cette traque (le texte parle de « limiers »), dans cette course à l'initiation, le narrateur piétine alors que Corvick, parti comme reporter aux Indes, déclare avoir trouvé et pouvoir désormais se marier avec sa fiancée, elle-même auteur, qui se fait l'interprète du processus de découverte en déclarant au narrateur :

> Il ne s'y est pas plongé [dans les livres de Vereker], je le sais, c'est la chose elle-même, ignorée totalement pendant six mois, qui a simplement bondi sur lui comme une tigresse bondit hors de la jungle. Il n'avait pas emporté de livres avec lui, délibérément ; en fait il n'en aurait pas eu besoin : il connaît chaque page, comme moi, par cœur. Elles ont toutes mûri en lui ensemble, et un jour, quelque part, alors qu'il n'y pensait pas, elles ont formé, dans toute leur superbe complexité, la bonne combinaison. Le motif dans le tapis est apparu. Il savait que cela viendrait de cette façon [...][96].

94. Henry James, *Le Motif dans le tapis*, *op. cit.*, p. 22-23.
95. *Idem*, *ibid.*, p. 34-35.
96. *Idem*, *ibid.*, p. 47.

Mais le « trésor enfoui » ne sera pas pour autant révélé au narrateur. Tout d'abord parce qu'il ne peut tenir dans une lettre et qu'il est en définitive intransmissible, immédiat. Ce que déclare Gwendolen en rapportant les termes d'une lettre de Corvick :

> Rien, en particulier lorsque vous vous trouviez en sa présence, ne pouvait se montrer plus parfaitement accompli. Une fois qu'il apparaissait, il apparaissait pour de bon, il était présent avec une splendeur qui vous faisait honte ; et, hormis l'insondable vulgarité de l'époque, où chacun manquait de goût, était perverti ou insensible, il n'y avait pas la moindre raison que cela vous eût échappé. C'était grandiose, et pourtant si simple, simple, et pourtant grandiose, et le savoir était une expérience tout à fait à part[97].

Seuls Corvick (à qui Vereker a confirmé la justesse de sa découverte) et Gwendolen, désormais mariés, peuvent le contempler. Mais Corvick meurt en voyage de noces, sans avoir pu rédiger un article où exposer sa « trouvaille » et « dévoiler l'idole » alors que le narrateur, éloigné de Londres, n'avait pu le rencontrer à son retour en Angleterre. Vereker meurt à son tour. Le narrateur essaie en vain d'épouser Gwendolen, espérant pouvoir accéder au secret qu'il n'a pas évidemment pas trouvé dans un livre qu'elle vient d'écrire. Gwendolen épouse un autre critique, dont elle a deux enfants avant de mourir elle-même en couches. Et lorsque le narrateur rencontre son confrère veuf un an plus tard, c'est pour apprendre, médiocre consolation, que lui aussi a été impuissant dans la quête du secret que jamais Gwendolen ne lui a révélé et dont elle était restée l'unique dépositaire.

Maintes fois commentée[98], cette nouvelle, au-delà de sa finesse d'écriture dans l'évocation des milieux littéraires et dans l'économie de l'analyse psychologique, apparaît bien comme une mise en récit des interrogations que

97. Henry James, *Le Motif dans le tapis*, *op. cit.*, p. 53.

98. Notamment par Wolfgang Iser dans *L'Acte de lecture*, *op. cit.*, p. 26-32 qui insiste sur l'apparition, avec James, du sens comme effet, opposé à l'explication.

posent la lecture et la critique. On a relevé à bon droit la dimension « policière » de ce récit où l'on meurt beaucoup et Jacques Leenhardt[99] ne manque pas de mettre en relation *L'Image dans le tapis* et *La Lettre volée*[100]. Dans les deux cas, on a affaire à une enquête et on assiste à l'échec des moyens traditionnels. De même que dans la nouvelle de Poe, l'objet recherché est introuvable parce qu'il est justement exhibé, de même le « sens » de l'œuvre de Vereker est « grandiose et simple » et n'apparaît que grâce à une association d'idées, sans être sollicité de manière directe ou consciente. D'où le fossé qui sépare le narrateur et Corvick, aussi large que celui qui sépare le préfet de police du chevalier Dupin chez Poe.

Le narrateur est un critique parfaitement intelligent, il est évidemment travailleur et cultivé, il apprécie hautement l'œuvre de Vereker, il a une grande finesse psychologique mais ce n'est pas un bon lecteur. Que lui manque-t-il alors ? Cette capacité d'émotion, cette aptitude à se laisser aller, cette disposition au partage qui caractérisent Corvick et Gwendolen. Ce qui explique que la communauté d'émotion qu'est l'amour (et non la vie conjugale) ait permis à Corvick et Gwendolen de partager un court instant le bonheur de la contemplation.

Faute d'être un bon médium, le narrateur, comme beaucoup de critiques, manque à sa vocation. Or la nouvelle le suggère constamment : le texte ne se suffit pas à lui-même, et a besoin d'interprètes pour se réaliser. C'est bien pourquoi Vereker oscille entre le désir d'être découvert et le découragement face aux « balivernes habituelles » alors qu'il sait ne pas pouvoir dire son « dessein » qu'il n'a cessé de « hurler à la figure »[101] des critiques.

99. Jacques Leehnardt, in Henry James, *Le Motif dans le tapis*, *op. cit.*, p. 83-98.

100. Edgar A. Poe, *The Purloined Letter*, in *The Chambers Journal*, novembre 1841 ; *La Lettre volée. Facultés divinatoires d'Auguste Dupin*, traduction par Charles Baudelaire, in *Le Pays*, 7, 8, 12 et 14 mars 1855. Poe, *Œuvres en prose*, *op. cit.*, p. 45-64.

101. Henry James, *Le Motif dans le tapis*, *op. cit.*, p. 23.

Lectures de l'oral et de l'écrit

« Une phrase bien lue est à demi expliquée[102] » : tel est le fondement des manuels et traités d'explication française à la fin du siècle dernier, qui instituant un exercice scolaire nouveau, reprenaient une tradition très ancienne. Tradition d'autant plus ancrée que l'oralisation constitue un excellent moyen d'évaluation immédiate du degré de compréhension d'un texte. Ainsi Ernest Legouvé (1807-1903), quelques années plus tôt, en faisait une « épreuve décisive » :

> Un des plus grands avantages de la lecture à haute voix, est de nous fournir un excellent moyen de critique littéraire. Apprendre à lire un morceau, c'est apprendre à le juger. L'étude des intonations devient forcément l'étude des intentions. [...] Il y a des beautés cachées qui ne se révèlent qu'à celui qui veut les traduire par des sons ; les sons donnent une vie nouvelle aux mots, et la voix les revêt comme d'une lumière qui les fait mieux voir. Souvent aussi, votre étude vous aide à découvrir des défauts inaperçus ; tel passage qui vous avait séduit, telle expression qui vous avait ébloui, vous apparaît déclamatoire ou fausse à cette décisive épreuve[103].

Grand conférencier et animateur de séances de lecture publique, Legouvé rappelle la complexité des rapports de l'écrit et de l'oral. Dans son zèle, il va jusqu'à voir dans l'oral l'occasion de rectifier les prestiges de l'écrit. Affirmation surprenante pour qui sait que la position dominante, et fort ancienne, de la critique est de faire de la

102. Augustin Gazier, *Traité d'explication française, ou méthode pour expliquer littéralement les auteurs français*, Paris, Belin, 1888, p. 1. Cité par Martine Jey, *La Littérature au lycée, Invention d'une discipline (1880-1925)*, Université de Metz, *Recherches textuelles*, n° 3, p. 87.

103. Ernest Legouvé, *La Lecture en action*, Paris, J. Hetzel et Cie, s. d. [1881], p. 85-86. Sur Legouvé, membre de l'Académie française et auteur avec Scribe d'*Adrienne Lecouvreur* (1849), voir Anne-Marie Chartier et Jean Hébard, *Discours sur la lecture*, *op. cit.*

lecture silencieuse l'occasion de juger le théâtre, de ménager un recul et de se libérer des pièges de la représentation. Ce que déclare Scudéry (1601-1667) dans l'épître dédicatoire de sa comédie du *Trompeur puni* (1635), publiée un an avant la représentation du *Cid* auquel il reprochera, suivi en cela par la toute récente Académie française, d'avoir ébloui et abusé le public :

> Je sais que l'éclat du théâtre en donne aux vers [...] mais il n'en sera pas ainsi dans un cabinet où le silence, la solitude et le loisir vous permettront d'examiner plus exactement ce criminel [c'est-à-dire le héros de la pièce][104].

Et près de trois cents ans plus tard, Faguet ne disait pas autre chose :

> C'est par la lecture d'une pièce qu'on échappe aux prestiges de la représentation ; c'est en lisant que l'on n'est plus dupe du jeu des acteurs, de leur énergie de leur déclamation et de la sorte d'empire qu'ils exercent sur nous. Surtout, c'est en lisant qu'on peut relire, et ce n'est qu'en relisant qu'on peut bien juger, non seulement du style, mais de la composition, de la disposition des parties et du fond même [...][105].

Pour paradoxale qu'elle soit, la position de Legouvé rappelle que, même dans les sociétés dominées par l'écriture, les rapports de l'écrit et de l'oral demeurent essentiels et problématiques. Car finalement nul n'en doute : l'oralisation, et tout particulièrement celle du texte littéraire, est interprétation, recréation au sens où elle module une parole[106]. Parler de « recréation », c'est supposer toutefois que le texte est antérieur à la parole. Or, selon les cultures

104. Cité par Hélène Merlin, *Public et littérature en France au XVIIe siècle*, Paris, Les Belles Lettres, 1994, p. 174

105. Émile Faguet, *L'Art de lire*, *op. cit.*, p. 51.

106. Elle peut être également ce fameux ban d'essai du rythme qu'était le gueuloir pour Flaubert, moment où l'oral prend le relais de l'écrit pour saisir les faiblesses de ce dernier : « Découvrir à toutes les phrases des mots à changer, des consonances à enlever, etc., est un travail aride, long et très humiliant au fond. C'est là que les bonnes petites mortifications intérieures vous arrivent. J'ai lu mes vingt dernières pages hier à Bouilhet qui en a été content. Pourtant, dimanche prochain,

et les périodes historiques, le texte écrit peut être soit origine ou simplement fixation de la parole. C'est donc ici l'occasion de se demander si un texte poétique est nécessairement « fait » pour l'oralisation.

Quelles que puissent être les réponses envisageables, force est de s'interroger sur l'intentionnalité : le poème est-il conçu exclusivement ou principalement pour la voix et le chant, ou est-il axé sur une réception écrite ? Si l'on s'accorde, avec Henri Meschonnic par exemple, pour définir la création littéraire comme « rythme »[107], le rythme de l'écrit est-il le même que celui de l'oral ? Bien plus, la page – qu'on pense aux calligrammes, à *Un coup de dés*[108] ou à des œuvres de Butor comme *Mobile*, *Description de San Marco ou Gyroscope*[109] – est aussi, selon le mot de Valéry, « une image » qui procède d'une composition et d'un rythme typographiques :

> Mais à côté et à part de la lecture, existe et subsiste l'aspect d'ensemble de toute chose écrite. Une page est une image. Elle donne une impression totale, présente comme un bloc ou un système de blocs et de strates, de noirs et de blancs, une tache de figure et d'intensité plus ou mois heureuse. Cette deuxième *manière de voir*, non plus successive et linéaire et progressive comme la lecture, mais immédiate et simultanée, permet de rapprocher la typographie de l'architecture, comme la lecture de tout à l'heure fait songer à la musique mélodique et à tous les arts qui épousent le temps[110].

---

je lui relis tout ! », Flaubert, lettre à Louise Colet du 26 juillet 1852, in *Correspondance*, éditée par Jean Bruneau, Paris, Gallimard, coll. « La Pléiade », t. 2, juin 1852-décembre 1858, 1980, p. 139. [L'écrivain Louis Bouilhet (1822-1869), rouennais comme Flaubert, est l'un de ses plus proches amis.]

107. Henri Meschonnic, *Critique du rythme, Anthropologie historique du langage*, Lagrasse, Verdier, 1982.

108. Stéphane Mallarmé, *Un coup de dés jamais n'abolira le hasard*, [*Cosmopolis*, mai 1897] in *Œuvres complètes*, texte établi et annoté par Henri Mondor et G. Jean-Aubry, Paris, Gallimard, 1945, p. 457-477.

109. Michel Butor, *Mobile. Esquisse pour une représentation des États-Unis*, Paris, Gallimard, 1962 ; *Description de San Marco*, Paris, Gallimard, 1963 ; *Gyroscope*, Paris, Gallimard, 1996.

110. Paul Valéry, *Pièces sur l'art*, Paris, Gallimard, 1934, p. 18-19.

Dès lors, il est légitime de se demander quelle est, en fonction du support et de la modalité de transmission adoptée, la nature de la réception (ou de la lecture) de l'œuvre poétique ou de tout autre œuvre littéraire. On peut ainsi considérer que « l'unité discrète » de réception varie sensiblement selon qu'on entend ou qu'on lit le poème, étant donné qu'il est matériellement impossible d'entendre ou d'oraliser dans le même laps de temps une quantité d'informations identique à celle qui sera prélevée lors de la lecture silencieuse. Dans un cas, il faut bien se limiter à quelques pièces; dans l'autre, le recueil se présente comme une exposition complète, et constitue un tout. Et c'est dans cette mesure que la variation d'un sonnet à l'autre dans le cadre du recueil qu'est le *Canzoniere* (voir chap. « L'œuvre et ses limites ») a pu prendre, dès l'aube de la Renaissance, un sens décisif.

Les textes plus récents ou contemporains – qu'ils relèvent ou non de la poésie – n'échappent pas à cette détermination. L'oralisation demeure interprétation et, en réduisant les volumes transmissibles, modifie la relation à l'œuvre. On quitte le domaine de la continuité de l'œuvre – plus encore dans le cas du roman que dans celui de la poésie – pour entrer dans celui de la discontinuité de l'extrait qui acquiert cependant une forme d'autonomie. Oraliser des extraits revient à se livrer à une double interprétation : interprétation par le choix du passage imposé à l'auditeur, interprétation par l'intonation. Il convient ici de faire une place particulière à la lecture – sélection et performance confondues – opérée par l'auteur lui-même. Parmi les exemples les plus classiques, les lectures publiques de Dickens[111] montrent sa capacité à sélectionner dans son œuvre les moments les plus comiques et surtout les plus pathétiques. Telle était sans doute l'attente de ses lecteurs, mais probablement aussi l'auteur-interprète qu'était Dickens mesurait bien leur intérêt et leur impact.

Dans le cas du conte on retrouve, sur un mode particulièrement enchevêtré, un certain nombre des problèmes

111. Voir Sylvère Monod, *Dickens romancier. Étude sur la création littéraire dans les romans de Charles Dickens*, Paris, Hachette, 1953.

que soulevait l'interprétation du texte poétique. Plus encore que dans ce cas, la relation de l'oralité à la fixation par l'écrit joue un rôle décisif. Car la fixation du conte sous forme écrite peut entraîner à son tour de nouvelles versions orales susceptibles d'être également réécrites à leur tour et de nouveau interprétées. C'est sans doute le cas des *Contes* de Perrault, dont on estime qu'une grande partie est issue de la littérature de colportage, donc de formes écrites et non directement orales[112]. Avec le conte, les « interprétations » ne cessent de se heurter et de se mêler : interprétation par l'écriture, interprétation lors de la performance et de la restitution orale, interprétation par traduction et mise en forme. Quant au collecteur « moderne », qui s'inscrit généralement dans un projet ethnologique, il est lui-même souvent parti de performances, complètes ou partielles, et il a pour but d'interpréter à son tour tout ou partie des versions qu'il a pu rencontrer[113]. Et lorsque le conteur – savant ou naïf – oralise le conte, il est lui-même, en fonction de ses auditeurs et des conditions de sa performance, au cœur d'un conflit d'interprétation[114]. On imagine ainsi la complexité de la reformulation, et des différents avatars du texte non fixé, soumis à une circularité d'autant plus insaisissable qu'elle est généralement traversée par le choc des cultures qui oppose le collecteur et le conteur[115].

Le théâtre, que le texte soit transcrit ou qu'il laisse une large part à l'improvisation et donc à l'interprétation, soulève des problèmes d'une complexité plus grande encore. Tout d'abord, il ne peut y avoir totale coïncidence entre le texte écrit et les paroles effectivement proférées puisque le décor et les indications de scène sont immédiatement visibles. Se trouve ensuite posée la question de la distri-

112. Voir Marc Soriano, *Les Contes de Perrault. Culture savante et culture populaire*, Paris, Gallimard, 1968 ; nouv. éd., 1977, coll. « Tel ».

113. Voir Bernadette Bricout, *Le Savoir et la saveur. Henri Pourrat et le « Trésor des contes »*, Paris, Gallimard, 1992.

114. Voir Laura Bohannan « Shakespeare dans la brousse » et Jean Verrier « Un Hamlet africain » in Pierre Bayard et Jean Bellemin-Noël (dir.), *Le Conflit d'interprétations*, in *Revue des Sciences humaines*, n° 240, p. 161-172 et 173-178.

115. Voir Veronika Görög-Karady (dir.), *D'un conte à l'autre. La variabilité dans la littérature orale*, Paris, CNRS, 1990.

bution des rôles, et du choix par l'auteur (ou, selon les époques ou les cas par le directeur du théâtre, son mécène, le metteur en scène, etc.) de ses « interprètes ». Toute l'histoire du théâtre, comme celle du cinéma, est faite de ce poids – artistique, mais aussi social et privé – des acteurs. Pour ne prendre que l'exemple du théâtre romantique, on comprend bien que Hugo (1802-1885) ait choisi les acteurs propres à incarner les novations[116] qu'il préconise. Marie Dorval et Bocage certes, leur jeu et leur célébrité en faisaient des interprètes privilégiés, mais pourquoi diable Juliette Drouet, sinon pour des raisons intimes ?

Plus largement, la mise en scène s'affirme comme « lecture », interprétation qui ne touche pas simplement les objets et la disposition scénique mais bien souvent le texte lui-même. De ce point de vue l'histoire de *Lorenzaccio* est particulièrement significative. À la suite de l'échec de *La Nuit vénitienne* en décembre 1830, Musset (1810-1857) renonce pour de longues années à faire représenter son théâtre. Il fait paraître *Lorenzaccio* en volume en 1834, avec d'autres pièces antérieurement publiées dans la *Revue des deux mondes*, sous le titre de *Un spectacle dans un fauteuil*[117]. Indépendamment de ses motivations profondes, force est d'observer qu'affranchi des contraintes de la scène, mais aussi de la censure et de la pression des attentes du public, Musset propose une œuvre injouable, tant par le nombre des décors, des personnages (plus d'une centaine) que par la durée éventuelle d'une représentation (39 tableaux exigeant au moins deux soirées). D'où la nécessité de coupes, de changements de rythme, d'ellipses, d'adaptations qui constituent autant de lectures de l'œuvre de Musset. Celle de son frère Paul pour le théâtre de l'Odéon en 1863 (refusée par la censure du Second Empire), celle qu'Armand d'Artois a établie pour Sarah Bernardt dans le rôle titre de la première création de 1896, celles de Gaston Baty en 1940 et en 1945 ou de Jean Vilar en 1952 dans laquelle,

116. Voir Anne Ubersfeld, *Le Drame romantique*, Paris, Belin, 1993.

117. Alfred de Musset, *Théâtre complet*, nouvelle édition de Simon Jeune, introduction, chronologie, bibliographie, notes variantes et documents, Paris, Gallimard, 1990, coll. « La Pléiade ».

pour la première fois, le rôle principal revient à un acteur masculin, Gérard Philipe[118].

Par-delà les choix et les orientations que proposent les coupes, le choix des acteurs et de la mise en scène, on se heurte au problème de la détermination d'une *fabula* qui est nécessairement prise de parti, au-delà de sa volonté d'objectivité. Lorsque Brecht « lit » *Hamlet*, au lendemain de la Second Guerre mondiale il en fait une pièce politique, désireux qu'il est avant tout de rompre – au risque d'en détourner le sens – avec l'interprétation psychologique dominante :

> Eu égard aux sombres et sanglantes circonstances dans lesquelles j'écris ceci, à des classes dominantes criminelles, à un doute généralisé envers cette raison dont on ne cesse d'abuser, je crois pouvoir lire cette fable ainsi : Les temps sont à la guerre. [...]
> Dans ces processus, on voit cet homme jeune mais déjà un peu replet appliquer de façon fort insuffisante la raison nouvelle qu'il a ramenée de Wittenberg. Dans les affaires féodales où il se trouve plongé, elle lui fait obstacle. Face à la déraisonnable pratique, sa raison n'est absolument pas pratique. Il est tragiquement victime entre une telle manière de raisonner et un tel acte. Cette lecture de la pièce, qui supporte plus d'une lecture, pourrait, à mon sens, intéresser notre public[119].

À bien des égards, l'étude que Roger Chartier a consacrée à *George Dandin*[120] illustre la manière dont on peut reconstituer l'histoire des lectures évanouies de ce « texte troué » que demeure, selon l'expression d'Anne Ubersfeld, le texte de théâtre tant qu'il n'est pas accompli

118. Voir Jacqueline de Jomaron (dir.), *Le Théâtre en France*, Paris, Armand Colin, 1992 ; nouv. éd., 1993, Paris, LGF, coll. « La Pochothèque ».

119. Bertolt Brecht, *Kleines Organon für das Theater*, [1948], *Petit organon pour le théâtre*, trad. par Gérard Eudeline et Jean Tailleur, Paris, L'Arche, 1963 ; nouv. éd., 1978, § 68, p. 91-92.

120. Roger Chartier, « George Dandin ou le social en représentation », in *Annales. Histoire, Sciences sociales*, n° 2, 1994, p. 277-309 ; « De la fête de cour au public citadin », in *Culture écrite et société, L'Ordre des livres (XIVe-XVIIIe siècles)*, Paris, Albin Michel, 1996, p. 155-199.

et interprété dans la représentation[121]. Pièce assez généralement dédaignée par la critique (elle penche plus du côté de la farce Tabarin que de la finesse de Térence, pour reprendre les termes de Boileau[122]), rarement inscrite au répertoire au long du XIXe siècle, mais enjeu de mises scène depuis quarante ans[123], *George Dandin* apparaît comme un observatoire tout particulier de l'ambiguïté de Molière, et plus encore de la diversité des réceptions qu'autorisent la représentation, la lecture et le commentaire d'un même texte, tant lors des premiers temps de sa circulation qu'au cours de l'histoire.

Est-on fondé à voir une figure presque tragique dans ce paysan riche mal marié à une « demoiselle » (c'est-à-dire une noble) ou faut-il relever qu'il n'est qu'un grotesque[124], puni par là où il a pêché en prétendant ridiculement s'extraire de son statut immuable ? Comment doit-on en rire ? Et pourquoi en a-t-on ri ? Car la question que nous pose *George Dandin* est celle que ne cesse de susciter « l'humanité » de Molière, justifiant au cours de l'histoire les interprétations les plus diverses. Parce que son théâtre renvoie constamment au social et au moral, à l'historique et au permanent. Qui est Alceste ? Un personnage condamnable pour sa risible extravagance ou la triste victime des conventions sociales ? Monsieur Jourdain n'est-il que ridicule ou pitoyable, à moins qu'il ne soit les deux en même temps ? Doit-on quand même éprouver de la sympathie pour Arnolphe ? Indécidabilité du théâtre de Molière…

Partant du fait que, l'année de sa création, *George Dandin* a connu deux modes de représentations destinés à deux publics très typés, la Cour lors de la fête royale du 18 juillet 1668, la Ville à l'occasion de dix représentations à la fin de l'automne à la salle du Palais-Royal, Roger

121. Anne Ubersfeld, *Lire le théâtre I*, Paris, Éditions sociales, 1973 ; nouv. éd., Paris, Belin, 1996, p. 19 ; « Le texte troué et la scène imaginaire » in *Lire le théâtre II*, Paris, Belin, 1996, p. 10-18.

122. Boileau, *Art poétique*, [1674], III, v. 391-400.

123. Entre autres, Roger Planchon, 1958 au théâtre de la cité de Villeurbanne ; Jean-Paul Roussillon, 1970 à la Comédie-Française ; Roger Planchon, 1987 au Théâtre national populaire.

124. Telle est la conclusion de Paul Bénichou dans *Morales du Grand Siècle*, Paris, Gallimard, 1948 ; nouv. éd. 1985, p. 317.

Chartier propose une méthode de reconstitution des horizons d'attente vraisemblables de ces deux publics. Six mois après la conquête de la Franche-Comté, la représentation royale s'inscrit sur le mode baroque et carnavalesque dans le premier Versailles qui s'organise, tant sur le plan architectural que symbolique et politique autour de la figure apollinienne de Louis XIV. L'historien des mentalités se doit de convoquer ensuite plusieurs documents et témoignages sur l'événement de la représentation du 18 juillet, et s'attache à les disposer en deux séries. Les uns tendent à montrer l'articulation de la comédie proprement dite et de la pastorale chantée et dansée dans laquelle elle s'insère. Les autres inclinent à minimiser la comédie pour mettre en évidence la totalité du spectacle et de la réjouissance. La question est d'importance. Qu'a vu la Cour en cette journée du 18 juillet 1668 ?

Le seul texte de la pièce à travers ses diverses éditions n'est pas suffisamment univoque pour conduire l'interprétation. À la recherche des marques subsistantes, l'historien doit bien évidemment se pencher sur l'écriture de l'œuvre elle-même ainsi que sur les commentaires qui l'ont immédiatement accompagnée. Par exemple cette relation publiée par l'architecte Félibien (1619-1695) au lendemain de l'événement qui confirme qu'en tant que spectateur il a été sensible au mélange d'un lexique élevé relevant du registre tragique et des situations risibles dans lesquels se trouve Dandin. Ce qui donne quelque fondement aux récentes lectures « sociales » et noires de la pièce.

Du côté des documents théâtraux maintenant, en l'absence d'informations décisives dans le registre de La Grange[125], les cartons du décor, et même leur description, faisant défaut, il faut également s'appuyer sur les indications relatives au costume de Dandin que Molière a revêtu lors des représentations. Or l'inventaire après décès qui le mentionne atteste le ridicule archaïque du paysan riche fourvoyé. Les gravures de la première édition des *Œuvres*

125. Membre de la troupe de Molière, La Grange (1639-1692) a laissé un *Extrait des recettes des affaires de la Comédie depuis Pâques de l'année 1659 jusqu'au premier septembre 1685* qui constitue un document essentiel sur Molière et son théâtre.

de Molière de 1682, bien qu'ignorantes de la réalité de ce costume, marquent à leur manière le ridicule inadapté de la tenue de Dandin. Hors texte toujours, mais sur le plan de l'histoire culturelle, il convient également d'analyser ce nom de Dandin. Nom ridicule certes (« se dandiner »), mais nom lié au monde de la basoche, depuis Rabelais, alors que la même année 1668 Racine en fait le juge des *Plaideurs*. Or Dandin est finalement jugé et condamné (par ses beaux-parents et son épouse autant que par les spectateurs) tant pour son extravagance que par ses éclats de violence impuissante.

Car la réaction des spectateurs, à la Cour comme à la ville, ne saurait diverger sur ce point : Dandin est bien un grotesque, une preuve vivante de l'inconvenance de toute tentative de transgression immédiate de l'ordre d'une société d'ordres. Pour la ville et le public bourgeois, il est clair que c'est la brusquerie et la naïveté de la stratégie qui sont ici mises en cause. Quant à la Cour, elle est nécessairement occupée par la question de la « réformation de la noblesse », processus entamé en 1661, par lequel le Roi, au vu des pièces produites, authentifie et pour ainsi dire redonne la noblesse et les immenses avantages qui lui sont liés.

La démarche de Roger Chartier va au-delà de la simple et nécessaire explication historique et sociale d'un événement littéraire. Car ce qui est en cause, c'est le statut de la fiction dans la société (il ne viendrait à aucun contemporain de Molière d'identifier George Dandin à un « vrai » paysan et la trame de la comédie au « réel ») et, finalement, la valeur théâtrale et artistique de la pièce. Le ridicule de la situation et du personnage de Dandin aux yeux des contemporains ayant été démontré sur la base de l'enquête socio-historique, il convient en effet de relever la force du fait littéraire, capable dans un même moment de s'affirmer comme illusion absurde, plaisir raffiné et « représentation » du social. C'est pour saisir cette coïncidence de fonctions et d'aspects qui nous semblent aujourd'hui si divers qu'il fallait reconstruire – dans la mesure du possible – ce que pouvaient voir des yeux du XVIIe siècle dans une pièce de Molière. Et c'est aussi sur cette base qu'on pourra proposer d'autres lectures et d'autres mises en scène des classiques du passé.

Lire, réécrire

Par réécriture (ou récriture pour parler comme Hugo[126]), il faut naturellement entendre toute lecture objectivée et stable donnant lieu à une œuvre ou à un texte nouveaux. Il s'agit là d'une évidente reconnaissance de l'importance d'une œuvre : qu'elle soit traduite, imitée, plagiée, adaptée, prolongée, parodiée, c'est quelle a été lue. Et considérée comme suffisamment importante pour que le lecteur d'une société ou d'un groupe donné, transmette sa lecture, partage sa connaissance, son admiration, sa connivence, son sourire avec d'autres lecteurs. À rappeler les données de l'édition, on croirait parfois lire *Le Livre des records* : le texte le plus traduit au monde, c'est la Bible[127], et Hugo est l'auteur le plus plagié au XIXe siècle[128].

La réécriture étant conséquence de la réception et base de la création littéraires, ses formes et ses hybridations sont pour ainsi dire infinies. Gérard Genette, dans *Palimpsestes*[129], en a dressé un tableau très détaillé qui vaut autant par la richesse des exemples que par la précision et la rigueur des définitions et des catégories proposées. Reste qu'il est, sur plan de la théorie littéraire et

126. Victor Hugo, *Notre-Dame de Paris, 1482* [Paris, Gosselin, 1831], in *Notre-Dame de Paris, 1482* et *Les Travailleurs de la mer*, textes établis présentés et annotés par Jacques Seebacher et Yves Gohin, Paris, Gallimard, 1975, coll. « La Pléiade », Livre V, chap. 2, « Ceci tuera cela », p. 174-188.

127. « On estime à ce jour que la Bible entière a déjà été traduite en 349 langues, le seul Nouveau Testament en 841 autres langues, et qu'en 993 autres encore on dispose au moins d'un livre biblique. » Jean-Marc Babut, *Lire la Bible en traduction*, *op. cit.*, p.10.

128. « Une des particularités du XIXe siècle est d'abord de posséder l'auteur le plus parodié de tous les temps en la personne de Victor Hugo. [...] *Les Hures Graves* faisaient les beaux soirs du Palais-Royal, *Les Buses Graves* des Variétés. On pouvait voir aussi *Les Burgs infiniment trop Graves*, *Les Bûches Graves*, *Les Barbugraves* et enfin *Les Hures-Graves, trifouillis en vers... et contre les Burgraves*, par MM. Dumanoir, Siraudin et Clairville. » *Humour 1900*, Paris, J'ai lu, 1963, Présentation par Jean-Claude Carrière, « La parodie », p. 97-126, p. 97.

129. Gérard Genette, *Palimpsestes. La Littérature au second degré*, *op. cit.*

même dans la pratique, extrêmement difficile de définir la notion d'originalité, tout comme celle d'influence. On peut évidemment se placer du point de vue juridique et observer le nombre d'emprunts littéraux, ou l'identité de construction. C'est le fond des procès pour plagiat littéraire[130]. Mais comment traiter littérairement des hommages, des similitudes, des ressemblances, des échos et des réminiscences ? Et comment faire la part de l'imitation inconsciente ? Il en va très différemment des opérations de lecture (et de réécriture) explicitement revendiquées. On quitte là le flou de l'influence pour s'inscrire dans un cadre juridique nettement délimité, fondé sur la notion d'« œuvre dérivée » telle que la définit le *Code de la propriété intellectuelle* (article 4 de la loi de 1957) actualisant pour la France la Convention de Berne :

> Les auteurs de traduction, d'adaptation, transformations ou arrangements des œuvres de l'esprit jouissent de la protection instituée par la loi, sans préjudice des droits d'auteurs de l'œuvre originale. Il en est de même des auteurs d'anthologies ou recueils d'œuvres diverses qui, par le choix et la disposition des matières, constituent des créations intellectuelles[131].

Ainsi l'attitude juridique et occidentale contemporaine conduit non seulement à élargir la notion de texte à celle d'« œuvre de l'esprit » (littérature, musique, image[132]) pour définir les droits respectifs de deux instances distinctes : l'auteur de l'œuvre originale, et celui de la dérivation. Toute la question étant alors de déterminer où se

130. L'expérience le prouve bien souvent, ces procès ne font guère avancer la théorie littéraire. En partie sans doute parce qu'ils mettent généralement aux prises des auteurs de statut, de notoriété et de motivation très différents.

131. André Bertrand, *Le Droit d'auteur et droits voisins*, Paris, Masson, 1991, p. 134.

132. L'article 2, alinéa 3 de la Convention de Berne est plus explicite encore : « Sont protégés comme des œuvres originales, sans préjudice des droits de l'auteur et de l'œuvre originale, les traductions, adaptations, arrangements de musique et autres transformations d'une œuvre littéraire et artistique. » Cité par A. Bertrand, *Le Droit d'auteur…*, *op. cit.*, p. 134.

situe l'absence de préjudice (matériel et moral) de l'auteur dont l'œuvre été traduite, adaptée, arrangée, réécrite. Dans le cas où l'auteur traduit ou adapté est dans le domaine public, aucun recours juridique n'est envisageable. Les studios Disney peuvent traiter le cycle d'Hercule, *Notre-Dame de Paris*, *La Belle et la bête*, *Le Livre de la jungle* ou *Tarzan des singes* comme bon leur semble.

Si l'on reste dans l'ordre du texte et de l'imprimé, une des formes les plus importantes et les plus fréquentes de réécriture réside bien évidemment dans la traduction[133]. Traduction, c'est-à-dire d'abord passage d'une langue à l'autre, transposition très généralement destinée au lecteur ignorant de la langue source. Passage fidèle – tel est bien l'objectif de la traduction dans la plupart des cas. Mais que veut dire fidélité ? La langue n'étant pas une simple nomenclature de mots, mais fonctionnement d'un système complexe, on conviendra aisément des limites du mot à mot. Passage d'un ordre d'écriture à l'autre également : faut-il traduire *La Divine Comédie* en vers ? On l'a longtemps cru, confondant sans doute vers et rythme. Mais surtout passage d'une aire (voire d'une ère) culturelle à l'autre, d'une civilisation à l'autre, et c'est évidemment là aussi que se nouent les principaux problèmes de la traduction[134]. Au fond, deux tendances principales ont longtemps opposé les traducteurs : soit on part des limites culturelles du destinataire de la traduction, soit on décide de ne pas en tenir compte, ou de les mettre au second plan. Dans un cas on s'expose à la surtraduction accompagnée de toutes les variations de l'adaptation et de l'enjolivement, et dans l'autre on prend le risque d'obscurité ou d'aplatissement à force de fidélité littérale. Aux débuts de l'Âge classique, d'Ablancourt (1606-1664) apparaît comme le patron et le chef de file des tenants des « belles

133. Voir Daniel Delas (dir.), *Traduire I*, Amiens, Encrage-Cergy, CRTH, Diffusion Les Belles-Lettres, 2000.

134. Sur la présence et la résonance de la langue étrangère au cœur même de l'écriture en langue nationale, voir Anne-Marie Lilti, *Écriture poétique et langue étrangère, Contribution à l'histoire de la poésie française*, Thèse pour le doctorat, Université de Cergy-Pontoise, 1999, 2 vol.

infidèles »[135]. Dès sa première traduction, il caractérisait ainsi en 1637 ses devoirs face à l'auteur source :

> Comme il a été agréable en sa langue, il faut qu'il le soit encore en la nôtre, et d'autant que les beautés et les grâces sont différentes, nous ne devons point craindre de lui donner celles de notre pays, puisque nous lui ravissons les siennes. Autrement, nous ferons une méchante copie d'un admirable original ; et après avoir bien travaillé sur un ouvrage, nous trouverons que nous n'en avons que la carcasse et que la beauté est disparue[136].

Quoi qu'il en soit, comme le suggère ce contemporain de d'Ablancourt qu'est Antoine Godeau (1605-1672) la traduction reste bien un travail littéraire et, pour user de termes modernes, l'application concrète d'une théorie :

> Il n'y a que les ignorants qui se puissent imaginer que ce travail n'est aucunement pénible. Car comme chaque langue a ses délicatesses particulières, et chaque esprit son caractère différent, ou à cause du climat, ou à cause de l'inégale disposition des organes qui lui servent en ses opérations, ou par la diversité de la nourriture et de l'institution, il est besoin d'une haute suffisance, et d'une longue méditation, pour empêcher qu'un auteur ne paraisse ridicule sous des habits qu'il n'a pas accoutumé de porter[137].

135. Voir Roger Zuber, *Les « Belles Infidèles » et la formation du goût classique*, 1968 ; nouv. éd., revue et augmentée, préface d'Emmanuel Bury, Paris, Albin Michel, 1995, coll. « L'Évolution de l'humanité », 521 p. Sur l'origine de la métaphore, voir Ménage (1613-1692) : « Lorsque la version du Lucien de M. d'Ablancourt parut, bien des gens se plaignirent de ce qu'elle n'était pas fidèle. Pour moi je l'appelai *la belle infidèle*, qui était le nom que j'avais donné étant jeune à une de mes maîtresses. » *Menagiana* [1715], cité par Michel Ballard, *De Cicéron à Benjamin, traducteurs, traductions, réflexions*, Lille, PUL, 1992 ; nouv. éd., 1995, p. 148.

136. Nicolas Perrot d'Ablancourt, traduction de l'*Octavius* de Minucius Felix, cité par Emmanuel Bury, in Roger Zuber, *Les « Belles Infidèles »*..., *op. cit.*, p. 497-498.

137. Antoine Godeau, cité par Michel Ballard, *De Cicéron à Benjamin, op. cit.*, p. 158.

Les termes du débat opposant au XVIIe siècle les partisans de l'amabilité à ceux de la fidélité littérale se sont aujourd'hui déplacés. Signe de l'importance d'une œuvre étrangère pour une culture donnée, la traduction dans les sociétés contemporaines revêt deux visages, selon qu'elle est initiale ou qu'elle s'appuie sur une tradition déjà ancienne. Dans le premier cas, elle fait fonction de lecture introductrice, de « naturalisation », d'« acclimatation » selon les termes de Paul Bensimon[138]. Ce qui pour une part peut expliquer dans ce cas les tendances à la surtraduction et à l'écrasement des spécificités, notamment lorsqu'on a affaire à des sociétés ou des cultures très éloignées. Inversement, quand il s'appuie sur une lignée de traductions, se livrant à une lecture médiatisée, le traducteur aura tendance à faire ressortir les particularités et l'altérité de l'œuvre initiale. Toute la question est alors de savoir si l'on peut ou doit continuer à utiliser couramment une traduction ancienne, rédigée dans une langue vieillie[139]. C'est peut-être se demander si la lecture d'hier que constituait la traduction n'est pas devenue une œuvre autonome[140]. Tel serait par exemple le cas des *Mille et une nuits* traduites par Antoine Galland (1646-1715) et non sa traduction du Coran.

S'il est sage de garder le terme de traduction (quoique traduction et adaptation aient souvent partie liée) pour caractériser le changement d'un système linguistique à un autre système linguistique, on pourrait adopter celui, remarquablement polysémique, de *version* pour évoquer l'ensemble des réécritures. Rares sont les grands textes qui ont échappé à la réécriture et à l'adaptation. De la mythologie gréco-latine, de l'*Odyssée*, des grandes tragédies grecques, de la comédie gréco-latine, des chansons de

138. Paul Bensimon, « Retraduire », in *Palimpseste*, n° 4, Paris, Sorbonne-Nouvelle, 3e trimestre 1990, p. IX-XIII. Cité par Michel Ballard, *De Cicéron à Benjamin*, *op. cit.*, p. 266.

139. Voir Nicolas Renoult, « Classiques de la traduction et traduction des classiques : la Bibliothèque de la Pléiade et le patrimoine littéraire », in Daniel Delas, *Traduire I*, *op. cit.*, p. 97-106.

140. Voir Henri Meschonnic, *Pour la Poétique II. Épistémologie de l'écriture, poétique de la traduction*, Paris, Gallimard, 1973 ; nouv. éd., 1980.

gestes et des contes au théâtre de Shakespeare et à *Don Quichotte* en passant par la Bible elle-même ou *Robinson Crusoé*[141], l'histoire de la littérature, et pas seulement de la littérature pour enfants, est pour partie faite de ces relectures. Il arrive même que différentes versions d'une même œuvre soient opérées et publiées par l'auteur lui-même en fonction des publics qu'il vise ou de la modification de ses propres perspectives. Tel serait par exemple le cas des deux versions de *Robinson*[142] de Tournier, avec dans ce cas un prototexte étranger lui-même interprété et, de ce fait, transformé.

Tout œuvre notable ou célèbre s'expose en outre à la caricature, à la charge et à la parodie au point qu'on pourrait avancer que l'existence d'une parodie constitue un des indicateurs de la vitalité de l'œuvre source. Un texte mort ne saurait être parodié et un texte parodié a valeur de classique. C'est parce qu'elle continue à rayonner, parce qu'elle demeure une référence, parce qu'elle a créé une communauté de lecteurs ou de récepteurs qu'elle peut être mise en pièces à travers ce procédé. Pastiche, travestissement, imitation ironique : jeux faciles, et parfois lassants dira-t-on. On ne peut toutefois se contenter d'affirmer qu'un tel procédé relèverait de la simple irrévérence d'initié, de la blague de potache, de l'humour de clerc. Sans doute est-ce le cas, mais pour une part seulement. On sait, au moins depuis les *À La Manière de…* de Muller et Reboux[143] que le pastiche s'appuie sur une curieuse alchimie faite de dérision, d'admiration et d'intimité.

141. Voir Danièle Dubois, *Les Robinsonnades au* XIXe *siècle en France*, Arras, Artois Presses Université, à paraître.

142. *Vendredi ou les Limbes du Pacifique*, Paris, Minuit, 1969; nouv. éd., Paris, Gallimard, 1972. *Vendredi ou la Vie sauvage*, d'après *Vendredi ou les Limbes du Pacifique*, Paris, Flammarion, 1971 ; nouv. éd. Gallimard, 1977, coll. « Folio Junior » ; nouv. éd. complétée, illustrations de Georges Lemoine, Paris, Gallimard, 1984. À quoi on peut ajouter « La fin de Robinson », in *Le Coq de Bruyère*, Paris, Gallimard, 1978 ; nouv. éd., 1980, coll. « Folio », p. 19-25.

143. Charles Müller et Paul Reboux, *À la manière de…*, Paris, édition de la Revue des Lettres, 1908 ; *À la manière de…* Et première série, réunies en une édition complète, Paris, Grasset, 1910 ; *À la manière de….* 3e série, Paris, Grasset, 1913 ; nouv. éd., Paris, Grasset, présentation et choix par Olivier Barrot, 1998, 2 vol.

En témoigne ce sonnet tiré du « Carnaval des chefs-d'œuvre » de Georges Fourest (1867-1945) moquant à la fois Corneille (1606-1684) et José Maria de Hérédia (1842-1905) :

> Le palais de Gormaz, comte et gobernador,
> est en deuil : pour jamais dort couché sous la pierre
> l'hidalgo dont le sang a rougi la rapière
> de Rodrigue appelé le Cid Campeador.
>
> Le soir tombe. Invoquant les deux saints Paul et Pierre,
> Chimène, en voiles noirs, s'accoude au mirador
> et ses yeux dont les pleurs ont brûlé la paupière
> regardent, sans rien voir, mourir le soleil d'or…
>
> Mais un éclair, soudain, fulgure en sa prunelle :
> sur la plaza Rodrigue est debout devant elle !
> impassible et hautain, drapé dans sa capa,
>
> le héros meurtrier à pas lents se promène :
> « Dieu ! » soupire à part soi la plaintive Chimène,
> « qu'il est joli garçon l'assassin de Papa[144] ! »

Le rayonnement de la culture scolaire continue à favoriser aujourd'hui encore une telle attitude. Aussi bien ne doit-on pas s'étonner de voir Boby Lapointe participer du même mouvement avec *L'Ami Zantrope*[145]. Plus sérieusement peut-être, on sait avec Proust[146] que le pastiche, comme tout jeu, est une affaire d'importance, qu'il est un accueil de l'écriture de l'autre. Comme le relève Michel Schneider, à propos de Proust justement :

> Chaque écrivain crée ses précurseurs qui n'existeraient pas sans lui de cette façon-là. La relation d'un écrivain à ceux qui l'ont influencé est intelligible à l'envers. Son œuvre donne du sens aux œuvres antérieures, comme si l'unité ou la pluralité des auteurs, leur identité propre, étaient choses relatives, toujours modi-

144. Georges Fourest, « Carnaval de chefs-d'œuvre », in *La Négresse blonde*, Préface de Willy, Paris, A. Messein, 1909 ; Paris, librairie José Corti, 1948 ; nouv. éd., Paris, Grasset, 1998, p. 89.

145. Boby Lapointe, *Intégrale : Chansons, poèmes, inédits*, Préface de Jacques Durand, Pézenas, Domens, 1994, p. 104-106.

146. Marcel Proust, *Pastiches et mélanges*, Paris, Gallimard, 1919 ; nouv. éd., Paris, Gallimard, 1992, coll. « L'Imaginaire ».

> fiables. Ainsi dans le cas de Proust, on trouve l'influence de Flaubert (l'humour amer), de Saint-Simon (le snobisme des grands), de Ruskin (l'esthétique comme justification de l'existence), de Racine (la cruauté des liens), etc. Mais on peut dire aussi bien que c'est Proust qui nous donne à lire, pour la première fois, les commérages élevés à la dimension d'un mythe d'un Saint-Simon ou les pâmoisons préraphaélites de Ruskin. Il s'agit là non de relectures, mais de lectures. [...]
> Par ses pastiches de l'affaire Lemoine, Proust nous fait entendre d'abord que le matériau de l'écriture est toujours d'emprunt et compte peu en lui-même ; ensuite que la littérature n'est pas imitation mais transmutation.[147]

On sait aussi que toute recherche de l'originalité, tout travail afin d'établir sa voix propre passe chez l'écrivain par la lecture puis l'imitation, avec des degrés plus ou moins affirmés de conscience du phénomène. Que fait le très jeune Rimbaud (il a seize ans) en écrivant *Le Forgeron*, sinon du Hugo ? :

> Les bras sur un marteau gigantesque, effrayant
> D'ivresse et de grandeur, le front large, riant
> Comme un clairon d'airain avec toute sa bouche [...][148].

Ou que fait le jeune Mallarmé – il a vingt ans en 1863 – quand il compose à Londres en mai 1863 *Les Fenêtres*, sinon du Baudelaire ? :

> Las du triste hôpital, et de l'encens fétide
> Qui monte en la blancheur banale des rideaux
> Vers le grand crucifix ennuyé du mur vide,
> Le moribond sournois y redresse un vieux dos,
>
> Se traîne et va, moins pour chauffer sa pourriture
> Que pour voir du soleil sur les pierres, coller

147. Michel Schneider, *Voleurs de mots. Essai sur le plagiat, la psychanalyse et la pensée*, Paris, Gallimard, 1985, p. 71.

148. Arthur Rimbaud, *Œuvres complètes. Poésie, prose et Correspondance*, édition, notes et bibliographie par Pierre Brunel, Paris, LGF, 1999, coll. « La Pochothèque », p. 159. Ce poème a probablement été composé dans l'été 1870.

Les poils blancs et les os de la maigre figure
Aux fenêtres qu'un beau rayon clair veut hâler[149].

« Pour ce que nous avons tous été enfants avant d'être hommes », disait Descartes dans la deuxième partie du *Discours de la méthode*. À coup sûr, parce qu'ils ont été lecteurs avant d'écrire… C'est donc bien, comme l'avait pressenti Nodier (1780-1844) en observant Pascal lecteur de Montaigne[150], la question de la venue de l'écriture personnelle à travers la lecture de l'autre qui est ici posée, et pas seulement celle des supercheries, de la propriété littéraire ou de la reconnaissance des dettes morales contractées.

« Digérer », « assimiler », « dévorer » un livre : la métaphore à laquelle recourt le langage de tous les jours (et ce dès la plus haute antiquité[151]) n'est en rien innocente. La récurrence de cette métaphore suggère que, comme la traduction, la dévoration du livre inclut une dimension d'appropriation, de destruction et de transformation du texte proposé à la lecture. Au même titre que la traduction, la lecture est anthropophagie[152] en ce sens qu'elle est à la fois assimilation et accomplissement du texte autre ou étranger. Dans le cas d'une confrontation de cultures, il ne s'agit pas seulement de naturaliser des éléments exté-

149. Stéphane Mallarmé, « Les Fenêtres », première parution dans la livraison en date 12 mai 1866 du *Parnasse contemporain*, in *Œuvres complètes*, *op. cit.*, p. 32.

150. [Charles Nodier], *Questions de littérature légale… : du plagiat, de la supposition d'auteurs, des supercheries qui ont rapport aux livres : ouvrage qui peut servir de suite au « Dictionnaire des anonymes » et à toutes les bibliographies*, Paris, Barba, 1812.

151. Lorsque le prophète Ézéchiel se voit confier sa mission, Yaveh lui confie un « un livre enroulé » qui est « écrit des deux côtés » : « Il me dit : "Fils de l'homme, mange-le, mange ce rouleau ; ensuite tu iras parler à la maison d'Israël." J'ouvris la bouche et il me fit manger ce rouleau. Il me dit : "Fils de l'homme, nourris ton ventre et tes entrailles de ce rouleau que je te donne." Je le mangeai, et il fut dans ma bouche d'une douceur de miel. » Ézéchiel, 3, 1-3, *Traduction œcuménique de la Bible*, vol. 1, Paris, LGF, 1984, p. 824.

152. Voir Albert Bensoussan, *Confessions d'un traître. Essai sur la traduction*, Rennes, PUR, 1995. Voir également, dans une perspective psychanalytique et d'anthropologie religieuse, Gérard Haddad, *Manger le livre. Rites alimentaires et fonction paternelle*, Paris, Grasset & Flasquelle, 1984 ; nouv. éd., Paris, Hachette Littératures, 1998.

rieurs, mais de les refondre, de les ingérer et de les digérer : bref de les faire siens et donc de les transformer. La « naturalisation » se présente ainsi comme une « dénaturation », indissolublement une reconnaissance et une négation. Ce que notait Goethe lorsqu'il songeait en 1808, à travers un *deutsches Volksbuch*, à établir une réconciliation entre une culture mondiale et l'expression nationale :

> Le bien étranger est cependant devenu notre propriété. Les biens assimilés seraient ainsi accueillis en même temps que nos biens propres, que ce soit par le biais de la traduction ou par un traitement profond. On devrait mettre expressément l'attention sur les services rendus par les nations étrangères [...][153].

Un des exemples les plus explicites de cette affirmation de la lecture – et de l'écriture – comme anthropophagie serait à chercher dans le mouvement moderniste brésilien des années vingt[154]. Anthropophagie revendiquée par Oswaldo de Andrade (1890-1954) dans ses grands manifestes – *Pau-Brasil* (1924), *Manifeste anthropophage* (1928)[155] – qui constituent autant d'analyses et de lectures de la différence et de l'altérité, de volonté d'affirmation de l'identité en renversant les valeurs coloniales ou néocoloniales et surtout l'orientation des flux culturels qu'elles impliquent. Au Brésil toujours, un roman comme *Macunaïma*[156] (1928) de Mário de Andrade (1893-1945) applique ces préceptes avec un rare bonheur. Loin d'être une imitation de modèles (le modèle anthropologique, le

153. Goethe, « Volksbuch », in *Schriften zur Literatur*, Historisch-kritische Ausgabe, bearbeitet von Horst Nahlern, Berlin [DDR], Akademie Verlag, 1973, t. 3, p. 199-213, p. 213.

154. Voir Mário Carelli et Walnice Nogueira Galvão, *Le Roman brésilien, Une littérature anthropophage au XXe siècle*, Paris, PUF, 1995, coll. « Écriture ».

155. Oswaldo de Andrade, *Anthropophagies – Mémoires sentimentaux de Janot Miramar ; Séraphin Grand-Pont ; Manifeste de la poésie Bois-Brésil ; Manifeste et textes « anthropophages »*, *Ant(h)ologie*, Paris, Flammarion, 1982.

156. Mário de Andrade, *Macunaíma, o heroi sem nenhum carater*, [São Paulo, 1928], *Macunaïma, le héros sans caractère, rhapsodie*, trad. par Jacques Thiériot, éd. critique par Pierre Rivas (dir.), Paris, Stock-Unesco-ALLCA XX, 1996.

modèle ethnologique, le pastiche de la littérature coloniale, la fantaisie et la truculence rabelaisiennes), *Macunaïma* en est une redistribution-destruction composite. Ce roman constitue bien une *rhapsodie* : de pièces anciennes glanées dans la culture occidentale, des récits d'explorateurs, du folklore amazonien, de l'exaltation moderniste, Mário de Andrade, à l'aide d'un portugais déconstruit et devenant du brésilien, coud, avec le sérieux de la dérision, une œuvre radicalement nouvelle. Une œuvre qui fonde ce qui était déjà là sans exister encore : une lecture du Brésil par lui-même.

Pour ne pas se réclamer explicitement de l'anthropophagie, tous les grands manifestes littéraires constituent un acte d'indépendance et d'affirmation (nationale, culturelle, sociale, générationnelle, etc.) qui passe par une lecture et une appréciation de la littérature antérieure ou étrangère. C'est bien ce qu'ont compris les Surréalistes à la suite de Breton, qui n'ont cessé de se montrer comme lecteurs et ont accordé une importance toute particulière à la proclamation de leur bibliothèque idéale. Ils avaient saisi avec acuité que la littérature est autant une question de lecture et de transmission que d'invention et de création. Comme l'analyse Julien Gracq, bien des années plus tard :

> Toute école littéraire se caractérise, certes, autant que par son apport créateur, par le filtrage neuf qu'elle opère des œuvres du passé (le surréalisme, qui semble avoir plus clairement que les autres discerné et employé les moyens de pouvoir par lesquels s'impose un « mouvement », a pris grand soin, avant presque même de commencer à produire, de publier son Index : *Lisez – ne lisez pas*, et sa généalogie idéale : Nouveau est surréaliste dans le baiser, etc.). [...] le surréalisme, autant sans doute que par ses ouvrages, s'impose à l'histoire littéraire pour avoir bouleversé, à sa lumière, l'antique bibliothèque poétique [...][157].

Car notre bibliothèque idéale ne cesse de nous définir, non pas seulement comme récepteurs passifs mais comme

157. Julien Gracq, *En lisant, en écrivant*, Paris, José Corti, 1980, p. 277-278.

lecteurs créatifs. Là se joue l'essentiel de l'influence, et de la capacité à être influencé. Dans une conférence qu'il a prononcée à Bruxelles à l'âge de trente ans, Gide (1869-1951) montre bien la générosité nécessaire de la lecture, cet accueil préalable à toute affirmation de soi :

> J'ai lu ce livre ; et après l'avoir lu, je l'ai fermé ; je l'ai remis sur ce rayon de ma bibliothèque – mais dans ce livre il y avait telle parole que je ne peux pas oublier. Elle est descendue en moi si avant, que je ne la distingue plus de moi-même. Désormais je ne suis plus comme si je ne l'avais pas connue. – Que j'oublie ce livre où j'ai lu cette parole : que j'oublie même que je l'ai lue ; ne me souvienne d'elle que d'une manière imparfaite – n'importe ! Je ne peux plus redevenir celui que j'étais avant de l'avoir lue. – Comment expliquer sa puissance ?
> Sa puissance vient de ceci qu'elle n'a fait que me révéler quelque partie de moi inconnue à moi-même ; elle n'a été pour moi qu'une explication – oui, qu'une explication de moi-même[158].

Lire, lire l'autre, revient toujours à se définir soi.

158. André Gide, « De l'influence en littérature » [*L'Ermitage*, mai 1900], *Prétextes*, Paris, Mercure de France, 1903 ; nouv. éd., *Essais critiques*, édition présentée et annotée par Pierre Masson, Paris Gallimard, 1999, coll. « La Pléiade », p. 406.

Index

Références

AGGARWAL Kusum, *Amadou Hampâté Bâ et l'africanisme. De la recherche anthropologique à l'exercice de la fonction auctoriale*, Paris, L'Harmattan-Montréal, L'Harmattan Inc., 1999, 266 p.

ALAIN, *Propos de littérature*, Paris, Hartmann, 1934, 208 p.

ANDRADE Mário de, *Macunaíma, o heroi sem nenhum carater* [São Paulo, 1928], *Macunaïma, le héros sans caractère, Rhapsodie*, trad. par Jacques Thiériot, éd. critique par Pierre Rivas (dir.), Paris, Stock-Unesco-ALLCA XX, 1996, 346 p.

ANDRADE Oswaldo de, *Anthropophagies – Mémoires sentimentaux de Janot Miramar ; Séraphin Grand-Pont ; Manifeste de la poésie Bois-Brésil ; Manifeste et textes « anthropophages », Ant(h)ologie*, trad. par Jacques Thiériot, Paris, Flammarion, 1982, 307 p.

AREND Elisabeth, *« Bibliothèque », Geistiger Raum eines Jahrhunderts, Hundert Jahre französischer Literaturgeschichte im Spiegel gleichnahmiger Bibliographien, Zeitschriften und Anthologien (1685-1789)*, Bonn, Romanistischer Verlag, 1987, 353 p.

ASSOULINE Pierre, *Gaston Gallimard. Un demi-siècle d'édition française*, Paris, Balland, 1984 ; nouv. éd., Paris, Seuil, 1985, coll. « Points », 535 p.

AUSTIN Lloyd James, *L'Univers poétique de Baudelaire. Symbolisme et symbolique*, Paris, Mercure de France, 1956, 355 p.

BÂ Amadou Hampâté, *Kaïdara*. Récit initiatique peul, rapporté par Amadou Hampâté Bâ, édité par Amadou Hampâté Bâ et Lilyan Kesteloot, Paris, Julliard, coll. « Classiques africains », 1968, 183 p.

BÂ Amadou Hampâté, *Kaïdara*, illustrations de F. Hanes, Dakar, Nouvelles Éditions Africaines, 1978, 96 p.

BÂ Amadou Hampâté, *L'Étrange Destin de Wangrin ou Les Roueries d'un interprète africain*, Paris, UGE, 1973 ; nouv. éd., coll. « 10-18 », 1992, 459 p.

BABUT Jean-Marc, *Lire la Bible en traduction*, Paris, Les Éditions du Cerf, 1997, 167 p.

BACHELARD Gaston, *L'Intuition de l'instant* [1932], suivi de « Introduction à la poétique de Bachelard » par Jean Lescure, Paris, Gonthier, 1966, 154 p.

BALDENSPERGER Fernand, *La Littérature, création, succès, durée*, Paris, Flammarion, 1913, 331 p.

BALLARD Michel, *De Cicéron à Benjamin. Traducteurs, traductions, réflexions*, Lille, PUL, 1992 ; nouv. éd., 1995, 301 p.

BALZAC Honoré de, *Illusions perdues* [1837, 1839, 1843], édition établie par Philippe Berthier, Paris, Garnier-Flammarion, 1990, 665 p.

BALZAC Honoré de, *La Comédie humaine*, préface de Pierre-Georges Castex, présentation et notes de Pierre Citron, Paris, Seuil, 1965, vol. 1, 607 p.

BALZAC Honoré de, *La Comédie humaine*, vol. 1, *Études de mœurs : Scènes de la vie privée*, édition publiée sous la direction de Pierre-Georges Castex, Paris, Gallimard, coll. « La Pléiade », 1976, CXXV-1574 p.

BARBER Benjamin R., *L'Excellence et l'égalité. De l'éducation en Amérique*, traduit par Vincent Michelot et François Weil, Paris, Belin, 1993, 318 p. [1re édition : New York, Random House, 1992].

BARRÈS Maurice, *Le Roman de l'énergie nationale*, 1. Les Déracinés, Paris, Fasquelle, 1897, 493 p.

BARRÈS Maurice, *Scènes et doctrines du nationalisme*, Paris, Juven, 1902, 518 p.

BARTHES Roland, « Texte (théorie du) », [1973], in *Encyclopædia Universalis*, Paris, Encyclopædia Universalis éd., 1968-1975, nouv. éd. 1989, t. 22, p. 370-374.

BARTHES Roland, « Histoire ou littérature ? », [*Annales*, n° 3, mai-juin 1960], in *Sur Racine*, Paris, Seuil, 1963, 167 p., p. 147-167.

BARTHES Roland, *Critique et vérité*, Paris, Seuil, 1966, 80 p.

BARTHES Roland, *Essais critiques IV, Le Bruissement de la langue*, Paris, Seuil, 1984, 412 p.

BARTHES Roland, *Le Degré zéro de l'écriture*, Paris, Seuil, 1953 ; nouv. éd., suivi de *Éléments de sémiologie* [1964], Paris, Gonthier, 1969 ; nouv. éd. suivi de *Nouveaux Essais critiques*, Paris, Seuil, 1972, 187 p.

BARTHES Roland, *Le Grain de la voix. Entretiens 1962-1980*, Paris, Seuil, 1981, 349 p.

BARTHES Roland, *Mythologies* [1957], Paris, Seuil, 1957 ; nouv. éd., coll. « Points », 1970, 252 p.

BARTHES, Roland, *Essais critiques*, Paris, Seuil, 1964, 278 p.

BAUDELAIRE Charles, *Les Fleurs du mal. Les Épaves, Bribes, Poèmes divers, Amoenitates belgicae*, introduction, relevé de variantes et notes par Antoine Adam, Paris, Garnier, 1959, XXX-491 p.

BAUDELAIRE Charles, *Écrits sur l'art*. Texte établi, présenté et annoté par Francis Moulinat, Paris, LGF, 1992, coll. « Classiques de poche » ; nouv. éd., 1999, 605 p.

BAUDELAIRE Charles, *Œuvres complètes*. Texte établi, présenté et annoté par Claude Pichois, Paris, Gallimard, coll. « La Pléiade », 1975, t. 1, LVII-1604 p. et t. 2, XIII-1691 p.

BAUDELAIRE Charles, *Petits Poèmes en prose* (*Le Spleen de Paris*) [1869], édition présentée, établie et annotée par Robert Kopp, Paris, Gallimard, 1973, coll. « Poésie », 255 p.

BAYARD Pierre et BELLEMIN-NOËL Jean (dir.), *Le Conflit d'interprétation*, in *Revue des Sciences humaines*, n° 240, Lille, PUL, 1995, 191 p.

BAYARD Pierre, *Qui a tué Roger Ackroyd ?*, Paris, Minuit, 1998, 171 p.

BEAUMARCHAIS, Jean-Pierre de, COUTY Daniel et REY Alain, (dir.), *Dictionnaire des littératures de langue française*, Paris, Bordas, 3 vol., 1984.

BELLEMIN-NOËL Jean, *Vers l'inconscient du texte*, Paris, PUF, 1979 ; nouv. éd., coll. « Quadrige », 1996, IX-276 p.

BELLENGER Yvonne, *Du Bellay, ses « Regrets » qu'il fit dans Rome*, Paris, Nizet, 1975, 477 p.

BÉNICHOU Paul, *Le Sacre de l'écrivain, 1750-1830. Essai sur l'avènement d'un pouvoir spirituel laïque dans la France moderne*, Paris, José Corti, 1973 ; nouv. éd., Paris, Gallimard, 1996, 492 p.

BÉNICHOU Paul, *Morales du Grand Siècle*, Paris, Gallimard, 1948 ; nouv. éd., coll. « Idées », 1985, 383 p.

BENSIMON Paul « Retraduire », in *Palimpseste*, n° 4, Paris, Sorbonne-Nouvelle, 3e trimestre 1990, p. IX-XIII.

BENSOUSSAN Albert, *Confessions d'un traître. Essai sur la traduction*, Rennes, PUR, 1995, 130 p.

BERGSON Henri, *La Pensée et le Mouvant* [1934], in *Œuvres*, édition du Centenaire, textes annotés par André Robinet, introduction par Henri Gouhier, Paris, PUF, 1959, XXX-1602 p.

BERGSON Henri, *Les Deux Sources de la morale et de la religion* [1932], Paris, PUF, coll. « Quadrige », 1982, 341 p.

BERTRAND André, *Le Droit d'auteur et droits voisins*, Paris, Masson, 1991, 796 p.

BESSIÈRE Jean, *La Littérature et sa rhétorique. La banalité dans le littéraire au XXe siècle*, Paris, PUF, coll. « L'Interrogation philosophique », 1999, 240 p.

BEUGNOT Bernard, *Mémoire du texte. Essais de poétique classique*, Paris, Champion, 1994, 428 p.

BIASI Pierre-Marc de, *La Génétique des textes*, Paris, Nathan, coll. « 128 Littérature », 2000, 128 p.

Bible (La), Version complète d'après les textes originaux des moines de Maredsous, Braine-le-Comte, Éditions de Maredsous – Zech et Fils, 1952, XXXIX-1408 p. ; TOB (*Traduction œcuménique de la Bible*), Paris, LGF, 1984, 3 vol.

Bibliothèque de campagne ou amusements de l'esprit, La Haye, Jean Neaulme, 1735-1752, 12 vol. in-12.

Bibliothèque universelle des Romans, ouvrage périodique, dans lequel on donne l'analyse raisonnée des Romans anciens & modernes, Français, ou traduits dans notre langue ; avec des Anecdotes & des Notices historiques & critiques concernant les Auteurs ou leurs Ouvrages ; ainsi que les mœurs, les usages du temps, les circonstances particulières & relatives, & les personnages connus, déguisés ou emblématiques. Juillet 1775. Premier volume. À Paris, au bureau, rue du Four S. Honoré, près S. Eustache, pour Paris, Au bureau & chez Lacombe, Libraire, rue de Tournon, près le Luxembourg pour la Province. Avec Approbation & Privilège du Roi. 224 vol. in-12, juillet 1775-juin 1789.

BLUMENBERG Hans, *Die Lesbarkeit der Welt* [*La Lisibilité du monde*], Francfort-sur-le-Main, Suhrkampf, 1981, 415 p.

BOILEAU Nicolas, *Œuvres complètes*, Introduction par Antoine Adam, textes établis et annotés par Françoise Escal, Paris, Gallimard, coll. « La Pléiade », 1966, XLII-1315 p.

BOILEAU, *Œuvres complètes*, Introduction par Antoine Adam, textes établis et annotés par Françoise Escal, Paris, Gallimard, coll. « La Pléiade », 1966, XLII-1315 p.

BOILEAU-NARCEJAC, *Le Roman policier*, Paris, Payot, coll. « Science de l'homme », 1964, 235 p.

BOISSINOT Alain, *Littérature et histoire*, Paris, Bertrand-Lacoste, 1998, 174 p.

BOLLACK Jean, *La Grèce de personne. Les Mots sous le mythe*, Paris, Seuil, 1997, 488 p.

BONAPARTE Marie, *Edgar Poe, études psychanalytiques*, Paris, Denoël et Steele, 1933, 2 vol., IX-922 p.

BONNEFIS, Philippe et BUISINE, Alain (dir.), *La Chose capitale. Essais sur les noms de Barbey, Barthes, Bloy, Borel, Huysmans, Maupassant, Paulhan*, Lille, PUL, 1981, 249 p.

BOTTÉRO Jean, *Naissance de Dieu. La Bible et l'historien*, Paris, Gallimard, 1986 ; nouv. éd., coll. « Folio Histoire », 1992, 335 p.

BOUILLANE DE LACOSTE Henry de, *Rimbaud et le problème des « Illuminations »*, Paris, Mercure de France, 1949, 271 p.

BOURDIEU Pierre, *Esquisse d'une théorie de la pratique, précédé de Trois Études d'ethnologie kabyle*, Genève, Droz, 1972 ; nouv. éd., Paris, Seuil, coll. « Points Essais », 2000, 429 p.

BOURDIEU Pierre, *Les Règles de l'art, Genèse et structure du champ littéraire*, Paris, Seuil, 1992 ; nouv. éd. revue et corrigée, coll. « Points Essais », 1998, 567 p.

BOURDIEU Pierre, *Méditations pascaliennes*, Paris, Seuil, 1997, 322 p.

BOUSQUET Joë, *Lettres à Poisson d'Or*, Préface de Jean Paulhan, Paris, Gallimard, 1967 ; nouv. éd., coll. « L'Imaginaire », 1988, 230 p.

BRECHT Bertolt, *Kleines Organon für das Theater* [1948], *Petit organon pour le théâtre*, trad. par Gérard Eudeline et Jean Tailleur, Paris, L'Arche, 1963 ; nouv. éd., 1978, 116 p.

BRETON André, *Arcane 17*, enté d'*Ajours*, suivi de *André Breton ou la transparence* par Michel Beaujour, Paris, UGE, coll. « 10-18 », 1965, 185 p.

BRETON André, *Manifeste du surréalisme*, Paris, Kra, 1924 ; nouv. éd., *Manifestes du surréalisme* Paris, Gallimard, coll. « Idées », 1971, 188 p.

BRETON André, *Nadja* [1928], Paris, LGF, 1964, 188 p.

BRETON André, *Signe ascendant* suivi de *Fata Morgana*, *Les États généraux*, *Des Épingles tremblantes*, *Xénophiles*, *Ode à Charles Fourier*, *Constellations*, *Le La*, Paris, Gallimard, coll. « Poésie », 1968, 191 p.

BRICOUT Bernadette, *Le Savoir et la saveur, Henri Pourrat et le « Trésor des contes »*, Paris, Gallimard, 1992.

BROCH Hermann, *Création littéraire et connaissance, essais*, édition et introduction de Hannah Arendt, traduit de l'allemand par Albert Kohn, Paris, Gallimard, 1966, 381 p. [1re édition, Zurich, Rhein-Verlag, 1955].

BRUNEL Pierre, *Une Saison en enfer*, édition critique, Paris, José Corti, 1987, 358 p.

BRUNO G., *Le Tour de la France par deux enfants. Devoir et Patrie. Livre de lecture courante avec 212 gravures instructives pour les leçons de choses et 19 cartes géographiques. Cours moyen* [1877-1905], Paris, Belin, 1974, 322 p.

BUTLEN Max, COUET Madeleine, DESAILLY Lucie, *Savoir lire avec les bibliothèques centres documentaires*, Préface de Jean Hébrard, Créteil, CRDP, coll. « Argos », 1996, 290 p.

BUTOR Michel, *Essais sur les Essais*, Paris, Gallimard, 1988, 216 p.

BUTOR Michel, *Gyroscope*, Paris, Gallimard, 1996, 200 p.

BUTOR Michel, *Description de San Marco*, Paris, Gallimard, 1963, 111 p.

BUTOR Michel, *Essais sur les modernes*, Paris, Gallimard, coll. « Tel », 1992, 376 p.

BUTOR Michel, *Improvisations sur Balzac*, t. 1 : *Le Marchand et le Génie*, Paris, Éditions de la Différence, 1998, 468 p. ; t. 2, *Paris à vol d'archange*, 1998, 328 p. ; t. 3, *Scènes de la vie féminine*, 1998, 256 p.

BUTOR Michel, *Mobile, esquisse pour une représentation des États-Unis*, Paris, Gallimard, 1962, 333 p.

BUTOR Michel, *Répertoire, 1948-1959. Études et conférences*, Paris, Minuit, 1960, 277 p. ; *Répertoire 2, 1959-1963. Études et conférences*, Paris, Minuit, 1964, 304 p. ; *Répertoire 3*, Paris, Minuit, 1968, 408 p. ; *Répertoire 4*, Paris, Minuit, 1974, 447 p. ; *Répertoire 5*, Paris, Minuit, 1982, 331 p.

CABAU Jacques, *La Prairie perdue. Histoire du roman américain*, Paris, Seuil, 1966, 354 p.

CAMUS Michel (dir.) *Sade*, in *Obliques*, n° 12-13, 2e trimestre 1977, 352 p.

CARADEC François, *Isidore Ducasse, comte de Lautréamont*, édition revue et augmentée, Paris, Gallimard, coll. « Idées », 1975, 381 p.

CARELLI Mário et NOGUEIRA GALVÃO Walnice, *Le Roman brésilien. Une littérature anthropophage au XXe siècle*, Paris, PUF, coll. « Écriture », 1995, 168 p.

CARLYLE Thomas, *On Heroes, Hero-Worship, and the Heroic in History* [Londres, Chapman and Hall, 1841], Londres, Oxford University Press, coll. « The World's Classics », 1965, 320 p.

CARON Philippe, *Aux origines de la notion contemporaine de « Littérature », Le Lexique et la configuration idéologique des grands secteurs du savoir profane en langue française de 1680 à 1760*, thèse pour le doctorat, Université de Nancy 2, 1987, 2 vol.

CARRIÈRE Jean-Claude, *Humour 1900*, présentation par Jean-Claude Carrière, Paris, J'ai lu, 1963, 507 p.

CARROUGES Michel, *André Breton et les données fondamen-*

tales du Surréalisme, Paris, Gallimard, 1950 ; nouv. éd., coll. « Idées », 1967, 378 p.

CELLIER Léon, *L'Épopée humanitaire et les grands mythes romantiques*, Paris, SEDES, 1971, 371 p.

CELLIER Léon, *Parcours initiatiques*, Introduction de Ross Chambers, Neuchâtel, La Baconnière-Grenoble, PUG, 1977, 312 p.

CERQUIGLINI Jacqueline, « Quand la voix s'est tue : la mise en recueil de la poésie lyrique aux XIVe et XVe siècles » *in* Gisela Smolk-Koerdt, Peter M. Spangenberg, Dagmar Tillmann-Bartylla (dir.), *Der Ursprung von Literatur, Medien, Rollen, Kommunikationssituationen zwischen 1450 und 1650*, Wilhelm Fink Verlag, Munich, 1988, p. 136-147.

CERTEAU Michel de, *L'Invention du quotidien*. 1, Arts de faire, Paris, Gallimard, 1980 ; nouv. éd. établie et commentée par Luce Giard, coll. « Folio Essais », 1990, XXIX-350 p.

CHARTIER Anne-Marie et HÉBRARD Jean, *Discours sur la lecture, 1880-1980*, avec la collaboration de Emmanuel Fraisse, Martine Poulain, Jean-Claude Pompougnac, Paris, BPI-Centre Georges-Pompidou, 1989, 525 p. ; nouv. éd. augm., *Discours sur la lecture (1800-2000)*, Paris, BPI-Centre Georges-Pompidou-Fayard, 2000, 762 p.

CHARTIER Roger (dir.), *Pratiques de la lecture*, Marseille, Rivages, 1985, 239 p. ; nouv. éd. Paris, Payot, 1993.

CHARTIER Roger, *L'Ordre des livres, Lecteurs, auteurs et bibliothèques en Europe entre XIVe et XVIIe siècles*, Aix-en-Provence, Alinea, 1992 ; nouv. éd. in *Culture écrite et société, L'Ordre des livres (XIVe-XVIIIe siècles)*, Paris, Albin Michel, 1996, 241 p.

CHÉNIER André, *Poésies*, édition de Louis Becq de Fouquières [1872], Paris, Gallimard, coll. « Poésie », 1994, CXXIII-491 p.

CLAUDEL Paul, *Art poétique. Connaissance du temps. Traité de la co-naissance du monde et de soi-même. Développement de l'Église*, Paris, Mercure de France, s. d. [1913], 223 p. [1re édition, 1907 et 1904 pour *Connaissance du temps*].

Code pénal. Nouveau Code pénal. Ancien Code pénal, annotations de jurisprudence et bibliographie par Yves Mayaud, Paris, Dalloz, 1994-1995, 2441 p.

COMPAGNON Antoine, *La Troisième République des lettres. De Flaubert à Proust*, Paris, Seuil, 1983, 384 p.

COMPAGNON Antoine, *Le Démon de la théorie, Littérature et sens commun*, Paris, Seuil, 1998, 306 p.

CONTAT Michel (dir.), *L'Auteur et le manuscrit*, Paris, PUF, 1991, 197 p.

CRISTIN Claude, *Aux origines de l'histoire littéraire*, Préface de Jean Sgard, Grenoble, PUG, 1973, 119 p.

CURTIUS Hans Robert, *Europäische Literatur und lateinisches Mittelalter* [Bonn, 1948], *La Littérature européenne et le Moyen Âge latin*, trad. par Jean Bréjoux, Préface par Alain Michel, Paris, PUF, 1956 ; nouv. éd., Paris, Presses-Pocket, 1991, 960 p.

DAUZAT Albert, DUBOIS Jean, MITTERAND Henri, *Nouveau Dictionnaire étymologique et historique*, Paris, Larousse, 1971, XLIX-806 p.

DÉCAUDIN Michel, *Le Dossier d'* Alcools, édition annotée des préoriginales avec une introduction et des documents, Genève, Droz-Paris, Minard, 1971, 242 p.

DELAS Daniel (dir.), *Traduire I*, Amiens, Encrage-Cergy, CRTH, Diffusion Les Belles-Lettres, 2000, 209 p.

DESCARTES René, *Discours de la méthode pour bien conduire sa raison et chercher la vérité dans les sciences*, Première partie [1637], Chronologie et préface par Geneviève Rodis-Lewis, Paris, Garnier-Flammarion, 1966, 252 p.

DESCARTES René, *Lettre à celui qui a traduit ce livre laquelle peut servir de préface* in *Les Principes de la philosophie* ; Première partie, traduction française de Picot et approuvée par l'auteur [1647], éd. avec introduction et appréciations philosophiques par H. Joly, Paris, Delalain frères, 1885, XI-64 p.

DESCARTES René, *Œuvres et lettres*, textes présentés par André Bridoux, Paris, Gallimard, coll. « La Pléiade », 1953, 1421 p.

Dictionnaire de l'Académie françoise dédié au Roy, Paris, 1694, 2 vol. fol.

DONNAT Olivier et COGNEAU Denis, *Les Pratiques culturelles des Français*, 1973-1989, Paris, La Découverte-La Documentation française, 1990, 286 p.

DONNAT Olivier, *Les Pratiques culturelles des Français, Enquête 1997*, Paris, ministère de la Culture et de la Communication-La Documentation française, 1998, 359 p.

DOSTOÏEVSKI Fedor Mikhailovitch, *L'Idiot*, traduction, introduction et notes de Pierre Pascal, Paris, Garnier, 1977, LXIV-837 p.

DOUBROVSKY Serge, *Pourquoi la nouvelle critique. Critique et objectivité*, Paris, Mercure de France, 1966, XX-265 p.

DUBOIS DANIÈLE, *Les Robinsonnades au XIX*[e] *siècle en France*, Arras, Artois Presses Université, à paraître.

DUBOIS Jacques, *L'Institution de la littérature. Introduction à une sociologie*, Bruxelles, Nathan-Labor, coll. « Dossiers Media », 1978, 188 p.

DUBOIS Jacques, *Le Roman policier ou la modernité*, Paris, Nathan, coll. « Le texte à l'œuvre », 1992, 235 p.

DU BOS Charles, *Qu'est-ce que la littérature ?*, Paris, Plon, 1938 ; nouv. éd., Lausanne, L'Âge d'homme, 1989, 102 p.

DU CAMP Maxime, *Les Chants modernes*, Paris, Michel Lévy, 1855, 437 p. et Paris, A. Bourdillat, 1860, 237 p.

DUMAS Alexandre, *Le Comte de Monte-Cristo*, Introduction, bibliographie, notes et relevé des variantes par Jacques-Henry Bornecque, Paris, Garnier Frères, coll. « Classiques Garnier », 1962, t. 1, LXXII- 842 p., t. 2, 796 p.

DUMAS Alexandre, *Les Trois Mousquetaires, Vingt ans après*, Préface, chronologie, notes, bibliographie et note sur les représentations des deux romans au théâtre par Gilbert Sigaux, Paris, Gallimard, coll. « La Pléiade », 1962, LXIV-1736 p.

ECO Umberto, *I Limitti dell'interpretazione*, Milan, Gruppo Editoriale Fabbri, Bompiani, Sonzogno, Etas S.p.A, 1990 ; *Les Limites de l'interprétation*, trad. par Myriem Bouzaher, Paris, Grasset & Fasquelle, 1990 ; nouv. éd., Paris, LGF, coll. « Biblio essais », 1994, 413 p.

ECO Umberto, *Il Nome della rosa*, Milan, Gruppo Editoriale Fabbri-Bompiani, 1980 ; *Le Nom de la rose*, trad. par Jean-Noël Schifano, Paris, Grasset & Fasquelle, 1980 ; nouv. éd., Paris, LGF, 1982, 634 p.

ECO Umberto, *Lector in fabula*, Milan, Bompiani, 1979, trad. par Myriem Bouzaher, Paris, Grasset, 1985 ; nouv. éd., Paris, LGF, coll. « Biblio essais », 1993, 315 p.

EDEL Léon, *Henry James, une vie* [1985], trad. par André Müller, Paris, Seuil, 1990, 911 p.

Encyclopédie ou Dictionnaire raisonné des Sciences, des Arts et des Métiers, par une société de gens de lettres, mis en ordre et publié par M. Diderot,... & quant à la partie mathématique, par M. D'Alembert..., Paris-Neuchâtel, 1751-1780 ; reprint, Stuttgart, Friedrich Frommann Verlag, 1966-1998, 35 vol. Marsanne, Redon, s. d., 3 CD-ROM. [édition de 1762].

ESCARPIT Robert (dir.), *Le Littéraire et le social. Éléments pour une sociologie de la littérature,* Paris, Flammarion, coll. « Champs », 1970, 319 p.

FAGUET Émile, *L'Art de lire*, Paris, Hachette, 1911 ; nouv. éd., Paris, Armand Colin, 1992, 152 p.

FLAUBERT Gustave, *Bouvard et Pécuchet*, avec un choix des scénarios, du *Sottisier*, *L'Album de la marquise* et *Le Dictionnaire des idées reçues*, édition présentée et établie par

Claudine Gothot-Mersch, Paris, Gallimard, 1979, coll. « Folio », 573 p.

FLAUBERT Gustave, *Correspondance*, Éditée par Jean Bruneau, Paris, Gallimard, coll. « La Pléiade », t. 1, janvier 1830-mai 1851, 1973, XXXIX-1183 p. ; t. 2, juin 1852-décembre 1858, 1980, XIII-1542 p. ; t. 3, janvier 1859-décembre 1868, 1991, XII-1727 p. ; t. 4, janvier 1869-décembre 1875, 1998, X-1484 p.

FLAUBERT Gustave, *Par les champs et par les grèves*, Voyage en Bretagne accompagné de mélanges et fragments inédits, Paris, G. Charpentier, 1886, IV-322 p.

FLAUBERT Gustave, *Préface à la vie d'écrivain ou Extraits de la correspondance de Flaubert*, éditée par Geneviève Bollème, Paris, Seuil, 1984 ; nouv. éd., 1990, 297 p.

FOUCAULT Michel, *Dits et écrits, 1954-1988*, t. 1, 1954-1969, édition établie par Daniel Defert et François Ewald, Paris, Gallimard, 1994, 854 p.

FOUCAULT Michel, *L'Archéologie du savoir*, Paris, Gallimard, 1969, 285 p.

FOUREST Georges, *La Négresse blonde*, Préface de Willy, Paris, A. Messein, 1909 ; Paris, librairie José Corti, 1948 ; nouv. éd., Paris, Grasset, 1998, 124 p.

FRAENKEL Béatrice (dir.), *Illettrismes. Variations historiques et anthropologiques*, Paris, Bibliothèque publique d'information, 1993, 305 p.

FRAISSE Emmanuel (dir), *Les Étudiants et la lecture*, Paris, PUF, coll. « Politique d'aujourd'hui », 1993, 263 p.

FRAISSE Emmanuel, « Encyclopédie, livre, carte et voyage circulaire : *Le Tour de la France par deux enfants* », in *Cahiers Robinson* [Université d'Artois], n° 3, p. 217-240.

FRAISSE Emmanuel, *Les Anthologies en France*, Paris, PUF, coll. « Écriture », 1997, 284 p.

FREUD Sigmund, *Der Wahn und die Traüme in W. Jensens « Gradiva »,* Leipzig et Vienne, Deuticke, 1907 ; *Le Délire et les rêves dans la « Gradiva » de Jensen*, précédé de *Gradiva, fantaisie pompéienne*, trad. par Paule Arheix, Rose-Marie Zeitlin et Jean Bellemin-Noël, Préface de J.-B. Pontalis, Paris, Gallimard, coll. « Folio Essais », 1991, 296 p.

FREUD Sigmund, *Der Witz und seine Beziehung zum Unbewussten*, Leipzig et Vienne, Deuticke, 1905 ; *Le Mot d'esprit et sa relation à l'inconscient*, traduction par Denis Messier, préface par Jean-Claude Lavie, Paris, Gallimard, coll. « Folio Essais », 1998, 442 p.

FREUD Sigmund, *Die Traumdeutung*, Leipzig et Vienne, Deuticke, 1900 ; *L'Interprétation du rêve*, traduction par Ignace

Meyerson, révisée par Denise Berger, Paris, PUF, 1987, 573 p.

FRYE Northrop, *The Great Code, The Bible and Literature*, Harcourt Brace Jovanovich, 1981-1982 ; *Le Grand Code. La Bible et la littérature*, trad. par Catherine Malamoud, Préface par Tzvetan Todorov, Paris, Seuil, 1984, 342 p.

FURETIÈRE Antoine, *Dictionnaire universel contenant généralement tous les mots français tant vieux que modernes, & les Termes de toutes les sciences et des arts…*, La Haye et Rotterdam, A. et R. Leers, 1690, 3 vol. fol.

GARÇON Maurice, *Plaidoyer contre la censure*, Paris, Jean-Jacques Pauvert, 1963, 41 p.

GAZIER Augustin, *Traité d'explication française ou Méthode pour expliquer littéralement les auteurs français*, Paris, Belin, 1888, XI-218 p.

GENETTE Gérard, *Palimpsestes. La Littérature au second degré*, Paris, Seuil, 1982 ; nouv. éd., coll. « Points Essais », 1992, 576 p.

GENETTE Gérard, *Seuils*, Paris, Seuil, 1987, 395 p.

GIDE André, *Essais critiques*, édition présentée, établie et annotée par Pierre Masson, Paris, Gallimard, coll. « La Pléiade », 1999, XCVII-1305 p.

GOETHE Johann Wolfgang von, *Schriften zur Literatur*, Historisch-kritische Ausgabe, bearbeitet von Horst Nahlern, Berlin (DDR), Akademie Verlag, t. 3, 1973, 429 p.

GOLDMANN Lucien, *Le Dieu caché. Étude sur la vision tragique dans les* Pensées *de Pascal et dans le théâtre de Racine*, Paris, Gallimard, 1959 ; nouv. éd., 1975, 454 p.

GÖRÖG-KARADY Veronika (dir.), *D'un conte à l'autre, la Variabilité dans la littérature orale*, Paris, CNRS, 1990, 603 p.

GOULEMOT Jean-Marie « Bibliothèques, encyclopédisme et angoisses de la perte : l'exhaustivité ambiguë des Lumières », in Marc Baratin et Christian Jacob, *Le Pouvoir des bibliothèques*, Paris, Albin Michel, 1996, 338 p., p. 285-298.

GRACQ Julien, *En lisant, en écrivant*, Paris, José Corti, 1980, 302 p.

GREFFE, Pierre et GREFFE François, *La Publicité et la loi. En droit français, dans les pays du marché commun et en Suisse*, préface de Jean Autin, 7e édition, Paris, ITEC, 1990, VIII- 892 p.

GRIAULE Marcel, *Dieu d'eau. Entretiens avec Ogotemmêli*, avant-propos [1975] de Geneviève Calame-Griaule, Paris,

Fayard, 1985, 223 p. [1re édition, Éditions du Chêne, 1948; 2e édition, Fayard, 1966.]

GUYAUX André, *Poétique du fragment. Essai sur les* Illuminations, Neuchâtel, À La Baconnière, 1986, 299 p.

HADDAD Gérard, *Manger le livre. Rites alimentaires et fonction paternelle*, Paris, Grasset & Fasquelle, 1984; nouv. éd., Paris, Hachette Littératures, 1998, 214 p.

HAY Louis (dir.), *Les Manuscrits des écrivains*, Paris, CNRS Éditions-Hachette, 1993, 273 p.

HEINE Maurice, *Le Marquis de Sade*, texte établi et préfacé par Gilbert Lely, Paris, Gallimard, 1950, 383 p.

HOUDART-MEROT Violaine, *La Culture littéraire au lycée depuis 1880*, Rennes, PUR-Paris, Adapt Éditions, 1998, 274 p.

HOUDART-MEROT Violaine et VERRIER Jean (dir.), *La Vie de l'auteur, le Français aujourd'hui*, n° 130, 126 p.

HUGO Victor, *Les Contemplations*, texte établi avec introduction, chronologie des *Contemplations* et de Victor Hugo, bibliographie, notes et variantes par Léon Cellier, Paris, Garnier, 1969, LXX-815 p.

HUGO Victor, *Notre-Dame de Paris, 1482* [Paris, Gosselin, 1831], in *Notre-Dame de Paris, 1482* et *Les Travailleurs de la mer*, textes établis présentés et annotés par Jacques Seebacher et Yves Gohin, Paris, Gallimard, 1975, 1749 p.

HUGO Victor, *Œuvres poétiques complètes*, réunies et présentées par Francis Bouvet, Paris, Jean-Jacques Pauvert, 1961, LXIV-1733 p.

HUGO Victor, *Œuvres poétiques*, vol. 2, édition établie et annotée par Pierre Albouy, Paris, Gallimard, coll. « La Pléiade », 1967, CVIII-1796 p.

HUGO Victor, *Poésies*, Préface de Jean Gaulmier, présentation et notes de Bernard Leuilliot, Paris, Seuil, coll. « L'intégrale », 1972, vol.1, 798 p.

ISER Wolfgang, *Der Akt des Lesens*, Munich, Wilhelm Fink Verlag, 1976; *L'Acte de lecture : théorie de l'effet esthétique*, trad. par Évelyne Sznicer, Bruxelles, Mardaga, 1985, 405 p.

JAFFRÉ Jean-Pierre, SPRENGER-CHAROLLES Liliane et FAYOL Michel (dir.), *Lecture-écriture : acquisition*, Les Actes de la Villette, Paris, Nathan, 1993, 320 p.

JAKOBSON Roman, *Essais de linguistique générale*, trad. et préface par Nicolas Ruwet [1963], Paris, Minuit, 1963; nouv. éd., Paris, Seuil, coll. « Points », 1970, 257 p.

JAMES Henry, *The Figure in the Carpet* [1896] ; *Le Motif dans le tapis*, trad. par Élodie Vialleton, Lecture de Jacques Leenhardt, Arles, Actes Sud, 1997, 98 p.

JAMMES Francis, *Les Géorgiques chrétiennes* [1912], Paris, Mercure de France, 1943, 221 p.

JAUSS Hans Robert, *Kleine Apologie der ästhetischen Erfahrung*, Constance, Verlaganstalt, 1972 ; *Rezeptionsästhetik*, Munich, Wilhelm Fink Verlag, 1975 ; *Literaturgeschichte als Provokation*, Francfort, Suhrkampf, 1974 ; rassemblés dans *Pour une esthétique de la réception*, trad. par Claude Maillard, Préface de Jean Starobinski, Paris, Gallimard, 1978 ; nouv. éd., coll. « Tel », 1990, 305 p.

JEAN Marcel et MEZEI Arpad, *Maldoror. Essai sur Lautréamont et son œuvre* suivi de notes et de pièces justificatives, Paris, Éditions du Pavois, 1947, 223 p.

JEY Martine, *La Littérature au lycée, Invention d'une discipline (1880-1925)*, Université de Metz, *Recherches textuelles*, n° 3, 344 p.

JOMARON Jacqueline de (dir.), *Le Théâtre en France*, Paris, Armand Colin, 1992 ; nouv. éd. LGF, coll. « La Pochothèque », 1993, 1225 p.

JOUHAUD Christian, *Les Pouvoirs de la littérature, Histoire d'un paradoxe*, Paris, Gallimard, 2000, 450 p.

KANT, Emmanuel, « Qu'est-ce qu'un livre ? » in *Textes de Kant et Fichte*, traduits et présentés par Jocelyn Benoist, Préface de Dominique Lecourt, Paris, PUF, coll. « Quadrige », 1995, 171 p.

LA BRUYÈRE, *Les Caractères de Théophraste traduits du grec* avec *Les Caractères ou les mœurs de ce siècle* [1688], Paris, Bookking International, 1993, 415 p.

LACAN Jacques, *Écrits*, Paris, Seuil, 1966 ; nouv. éd., *Écrits I*, coll. « Points »,, 1971 289 p.

LAFONT Robert et ANATOLE Christian, *Nouvelle Histoire de la littérature occitane*, Paris, PUF, 1970, 2 vol., 851 p.

LANE Philippe, *La Périphérie du texte*, Paris, Nathan, coll. « Nathan Université », 1992, 160 p.

LANSON Gustave, *Essais de méthode, de critique et d'histoire littéraire*, rassemblés et présentés par Henri Peyre, Paris, Hachette, 1965, 480 p.

LAPOINTE Boby, *Intégrale : Chansons, poèmes, inédits*, Préface de Jacques Durand, Pézenas, Domens, 1994, 207 p.

LAUGAA Maurice, *Lectures de Madame de Lafayette*, Paris, Armand Colin, 1971, 352 p.

LAUTRÉAMONT, *Les Chants de Maldoror* [1869]. Isidore

Ducasse, *Poésies* [1870], Préface et commentaires par Jean-Pierre Goldenstein, Paris, Presses-Pocket, 1992, 476 p.

LECLERC Yvan, *Crimes écrits. La Littérature en procès au XIXe siècle*, Paris, Plon, 1991, 442 p.

LEGOUVÉ Ernest, *La Lecture en action*, Paris, J. Hetzel et Cie, s. d. [1881], 364 p.

LESTRINGANT François, « Scève Maurice », *in* Jean-Pierre de Beaumarchais, Daniel Couty et Alain Rey, *Dictionnaire des littératures de langue française*, Paris, Bordas, 1984, t. 3, p. 2141-2144.

LETOUZEY, Victor, *La Typographie*, Paris, PUF, coll. « Que sais-je ? », 1964, 128 p.

LILTI Anne-Marie, *Écriture poétique et langue étrangère, Contribution à l'histoire de la poésie française*, thèse pour le doctorat, Université de Cergy-Pontoise, 1999, 2 vol., 600 p.

LOTTMAN Herbert, *Gustave Flaubert* [1989], trad. par Marianne Véron, préface de Jean Bruneau, Paris, Fayard, 1989 ; nouv. éd., Paris, LGF, coll. « Pluriel », 1990, 528 p.

LOUŸS Gilles, « Typologie des romans inachevés », in Annie Rivara et Guy Lavorel (dir.), *L'Œuvre inachevée*, Actes du colloque international des 11 et 12 décembre 1998, Cedic, n° 15, Université Jean-Moulin Lyon 3, p. 281-289.

LUANDINO VIEIRA José, *La Vraie Vie de Domingos Xavier*, suivi de *Le Complet de Mateus*, traduction de Mário de Andrade et Chantal Tierçage, préface de Mário de Andrade, Paris, Présence africaine, 1971, 159 p.

LUANDINO VIEIRA José, *Nous autres, de Makulusu* [1974], trad. et préface par Michel Laban, Paris, Gallimard, 1989, 150 p.

MACHEREY Pierre, *Pour une production de la théorie littéraire*, Paris, Maspero, coll. « Théorie », 1970, 333 p.

MALLARMÉ Stéphane, *Œuvres complètes. Poésie, Prose*, texte établi et annoté par Henri Mondor et G. Jean-Aubry, Paris, Gallimard, coll. « La Pléiade », 1945, XXVII-1659 p.

MALLARMÉ Stéphane, *Correspondance complète 1862-1871* suivi de *Lettres sur la poésie 1872-1898* avec des lettres inédites, préface d'Yves Bonnefoy, édition établie et annotée par Bertrand Marchal, Paris, Gallimard, coll. « Folio », 1995, 690 p.

MALLARMÉ Stéphane, *Petite philologie à l'usage des Classes et du Monde, Les Mots anglais* par Mr Mallarmé, professeur au Lycée Fontanes, Paris, Truchy Leroy frères successeurs, s.d. [1877], XXXVI-352 p.

MALLARMÉ Stéphane, *Poésies, Anecdotes ou Poèmes, Pages*

diverses, (dir.) Daniel Leuwers, Paris, LGF, 1977, XVI-362 p.

MALLARMÉ Stéphane, *Poésies*, préface d'Yves Bonnefoy, édition établie et annotée par Bertrand Marchal, Paris, Gallimard, coll. « Poésie », 1992, XXXVI-302 p.

MALLARMÉ Stéphane, professeur au lycée Fontanes, *Les Dieux antiques, Nouvelle mythologie illustrée d'après George W. Cox et les travaux de la science moderne, à l'usage des Lycées, Pensionnats, Écoles et des gens du Monde, ouvrage orné de 260 vignettes reproduisant des Statues, Bas-reliefs, Médailles, Camées*, Paris, J. Rothschild, 1880, XVI-320 p.

MALRAUX André, *Le Musée imaginaire*, Paris, Gallimard [1947, 1951, 1963] 1965 ; nouv. éd., coll. « Folio Essais », 1996, 288 p.

MANGUEL Alberto, *A History of Reading*, Toronto, Knopf Canada, Londres, Harper Collins, New York, Viking, 1996, *Une histoire de la lecture*, essai traduit de l'anglais par Christine Le Bœuf, Aix-en-Provence, Actes Sud, 1998, 428 p.

MARCOIN Francis, « Qualités de lecteurs, lecteurs de qualité », in Martine Poulain (dir.), *Lire en France aujourd'hui*, Paris, Le Cercle de la librairie, 1993, p. 31-45.

MARCOIN Francis, « Vie de l'auteur, vie du lecteur : contre (et pour) Sainte-Beuve », in Violaine Houdart-Mérot et Jean Verrier (dir.) *La Vie de l'auteur. Le Français aujourd'hui*, n° 130, p. 26-28.

MARGUERAT Daniel et CURTIS Adrian (dir.), *Intertextualités. La Bible en échos*, Genève, Labor et Fides, 2000, 322 p.

MARIVAUX, *Romans, récits contes et nouvelles*, texte présenté et préfacé par Marcel Arland, Paris, Gallimard, coll. « La Pléiade », 1949, LVI-1138 p.

MARTIN Gérard, « Imprimerie », in *Encyclopædia Universalis*, vol. 8, 1968, p. 766-774.

MARTIN Henri-Jean, « Le Voltaire de Kehl », p. 398-399, in Roger Chartier et Henri-Jean Martin (dir.), *Histoire de l'édition française*, Paris, Promodis, t. 2, Le livre triomphant, 1660-1830, 1984 ; nouv. éd. Paris, Fayard-Le Cercle de la librairie, 1990, 909 p.

MASSIN François, *Zola photographe*, Paris, Hoëbeke-DARVP, 1990, 191 p.

MAURON Charles, *Introduction à la psychanalyse de Mallarmé, suivi de Mallarmé et le Tao et Le Livre*, Neuchâtel, La Baconnière-Paris, Payot, 1968, 258 p. [1re édition : 1950 ; 2e édition : *Introduction of the Psychoanalysis of Mallarmé*,

Berkeley et Los Angeles-Londres, Cambridge University Press, 1963].

MC KENZIE Donald F., *Bibliography and the Sociology of Texts*, The Panizzi Lectures, Londres The British Library, 1986 ; *La Bibliographie et la sociologie des textes*, trad. par Marc Amfreville, Préface de Roger Chartier, Paris, Le Cercle de la librairie, 1991, 119 p.

MERLIN Hélène, *Public et littérature en France au XVIIe siècle*, Paris, Les Belles Lettres, 1994, 477 p.

MESCHONNIC Henri, *Critique du rythme. Anthropologie historique du langage*, Lagrasse, Verdier, 1982, 713 p.

MESCHONNIC Henri, *Pour la Poétique II. Épistémologie de l'écriture, Poétique de la traduction*, Paris, Gallimard, 1973 ; nouv. éd., 1986, 457 p.

MITTERAND Henri, *Zola et le naturalisme*, Paris, PUF, coll. « Que sais-je ? », 1986, 128 p.

MOLINIÉ Georges, *Sémiostylistique. L'Effet de l'art*, Paris, PUF, 1998.

MOLLIER Jean-Yves, *Louis Hachette (1800-1864). Le Fondateur d'un empire*, Paris, Fayard, 1999, 554 p.

MONOD Sylvère, *Dickens romancier. Étude sur la création littéraire dans les romans de Charles Dickens*, Paris, Hachette, 1953, XXII-521 p.

MONTAIGNE Michel de, *Essais*, publiés d'après l'édition de 1588 avec les variantes de 1595 et une notice, des notes, un glossaire et un index par H. Motheaux et D. Jouaust, Paris, Librairie des Bibliophiles, Flammarion successeurs, s. d. [1895], 7 vol.

MONTALBETTI Christine, *Images du lecteur dans les textes romanesques*, Paris, Bertrand Lacoste, 1992, 128 p.

MONTALBETTI Christine, *Le Voyage, le monde et la bibliothèque*, Paris, PUF, coll. « Écriture », 1997, 259 p.

MOURALIS Bernard, « La notion de série dans l'analyse des œuvres littéraires », in *L'Œuvre, un monument en mouvement*, Amiens, Encrage-Cergy, CRTH, Diffusion Les Belles Lettres, à paraître.

MOURALIS Bernard, *Les Contre-littératures*, Paris, PUF, 1975, 206 p.

MOURALIS, Bernard, *L'Œuvre de Mongo Beti*, Issy-les-Moulineaux, Éditions Saint-Paul-Les Classiques africains, 1981, 128 p.

MÜLLER Charles et REBOUX Paul, *À la manière de…*, Paris, édition de la Revue les Lettres, 1908 ; *À la manière de…* Et première série, réunies en une édition complète, Paris, Grasset, 1910; *À la manière de...* 3e série, Paris, Grasset, 1913; nouv. éd., Paris, Grasset, présentation et choix par Olivier Barrot, 1998, 2 vol., 231 et 286 p.

MUSSET Alfred de, *Théâtre complet*, nouvelle édition de Simon Jeune, introduction, chronologie, bibliographie, notes variantes et documents, Paris, Gallimard, coll. « La Pléiade », 1990, LV-1 364 p.

NAUDÉ Gabriel, *Advis pour dresser une Bibliothèque présenté à Mgr. le président de Mesmes*, Paris, F. Targa, 1627. Reproduction de l'édition de 1644, Paris, P. Rollet le Duc, précédé de « L'Advis, manifeste de la bibliothèque érudite » par Claude Jolly, Paris, Aux Amateurs de livres, 1990, XXIV-164 p.

NERVAL Gérard de, *Lorely. Souvenirs d'Allemagne* [1852], in *Œuvres*, vol. 2, texte établi, présenté et anoté par Albert Béguin et Jean Richer, Paris, Gallimard, coll. « La Pléiade », 1956, p. 731-847.

NODIER Charles, *Questions de littérature légale... : du plagiat, de la supposition d'auteurs, des supercheries qui ont rapport aux livres : ouvrage qui peut servir de suite au « Dictionnaire des anonymes » et à toutes les bibliographies*, Paris, Barba, 1812, XII-118 p.

OZOUF Jacques et OZOUF Mona, « *Le Tour de la France par deux enfants*. Le petit livre rouge de la République », *in* Pierre Nora, (dir.), *Les Lieux de mémoire, I : La République* Paris, Gallimard, 1984, p. 291-321. [XLII-678 p.].

PASCAL Blaise, *Pensées et opuscules*, publiés avec une introduction, des notices, des notes par Léon Brunschvicg [1897], Paris, Hachette, 1923, x-806 p.

PASCAL Blaise, *Pensées*, édition établie, présentée et annotée par Michel Le Guern, Paris, Gallimard, 1995; nouv. éd., coll. « Folio », 2000, 764 p.

PASSERON Jean-Claude, *Le Raisonnement sociologique, l'Espace non popperien du raisonnement*, Paris, Nathan, 1991, 408 p.

PENNAC Daniel, *Comme un roman*, Paris, Gallimard, 1992, 173 p.

PERONI Michel, *Histoires de lire : lectures et parcours biographiques*, Paris, Bibliothèque publique d'information, 1988.

PHILON, *Legum allegoriae* [*Commentaire allégorique des saintes lois*], édition et traduction par Claude Mondésert, Paris, Les Éditions du Cerf, coll. « Les Œuvres de Philon d'Alexandrie », 1962, 320 p.

PICARD Michel (dir.), *La Lecture littéraire* [Actes du colloque de Reims, 1984], Paris, Clancier-Guénaud, 1987, 328 p.

PICARD Raymond, *Nouvelle Critique ou Nouvelle Imposture* ?, Paris, Jean-Jacques Pauvert, 1965, 158 p.

PLATON, *La République*, in *Œuvres complètes*, traduction nouvelle et notes par Léon Robin avec la collaboration de M.-J. Moreau, Paris, Gallimard, coll. « La Pléiade »,, 1950 t. 1, 1450 p.

PLATON, *La République*, traduction avec introduction et notes par Robert Baccou, Paris, Garnier, 1958, LXXXV-528 p.

PLEYNET Marcelin, *Lautréamont par lui-même*, Paris, Seuil, « coll. Écrivains de toujours », 1967, 189 p.

POE Edgar Allan, *Œuvres en prose*, trad. par Charles Baudelaire, édition établie et annotée par Y.-G. Le Dantec, Paris, Gallimard, coll. « La Pléiade », 1951, 1165 p.

Poètes et moralistes de la Grèce. Hésiode, Théognis, Callinus, Tyrtée, Mimnerme, Solon, Simonide d'Amorgos, Procylide, Pythagore, Aristote, notices et traductions par MM. Guigniaut, Patin, Jules Girard et L. Humbert, Paris, Garnier, s. d., 280 p.

POINCARÉ Henri, *La Valeur de la science* [1905], Paris, Flammarion, 1917, 279 p.

POIRIER Roger, *Bibliothèque universelle des romans. Rédac teurs, Textes, Publics*, Genève, Droz, 1977.

POMPOUGNAC Jean-Claude, *Illettrisme, tourner la page ?*, Paris, Hachette, 1996, 140 p.

POULAIN Martine (dir.), *Histoire des bibliothèques françaises*, t. 4 Les Bibliothèques au XXe siècle, Paris, Promodis – Le Cercle de la librairie, 1992, 793 p.

POULAIN Martine (dir.), *Lire en France aujourd'hui*, Paris, Le Cercle de la librairie, 1993, 255 p.

PROUST Marcel, *À la recherche du temps perdu*, t. 3, *La Prisonnière*, *La Fugitive*, *Le Temps retrouvé*, texte en partie inédit établi sur les manuscrits autographes, variantes, notes critiques, introduction, résumé de chaque partie de l'œuvre, index des noms de personnages et des noms de lieux, chronologie de Marcel Proust par Pierre Clarac et André Ferré, préface d'André Maurois, Paris, Gallimard, coll. « La Pléiade », 1954, 1326 p.

PROUST Marcel, *Contre Sainte-Beuve*, Paris, Gallimard, 1954 ; nouv. éd., Préface de Bernard de Fallois, coll. « Folio Essais », 1987, 307 p.

PROUST Marcel, *Pastiches et mélanges*, Paris, Gallimard, 1919 ;

nouv. éd., Paris, Gallimard, coll. « L'Imaginaire », 1992, 288 p.

PRUVOST Jean, *Dictionnaires et nouvelles technologies*, Paris, PUF, coll. « Écritures électroniques », 2000, 177 p.

QUENEAU Raymond, *Chêne et chien*, suivi de *Petite cosmogonie portative* et de *Le Chant du styrène*, préface d'Yvon Bélaval, Paris, Gallimard, coll. « Poésie », 1969, 187 p.

QUENEAU Raymond, *Œuvres complètes*, tome I, notice établie par Claude Debon, Paris, Gallimard, coll. « La Pléiade », 1989, LXXXI-1701 p.

QUONDAM Amedeo, *Petrarchismo mediato. Per una critica della forma « antologia »,* Roma, Bulzoni Editore, 1974, 256 p.

RAABE Juliette, « Le Phénomène Série noire », in Noël Arnaud, Francis Lacassin et Jean Tortel (dir.), *Entretiens sur la paralittérature*, Paris, Plon, 1970, 477 p.

RANCIÈRE Jacques, *La Parole muette. Essai sur les contradictions de la littérature*, Paris, Hachette littératures, 1998, 192 p.

REBOUL Olivier, *La Rhétorique*, Paris, PUF, coll. « Que Sais-Je ? », 1984, 127 p.

RENOULT Daniel (dir.), *Les Bibliothèques dans l'université*, Paris, Le Cercle de la librairie, 1994, 358 p.

RENOULT Nicolas, « Classiques de la traduction et traduction des classiques : la Bibliothèque de la Pléiade et le patrimoine littéraire », in Daniel Delas (dir.), *Traduire I*, Amiens, Encrage-Cergy, CRTH, Diffusion Les Belles Lettres, 2000, 209 p., p. 97-106.

REY Alain, « Code », *in* Jean-Pierre de Beaumarchais, Daniel Couty et Alain Rey, (dir.), *Dictionnaire des littératures de langue française*, Paris, Bordas, 1984, t. 1, p. 485-486.

REY Alain, « Communication », in Jean-Pierre de Beaumarchais, Daniel Couty et Alain Rey, (dir.), *Dictionnaire des littératures de langue française*, Paris, Bordas, 1984, vol. 1, p. 505-506.

RICHELET Pierre, *Dictionnaire françois contenant les mots et les choses…*, Genève, Jean Herman Widerhold, 1680. 2 vol. in-4.

RIMBAUD Arthur, *Correspondance (1888-1891)* avec Ilg, Préface et notes de Jean Voellmy, Paris, Gallimard, 1965 ; nouv. éd., coll. « L'Imaginaire », 1995, 195 p.

RIMBAUD Arthur, *Illuminations*, texte établi et commenté par André Guyaux, Neuchâtel, À La Baconnière, 1985, 304 p.

RIMBAUD Arthur, *Œuvres complètes, Correspondance*, édition

présentée et établie par Louis Forestier, Paris, Robert Laffont, Coll. « Bouquins », 1992, CXXXIV-607 p.

RIMBAUD Arthur, *Œuvres complètes*, édition établie, présentée et annotée par André Roland de Renéville et Jules Mouquet. Paris, Gallimard, coll. « La Pléiade », 1946, XXVIII-827 p.

RIMBAUD Arthur, *Œuvres complètes*, édition établie, présentée et annotée par Antoine Adam, Paris, Gallimard, coll. « La Pléiade », 1972, LII-1249 p.

RIMBAUD Arthur, *Œuvres Complètes, Poésie, prose et Correspondance*, édition, notes et bibliographie par Pierre Brunel, Paris, LGF, coll. « La Pochothèque », 1999, 1039 p.

RIMBAUD Arthur, *Œuvres complètes*, texte établi et annoté par Rolland de Renéville et Jules Mouquet, Paris, Gallimard, coll. « La Pléiade », 1954, XXVIII-856 p.

RIMBAUD Arthur, *Œuvre-vie*, édition du centenaire, établie par Alain Borer avec la collab. d'Andrée Montègre, Arles, Arléa, 1991, LXXXIV-1338 p.

ROBBE-GRILLET Alain, *Glissements progressifs du plaisir*, Ciné-roman illustré de 56 photographies extraites du film, Paris, Minuit, 1974, 221 p.

ROBERT Marthe, *Roman des origines, origines du roman*, Paris, Grasset, 1972 ; nouv. éd., Paris, Gallimard, coll. « Tel », 1985, 364 p.

ROBERT Paul, *Dictionnaire alphabétique et analogique de la langue française. Les Mots et les associations d'idées*, Paris, Société du Nouveau Littré Le Robert, 1953 ; nouv. éd., 1978, 7 vol.

ROBIN Christian, « Verne, Jules Gabriel (1828-1905) », in Jean-Pierre de Beaumarchais, Daniel Couty et Alain Rey, *Dictionnaire des littératures de langue française*, Paris, Bordas, 1984, t. 3, p. 2408-2417.

ROBINE Nicole, *Les Jeunes Travailleurs et la lecture*, Paris, La Documentation française, 1984, 266 p.

ROLLAND Michel, « La notion d'œuvre et de cinéma d'auteur », in *L'Œuvre, un monument en mouvement*, Cergy, Centre de Recherche Texte Histoire, à paraître.

ROSSET Clément, *Le Réel et son double. Essai sur l'illusion*, Paris, Gallimard, 1976, 128 p.

ROUQUETTE Jean, *La Littérature d'oc* [1963], Paris, PUF, coll. « Que sais-je ? », 1968, 128 p.

ROUSSEAU, Jean-Jacques, *Sujets d'estampes*, in *La Nouvelle Héloïse*, édition présentée, établie et annotée par Henri Coulet, Paris, Gallimard, coll. « Folio », 1993, tome II, p. 430-441.

ROUXEL Annie, *Enseigner la lecture littéraire*, Rennes, PUR, 1987, 198 p.

SADE, *Œuvres*, Paris, Gallimard, 1992-1998, coll. « La Pléiade » ; Œuvres 1., édition établie par Michel Delon, Préface de Jean Deprun, Paris, 1992, LXXXV-1363 p. ; Œuvres 2, édition établie par Michel Delon, Paris, Gallimard, coll. « La Pléiade », 1995, XXII-1425 p. ; Œuvres 3, édition établie par Michel Delon, Paris, 1998, XXII-1638 p.

SAINTE-BEUVE Augustin, *Tableau historique et critique de la poésie française et du théâtre français*, Paris, A. Sautelet, 1828, 2 vol.

SARTRE Jean-Paul, *Qu'est-ce que la littérature ?* [*Les Temps modernes*, 1947] in *Situations II*, Paris, Gallimard, 1948 ; nouv. éd., coll. « Folio Essais », 1992, 374 p.

SCHERER Jacques, *Le « Livre » de Mallarmé*, Paris, Gallimard, 1977, 415 p. [1re édition, 1957].

SCHMIDT Albert-Marie, *La Poésie scientifique en France au seizième siècle. Ronsard – Maurice Scève – Baïf – Belleau – Du Bartas – Agrippa d'Aubigné…*, Paris, Albin Michel, 1938 ; nouv. éd., Lausanne, Éditions de L'Aire, note liminaire de Olivier de Magny, 1972, 464 p.

SCHNEIDER Michel, *Voleurs de mots. Essai sur le plagiat, la psychanalyse et la pensée*, Paris, Gallimard, 1985, 392 p.

Second recueil de diverses poésies des plus excellents auteurs de ce temps. Recueillis par Raphaël du Petit-Val. Marque du Libraire. À Rouen, de l'imprimerie Dudit Petit-Val, Libraire et Imprimeur du Roy, devant la grand'porte du Palais, à l'Ange Raphaël, 1597 (ou 1598). Avec Privilège de Sa Majesté, 1599.

SEIBEL Bernadette (dir.) *Lire, faire lire, Des usages de l'écrit aux politiques de lecture*, Paris, Le Monde éditions, 1995, 407 p.

SERRES Michel, *Le Tiers-instruit*, Paris, François Bourrin, 1991, 249 p.

SGARD Jean, « La multiplication des périodiques », in Roger Chartier et Henri-Jean Martin (dir.), *Histoire de l'édition française*, Paris, Promodis, t. 2, Le livre triomphant, 1660-1830, 1984 ; nouv. éd., Paris, Fayard-Le Cercle de la librairie, 1990, 909 p., p. 246-253.

SHAKESPEARE William, *Macbeth*, traduction par Maurice Maeterlinck, in *Œuvres complètes*, t. 2, Comédies II, tragédies, présentation par Henri Fluchères, Paris, Gallimard, coll. « La Pléiade », 1959, CCXXVIII-1704 p.

SINGLY François de, *Les Jeunes et la lecture*, ministère de l'Éducation nationale et de la Culture, Direction de l'évaluation et de la prospective, Les Dossiers Éducation et Formations, n° 24, janvier 1993.

SORIANO Marc, *Guide de la littérature pour la jeunesse. Courants, problèmes, choix d'auteurs*, Préface de Henri Wallon, Paris, Flammarion, 1975, 571 p.

SORIANO Marc, *Les Contes de Perrault. Culture savante et culture populaire*, Paris, Gallimard, 1968 ; nouv. éd., coll. « Tel », 1977, XXX-525 p.

SPINOZA Baruch [Benedictus], *Tractatus theologico-politicus* [Hambourg, 1670], *Traité théologico-politique, contenant quelques dissertations où l'on fait voir que la liberté de philosopher non seulement peut être accordée sans danger pour la piété et la paix de l'État, mais même qu'on ne peut la détruire sans détruire en même temps la paix de l'État et la piété elle-même,* présentation, traduction et notes par Charles Appuhn, Paris, Garnier-Flammarion, 1965 ; nouv. éd., 1998, 380 p.

STAËL-HOLSTEIN Germaine de, *De la littérature considérée dans ses rapports avec les institutions sociales* [Paris, Maradan, 1800], nouvelle édition critique établie, présentée et annotée par Axel Blaeschke, Paris, Garnier, coll. « Classiques Garnier », 1998, CXXI-627 p.

STEINMETZ Jean-Luc, « L'ouïe du nom », in Philippe Bonnefis et Alain Buisine, (dir.), *La Chose capitale*, Lille, PUL, 1981, p. 145-146.

STENDHAL, *Romans et nouvelles*, édition établie et annotée par Henri Martineau, vol. 1, Paris, Gallimard, coll. « La Pléiade », 1952, 1597 p.

STERNE Laurence, *The Life and Opinions of Tristram Shandy, Gentleman* [Londres, 1759-1767, trad. par Frénais, York et Paris, 1776-1785], *Vie et opinions de Tristram Shandy, gentilhomme*, trad. par Charles Mauron, Paris, Robert Laffont, 1946 ; nouv. éd., Préface, bibliographie, chronologie et notes de Serge Soupel, Paris, Garnier-Flammarion, 1982, 632 p.

THIBAUDET Albert, *Physiologie de la critique*, Paris, Éditions de le Nouvelle Revue critique, 1930 ; nouv. éd., Paris, Nizet, 1973, 215 p.

TOURET Michèle, *Lectures de Beckett*, 1998, 204 p.

TOURNIER Michel, *Le Coq de Bruyère*, Paris, Gallimard, 1978 ; nouv. éd., coll. « Folio », 1980, 340 p.

TOURNIER Michel, *Le Vent Paraclet*, Paris, Gallimard, 1977, 299 p.

TOURNIER Michel, *Vendredi ou Les Limbes du Pacifique*, Paris, Minuit, 1969 ; nouv. éd. augm., Préface de Gilles Deleuze, Paris, Gallimard, 1972, 287 p.

TOURNIER Michel, *Vendredi ou la Vie sauvage, D'après Vendredi ou Les Limbes du Pacifique*, Paris, Flammarion, 1971 ; nouv. éd. Gallimard, 1977, coll. « Folio Junior » ; nouv. éd. complétée, illustrations de Georges Lemoine, Paris, Gallimard, 1984, 152 p.

UBERSFELD Anne, *Le Drame romantique*, Paris, Belin, 1993, 191 p.

UBERSFELD Anne, *Lire le théâtre I*, Paris, Éditions sociales, 1973 ; nouv. éd., Paris, Belin, 1996, 236 p. ; *Lire le théâtre II*, Paris, Belin, 1996, 318 p.

VALÉRY Paul, *Œuvres*, t. 1, Introduction bibliographique par Agathe Rouart-Valéry, édition établie et annotée par Jean Hytier, Paris, Gallimard, coll. « La Pléiade », 1957, 1829 p.

VALÉRY Paul, *Pièces sur l'art*, Paris, Gallimard, 1934, 251 p.

VALÉRY Paul, *Tel quel*, Paris, Gallimard, t. 1, 1941, t. 2, 1943 ; nouv. éd., coll. « Idées », 1971.

Valéry, Paul, *Variété*, Paris, Gallimard, 1924, 270 p. [Au sujet d'*Eurêka*, p. 113-136.]

VALLÈS Jules, *L'Enfant*, *Œuvres*, édition établie, présentée et annotée par Roger Bellet, Paris, Gallimard, coll. « La Pléiade », 1990, vol. 2, 1871-1885, LXI-2045 p.

VERLAINE Paul, *Œuvres poétiques complètes*, texte établi par Y.-G. Le Dantec, Paris, Gallimard, coll. « La Pléiade », 1954, XXII-1319 p.

VIALA Alain (dir.), « Figures de l'écrivain » in *Le Grand Atlas des littératures*, Paris, Encyclopædia Universalis éd., 1990, 436 p., p. 186-257.

VIALA Alain et MOLINIÉ Georges, *Approches de la réception. Sémiostylistique et sociopolitique de Le Clézio*, Paris, PUF, 1993, 306 p.

VIALA Alain, *Naissance de l'écrivain. Sociologie de la littérature à l'Âge classique*, Paris, Seuil, 1985, 317 p.

VOLTAIRE, *Correspondance*, vol. 2, janvier 1734-décembre 1748, texte établi et annoté par Theodore Besterman, Paris, Gallimard, coll. « La Pléiade », 1965, XV-1537 p.

VOLTAIRE, *Dictionnaire philosophique* [1764-1769], édition d'Étiemble, Paris, Garnier, coll. « Classiques Garnier », 1973, XL-632 p.

VOLTAIRE, *Lettres philosophiques* [1734-1748] in *Mélanges*, texte établi et annoté par Jacques Van den Heuvel,

Préface d'Emmanuel Berl, Paris, Gallimard, 1961, coll. « La Pléiade », XXXII-1590 p.

WINOCK Michel, *Le Siècle des intellectuels*, Paris, Seuil, 1997, 696 p.

WOOLF Virginia, *A Room of One's Own*, Londres, Hogarth Press-New York, Harcourt Brace, 1929 ; *Une chambre à soi*, trad. par Clara Malraux [1977], Paris, UGE, 1996, coll. « 10-18 », 171 p.

ZOLA Émile, *La Fabrique de Germinal*, Dossier préparatoire de l'œuvre, texte établi, présenté et annoté par Colette Becker, Préface de Claude Duchet, Paris, SEDES-Presses universitaires de Lille, 1986, 514 p.

ZUBER Roger, *Les « Belles Infidèles » et la formation du goût classique*, 1968 ; nouv. éd. revue et augmentée, Préface d'Emmanuel Bury, Paris, Albin Michel, 1995, coll. « L'Évolution de l'humanité », 521 p.

Des mêmes auteurs

Emmanuel Fraisse

Édition du *Capitaine Pamphile* d'Alexandre Dumas, Lausanne, L'Âge d'Homme, coll. « Romantismes », 1978.

Poèmes choisis de Hugo (en collab. avec Isabelle Jan), Paris, Nathan, coll. « Grands textes », 1985.

Tombeau de Victor Hugo (en collab. avec André Comte-Sponville, Jacqueline Lalouette, Philippe Régnier), préface d'Henri Guillemin, Paris, Quintette, 1985.

Voyage au centre de l'école (en collab. avec Hélène Mathieu), Paris, Calmann-Lévy, 1987.

Collab. à *Discours sur la lecture (1880-1980)* d'A.-M. Chartier et J. Hébrard, Paris, BPI Georges Pompidou, 1989 ; nouv. éd. augm., Paris, Fayard, 2000.

Les Étudiants et la lecture (dir.), Paris, PUF, 1993, coll. « Politique d'aujourd'hui ».

Les Anthologies en France, Paris, PUF, 1997, coll. « Écriture ».

Bernard Mouralis

Individu et collectivité dans le roman négro-africain d'expression française, Abidjan, Annales de l'Université d'Abidjan, diff. Klincksieck, 1969.

Les Contre-littératures, Paris, PUF, 1975 (traduit en espagnol, Buenos Aires, italien, Florence, et portugais, Coïmbre).

L'Œuvre de Mongo Beti, Issy-les-Moulineaux, Éditions Saint-Paul/Les Classiques africains, 1981.

Littérature et développement, essai sur le statut, la fonction et la représentation de la littérature négro-africaine d'expression française, Paris, Silex, 1984.

V. Y. Mudimbe ou le Discours, l'Écart et l'Écriture, Paris, Présence africaine, 1988.

Montaigne et le mythe du bon sauvage, de l'Antiquité à Rousseau, Paris, Pierre Bordas, 1989.

Les Contes d'Amadou Koumba de Birago Diop, Paris, Bertrand Lacoste, 1991, coll. « Parcours de lecture ».

Autobiographies et récits de vie en Afrique. Itinéraires et contacts de cultures, (dir.) vol. 13, Paris, APELA/Université de Paris Nord, L'Harmattan, 1991.

Le Primitivisme (dans la civilisation et l'art) (dir.), in *Revue des Sciences humaines*, n° 227, juillet-septembre 1992.

L'Europe, L'Afrique et la folie, Paris, Présence africaine, 1993.

Aspects de l'interprétation (dir), Cergy-Pontoise, UCP, Centre de recherche Texte/Histoire, 1994.

Encrages, (en collab. avec Nicolas Martin-Granel), in *Les Cahiers d'Études africaines*, n° 140, 1995.

République et Colonies. Entre histoire et mémoire : la République française et l'Afrique, Paris, Présence africaine, 1999.

Son rôle : servir d'intercepteur entre le code culturel de l'auteur et celui du lecteur.

Points Essais série Lettres

DÉJÀ PARUS

Le Siècle des moralistes
Bérengère Parmentier

Littérature et Engagement
de Pascal à Sartre
Benoît Denis

Les Romanciers du réel
de Balzac à Simenon
Jacques Dubois

À PARAÎTRE DANS LA MÊME SÉRIE

Le Théâtre romantique
Histoire, écriture, mise en scène
Florence Naugrette

Réalisme et Naturalisme au XIX*e siècle*
Jean-Pierre Leduc-Adine

L'Ironie et ses théories
Pierre Schœntjes

Le Récit de voyage au XX*e siècle*
La distance critique
Gérard Cogez

Poésie de la Renaissance
François Rigolot

20.000

18.000 158

197.000

9.000
10.000

GC - 50.000
Flam - 30.000
Pap. - 10.000
Ka.B. - 05.000
15.000
→ 110.000

40.000
40.000
10.000
48.000
148
+ 20.000
170.000

40.000
40.000
10.000
48
138

qd l'élite a commencé à écrire le public ne savait pas lire et qd celui pouvait lire la litt. est devenue un gadget pour bourgeoisie locale

Premier lecteur averti du texte, le préfacier n'est pas tjrs le lecteur modèle mais il peut susciter un modèle de lecture du texte par sa compréhension. En ces débuts, le préfacier a fonction de metteur en scène c'est lui qui interprète les signes hors-fiction de l'œuvre. Il a devoir de ramener le texte en question au code esthétique des siens, de favoriser une symbiose entre les 2 instances majeures de l'œuvre la production / la réception

GROUPE CPI

Achevé d'imprimer en janvier 2001 par
BUSSIÈRE CAMEDAN IMPRIMERIES
à Saint-Amand-Montrond (Cher)
N° d'édition : 33254. - N° d'impression : 010216/1.
Dépôt légal : février 2001.
Imprimé en France
COMPOSITION : CURSIVES À PARIS